J. D. Lichtenberg

Psychoanalyse und Säuglingsforschung

Übersetzt von M. Baumgart

Springer-Verlag
Berlin Heidelberg New York
London Paris Tokyo
Hong Kong Barcelona

Joseph D. Lichtenberg, M.D.
6256 Clearwood Road
Bethesda, MD 20817, USA

Übersetzer:

Dipl.-Psych. Matthias Baumgart
Rablstraße 37, D-81669 München

Titel der amerikanischen Originalausgabe:
J. D. Lichtenberg, Psychoanalysis and Infant Research
1983, The Analytic Press, New Jersey, USA

ISBN 3-540-52556-4 Springer-Verlag Berlin Heidelberg New York
ISBN 0-387-52556-4 Springer-Verlag New York Berlin Heidelberg

CIP-Titelaufnahme der Deutschen Bibliothek
Lichtenberg, Joseph D.: Psychoanalyse und Säuglingsforschung/J. D. Lichtenberg. Übers. von M. Baumgart. – Berlin; Heidelberg; New York; London; Paris; Tokyo; Hong Kong; Barcelona: Springer, 1991
Einheitssacht.: Psychoanalysis and infant research ⟨dt.⟩
ISBN 3-540-52556-4 (Berlin ...)
ISBN 0-387-52556-4 (New York ...)

2119/3130-543 – Gedruckt auf säurefreiem Papier

Vorwort

Meine Beschäftigung mit den Befunden der Säuglings- und Kleinkindforschung über die ersten 2 Lebensjahre erwächst aus meinem wichtigsten beruflichen Anliegen: ich bin Kliniker, und mir geht es um die Psychoanalyse von Patienten. Ich habe 30 Jahre lang aus meiner klinischen Einstellung heraus gearbeitet und theoretisiert und es immer als lohnend und spannend empfunden, meine Fragen aus der Beobachtung des Abnormalen abzuleiten; ich versuchte Hypothesen darüber zu aufzustellen, wie sich Krankheitsbilder entwickeln. Ich war viele Jahre lang von der inneren Stimmigkeit, die von den Antworten der analytischen Theorie ausging, und auch von ihrer klinischen Nützlichkeit buchstäblich so absorbiert, daß ich übersah, daß möglicherweise meine analytische Haltung die Konstrukte prägte, die ich verwendete. Als ich dann allerdings zunehmend auf die "new wave" der Säuglingsforschung aufmerksam wurde, beeindruckten mich nicht nur die neuartigen Ergebnisse, sondern auch die ganz andere Haltung, in der die Beobachtungen durchgeführt wurden. Statt dem bereits eingefahrenen, pathologiezentrierten Fragestellungsmodus zu folgen, warfen die Säuglingsforscher einen unverbrauchten Blick auf die Frühentwicklung. Vom Standpunkt eines analytischen Theoretikers aus, der Konzepte wie das Stadium des Narzißmus von vorneherein zugrundelegt, erschienen die Säuglingsforscher grob gesagt als "naive" Naturalisten. Sie fingen offenbar ganz von vorne an mit ihren Fragen: Was beobachte ich eigentlich? Welche Muster kann ich bei diesen Beobachtungen unterscheiden? Welche Hypothesen kann ich formulieren? Wie kann ich diese Hypothesen testen? Ihre Haltung schien von Voreingenommenheiten viel freier zu sein als die analytische, obwohl sich ihre Forschungsarbeit mittels Videoaufzeichnung, geteilter Bildschirme und computerisierter Datenanalyse auf alle technischen Sophistereien des Raumfahrtzeitalters stützte.

Die neuen Informationen aus der Kleinkindforschung sind spannend, aber ich glaube, daß *beide* Gebiete profitieren können, wenn sie ihre jeweiligen Entwicklungsperspektiven nebeneinanderstellen. Wir müssen beide Fragen stellen: Was kann ein Säugling "tun"? Und wie muß eine Frühgeschichte verlaufen, die entstehende Neurosen, Charakterstörungen und Psychosen erklärt? Schon der Kontrast zwischen den beiden Sichtweisen und den daraus gewonnenen theoretischen Erklärungen wird dazu führen, daß sich für den Psychoanalytiker und den Säuglingsforscher einige Fragen präzisieren.

Natürlich orientiert sich jeder Psychoanalytiker bei der Annäherung an die Befunde über die frühe Kindheit an seinen Interessenschwerpunkten. Da mein Fokus seit einiger Zeit auf der Entwicklung des Selbstempfindens liegt, bin ich auf Ergebnisse ausgerichtet, die etwas mit dieser – für mich – zentralen Entfaltungsbewegung der frühen Kindheit zu tun haben. Die neuen Ergebnisse haben mich unvermeidlicherweise dazu gebracht, viele meiner früheren Ansätze zu überdenken, und ich wage die Prophezeiung, daß das bei fast jedem psychoanalytischen Theoretiker der Fall wäre, der versuchen wollte, mit dieser Überfülle neuer experimenteller Ergebnisse zurande zu kommen. Auf der anderen Seite werden sich mit der Zeit die Säuglingsforscher mit dem unabweisbaren Fundus psychoanlytischer Entdeckungen herumschlagen müssen. Man kann z. B. unmöglich die Komplexität der Bewußtheit und des "dynamisch" Unbewußten, die gesetzmäßige Organisation von Träumen, Fehlleistungen, Symptomen und jeder Geistesaktivität sowie die Universalität von Mythen und Phantasieabläufen ignorieren.

Unabhängig von ihren möglichen Differenzen teilen Säuglingsforscher und Psychoanalytiker die Überzeugung, daß vorhergehende Entwicklungen für die Untersuchung nachfolgender Entwicklungen von Bedeutung sind. Darüber hinaus finden in beiden Ansätzen facettenreiche, vielseitig determinierte und vielfältig organisierte Erklärungskonstrukte Verwendung. Diese grundsätzlichen Ähnlichkeiten lassen vermuten, daß sich mit der Zeit eine gemeinsame Grundlage bilden kann. Ich glaube, daß gegenwärtig das Hervorheben der Unterschiede Probleme in beiden Bereichen beleuchtet, was eher die Richtung für weitere Untersuchungen als für eine vorschnelle Integration vorgibt.

In meiner Eigenschaft als Kliniker schließlich glaube ich, daß die Grundeinstellung einen starken Einfluß darauf nimmt, wie Therapeut und Patient zusammenarbeiten. Wenn also Psychoanalytiker einen neuen Einblick in die Kindheit gewinnen, müssen sie zwangsweise das Kindselbst in ihren Analysanden anders sehen. Ich hoffe, daß meine Untersuchung in dieser Hinsicht für Kliniker von Nutzen sein wird. Darüber hinaus glaube ich, daß aus dem Wissen der Säuglingsforschung sogar noch unmittelbarere Anwendungen auf die psychoanalytische Situation abgeleitet werden können.

Danksagungen

Dieses Buch hätte nicht ohne die Phantasie und den kreativen Einfallsreichtum einer bemerkenswerten Gruppe von Naturwissenschaftlern und Menschenfreunden geschrieben werden können – ich meine die Säuglingsforscher. Sie ließen sich von mir über die Schulter schauen – meist im metaphorischen, manchmal im wörtlichen Sinn – und mich an den neuen Einblicken in die frühe Kindheit teilhaben, die sie eröffneten. Mit großer Höflichkeit und Geduld hießen sie mich willkommen – einen Full-time-Kliniker, der mit ihren Alltagsgeschäften wenig zu tun hatte – und ich habe über die Implikationen, welche die Forschungsergebnisse und die daraus entstandenen theoretischen Konstrukte für die Psychoanalyse mit sich bringen, mit einer ganzen Reihe von Autoren diskutiert, die auch in den Literaturhinweisen aufgeführt sind. Mit Louis Sander, T. Berry Brazelton, Annamarie Weil, Gerald Stechler, Virginia Demos, Stanley Greenspan, Samuel Kaplan, Robert Emde, Daniel Stern, Mary Ainsworth, Justin Call und anderen habe ich direkt über die in meinem Manuskript enthaltenen Ideen gesprochen – und viele haben durch Kritik und Klarstellungen unschätzbar dazu beigetragen. Da ich einige Kapitel auf verschiedenen Kongressen vorgestellt habe – 3mal als vorher verteilte Beiträge bei Kongressen der American Psychoanalytic Association –, ist die Zahl der Kollegen, die mir geholfen haben, meine Gedanken zu präzisieren, sehr groß. Hier muß ich auch die Mitglieder des interdisziplinären Kolloquiums der American Psychoanalytic Association zur Säuglingsforschung und die Arbeitsgruppen in Washington und Puerto Rico erwähnen, denen ich die Arbeit noch während ihrer Entstehung vorgestellt habe. Ein Kreis sehr guter Freunde versorgte mich über den Gedankenaustausch hinaus mit der unentbehrlichen "Nahrung" anhaltender Ermutigung. Dazu gehören Evelyne Schwaber, Melvin Bornstein, Donald Silver, mein verstorbener Freund Ping-nie Pao, den ich so sehr vermisse, John Gedo, Anna Ornstein, Ernest Wolf, Warren Poland, George Klumpner, George Roark, Morris Oxman, Victor Bernal und Lawrence Friedman. Daniel Shapiro muß ich besonders herausheben. Auf einer Podiumsdiskussion über die Objektbeziehungstheorie hatte ich einmal eine Arbeit über die Entwicklung des Objektempfindens vorgestellt, in der ich auf der Grundlage von Rekonstruktionen und Schlußfolgerungen eine Reihe spekulativer Hypothesen entwickelt hatte (s. Kap. 2). Nach der Diskussion fragte mich Dr. Shapiro, ob ich mir darüber im klaren sei, daß es eine wachsende Menge von Forschungsdaten gebe, die direkt mit den von mir aufgestellten Hypothesen zu tun hätte. Diese Frage war der Anlaß für eine

5jährige Odyssee quer durch das Innenleben des Säuglings, die ich nun mit diesem Buch öffentlich mache.

Auch innerhalb meiner Familie habe ich große Dankesschulden: gegenüber Charlotte, weil sie für mich eine Ehefrau war, wie sie im Buche steht, so wie sie jede stark beschäftigte berufstätige Person (männlich oder weiblich) braucht, um arbeiten zu können, und auch, weil sie mir als hauptberufliche Herausgeberin psychoanalytischer Schriften ständig mit Rat und konstruktiver Kritik zur Seite stand; gegenüber meiner Tochter Ann, für ihre einfühlsame "Bewußtseinserweiterung" bezüglich der Probleme lernbehinderter Kinder; und gegenüber Amy Lichtenberg aus Maryland und William Pao, den anderen Kindern aus meinem Haushalt, die Geduld hatten, wenn ich innerlich zu "Buchgedanken" abschweifte.

Ein Buch muß auch professionell verlegt werden, und in dieser Hinsicht war ich mit der Belegschaft der Analytic Press bestens bedient. Sue Heinemann trug mit ihrem unheimlichen Talent zum Aufspüren von Mängeln in Logik und Zusammenhang dazu bei – und mit einem ästhetisches Gespür für das, was paßt. Mit ständig guter Laune kümmerten sich Susan Shrader um die Produktion und Judith Abrams um die Öffentlichkeitsarbeit. Lawrence Erlbaum war für mich viel mehr als nur ein Verleger. Durch eine Zeit des Zweifels und der Entmutigung hindurch trugen und inspirierten sein Zutrauen und sein Enthusiasmus mich und alle meine Kollegen bei *Psychoanalytic Inquiry* – unserer Zeitschrift und unserer Buchreihe.

Die Übersetzung ins Deutsche wurde durch die großzügige Unterstützung der René A. Spitz-Gesellschaft zur Förderung der Psychoanalyse e. V. ermöglicht.

Inhaltsverzeichnis

Teil I: Das Neugeborene

1. Neugeborenenforschung als Herausforderung für die psychoanalytische Theorie

Die Ergebnisse der Neugeborenenforschung stellen für die psychoanalytische Theorie eine spannende Herausforderung dar. Vor 1960 hielt man die Erforschung des Neugeborenen für eine esoterische Angelegenheit und versprach sich nicht viel davon, auf der Grundlage dieser Informationsquelle Aspekte der menschlichen Entwicklung im Detail herauszuarbeiten. Einige Pioniere – neben anderen Spitz, Benjamin, Fries und Wolf – waren die Ausnahme. Seit 1960 sind die Veröffentlichungen über Neugeborene vom Rinnsal zur Flut angewachsen. Nun erscheinen regelmäßig Monographien und Bücher, die in allen Einzelheiten die neuesten der erfindungsreichen Experimente darstellen. Dementsprechend hat sich unser Bild vom Neugeborenen verändert. Anstelle von "wucherndem, brodelndem Durcheinander" (James 1890), einem undifferenzierten Zustand oder einer Tabula rasa sehen wir einen Organismus, dessen innere Zustände und Fähigkeiten zur Verhaltensregulierung schon recht vielfältig sind. Ausgehend von den Ergebnissen neuerer Forschung erscheinen Neugeborene viel eher als Wesen, die mit ihrem winzig modellierten Selbst ihre Eltern entzücken, denn als Spannung abführende Organismen – psychologisch noch bedeutungslos, wie die klassische analytische Theorie sie postuliert.

Trotzdem ist es immer noch möglich zu hinterfragen, ob man diese üppig wachsenden Datenmassen direkt für die psychoanalytische Theorie verwerten kann. Nachdem er seinen *Entwurf einer Psychologie* (1895) aufgegeben hatte, entschloß sich Freud dazu, seine Theorie zu einer rein psychologischen zu machen, und so wurde die Existenz der psychischen Repräsentanz zur Bedingung sine qua non für das, was psychoanalytische Theorie umfassen konnte. Man könnte deshalb folgendermaßen argumentieren: Auch wenn die Aktivität des Neugeborenen wesentlich komplexer ist, als analytische und nichtanalytische Theoretiker glaubten, so deutet dennoch nichts an diesen faszinierenden Beobachtungen darauf hin, daß Neugeborene psychische Repräsentanzen erfassen oder ausbilden können: dieser Mangel allein stellt möglicherweise die Ergebnisse der Neugeborenenforschung außerhalb des Geltungsbereichs der eigentlichen psychoanalytischen Theorie. Allerdings ist es meiner Meinung nach nicht überzeugend, mit diesem Argument für einen Ausschluß aus psychoanalytischen Überlegungen einzutreten. Ich glaube, die Grundfrage ist, ob die Ergebnisse geeignet sind oder gar dazu zwingen, grundlegende psychoanalytische Hypothesen in Frage zu stellen.

Für den Anfang könnten wir uns einmal anschauen, in welcher Weise die neuen Daten über die ersten Lebenswochen die psychoanalytische Triebtheorie, Ich-Psychologie, Objektbeziehungstheorie und Affekttheorie bestätigen oder in Zweifel ziehen. Zuvor möchte ich allerdings noch hervorheben, daß ein Teil der Forschungsarbeiten von psychoanalytisch ausgebildeten Forschern geleitet wurde. Wenn ich also zwischen "Psychoanalyse" und "Neugeborenenforschung" unterscheide, dann bezieht sich das nicht auf die Ausbildung, sondern auf Unterschiede in der Grundlage der Daten und der Methodologie. Die Unterscheidung besteht zwischen Hypothesen, die in der klinischen psychoanalytischen Situation gewonnen wurden, und solchen, die aus der Direktbeobachtung in einer experimentellen Situation stammen.

Einige Fragen zur Triebtheorie

Ein Großteil der Ergebnisse der Neugeborenenforschung gereicht denen zur Stütze, die zwei Annahmen der psychoanalytischen Triebtheorie kritisieren: (1) den ökonomischen Gesichtspunkt, der besagt, daß Triebabfuhr oder Spannungsreduktion (nach dem Lust-Unlust-Prinzip) das grundlegende Prinzip sei, nach dem sich das infantile Leben ausrichtet, und (2) die genetisch-dynamische Annahme, die besagt, daß der Säugling sich allmählich der Objektwelt öffnet, weil das Bedürfnis nach Triebbefriedigung dies verlangt.

Ist Spannungsreduktion eine angemessene Modellvorstellung?

Gemäß der Perspektive des Lust-Unlust-Prinzips stellt man sich vor, daß das Neugeborene so lange zufrieden schläft, bis physiologischer Hunger, psychisch als oraler Trieb repräsentiert, über einen Schwellenwert hinaus ansteigt. Das Kind wird erregt, es schreit (was eine Abfuhr darstellt), und dann erhält es die Nahrung, die notwendig ist, um die Ursache der Spannung zu überwinden. Nachdem das Kind die Lust des Spannungsabbaus erlebt hat, kehrt es in den Schlafzustand zurück – spannungsfrei.

Ein völlig anderes Bild vom Neugeborenen vermitteln die Ergebnisse zeitgenössischer Forschung. Im Wachzustand nehmen Säuglinge nicht nur Nahrung auf, sondern sie schauen umher. Sie zeigen, daß sie ihre Blickrichtung fixieren und ein Objekt visuell verfolgen können, und zwar früher, als man es bisher für möglich hielt. Säuglinge unterbrechen ihre Nahrungsaufnahme, ganz gleich ob mittels Brust- oder Flaschenfütterung, um Dinge anzuschauen, die sie interessieren. Darüber hinaus zeigen sie Vorlieben für bestimmte visuelle Wahrnehmungsstimuli (Fantz 1961). Wenn ein bevorzugter Stimulus dargeboten wird, zieht das Neugeborene sich keineswegs zur Ruhe zurück, sondern es verlängert die Periode der Aufmerksamkeit.

Korner u. Thoman (1970) untersuchten die verschiedenen Methoden, die Mütter anwenden, um ihre Babies zu beruhigen und fanden dabei heraus, daß ein weinender Säugling am effektivsten dadurch zu besänftigen ist, daß man ihn an die Schulter legt. Verglichen mit den anderen Methoden stimuliert diese Handlung der Mutter den Säugling am meisten. Das Neugeborene erhält dabei direkte vestibulare und propriozeptive Stimulation; indirekt löst das Halten an der Schulter verstärkte visuelle Aufmerksamkeit aus.

Darüber hinaus erweist sich der Schlaf nicht als spannungsloser Zustand. Bei genauer Betrachtung offenbart das Neugeborene ein reiches Repertoire an wohlorganisiertem Schlafverhalten. Der Grad der Aktivierung kann beim Neugeborenen während des Schlafs sogar höher sein als derjenige, den man im nichtweinerlichen Wachzustand beobachtet (Emde et al. 1976). Natürlich gibt es ruhige Schlafabschnitte (Schlaf ohne schnelle Augenbewegungen, "Non-rapid-eye-movement"- oder NREM-Schlaf), die mit REM- oder "Rapid-eye-movement"-Schlaf alternieren. Aber die aktiven REM-Schlafphasen sind beim Neugeborenen länger als beim älteren Säugling. Eine Gruppe von Forschern vermutet, daß der junge Organismus nicht auf Stimulationsvermeidung programmiert ist, sondern viel eher einem Programm zur Stimulationssuche folgt, weil das für neuronales Wachstum notwendig ist (Roffwarg et al. 1966).

Andere Forschungsarbeiten lassen vermuten, daß ein längerer "Ruhezustand" beim Neugeborenen nicht etwa den normalen Schlußpunkt der Triebabfuhr darstellt, sondern eher als Hinweis auf eine pathologische Streßreaktion zu verstehen ist. Verlängerter ruhiger (NREM-)Schlaf trat einem Fallbericht zufolge im Anschluß an eine Beschneidungsoperation auf, bei der eine Ligaturtechnik eine ischämische Nekrose verursacht hatte (Emde et al. 1971). Man interpretierte diese dramatische Reaktion als adaptive, von ständigem Schmerz ausgelöste Verschiebung des Schwellenwertes. Auf ähnliche Weise – mit der Annahme eines veränderten Schwellenwertes – hat man die Reaktionen von Säuglingen auf Über- oder Untererregung im Bereich taktiler und propriozeptiver Stimulation zu erklären versucht (Shevrin u. Tousseing 1965). Die beiden Forscher betrachten den scheinbaren Ruhezustand in solchen Situationen als pathologischen Verlust des Erregungsniveaus, das für eine normale Entwicklung notwendig ist. Das Tragweite dieser Befunde liegt darin, daß sie die Revision einer Theorie erforderlich machen, die behauptet, daß Spannungsreduktion das beherrschende psychische Prinzip der Neugeborenen- oder einer späteren Phase ist. Stimulation und die Spannung, die sie mit sich bringt, sind für die homöostatische Balance und die fortlaufende Entwicklung des Neugeborenen ebenso wichtig wie jedes andere Nahrungsmittel. Natürlich ist damit die Wichtigkeit der Spannungsreduktion nicht aus der Welt. Ich werde im weiteren die vielfältigen Mittel beschreiben, die der Säugling zur Verfügung hat, um in Reaktion auf gewisse Stimuli abzuschalten – ob sie nun quälender

Natur sind (wie bei der beschriebenen Beschneidung) oder ganz einfach bis zum Überdruß wiederholt werden (hierzu die Habituationsexperimente). Die Forschung läßt vermuten, daß der Säugling weniger mit angeborener Reizschranke und einem simplen Abfuhrmechanismus operiert, sondern mit seiner angeborenen Ausstattung in der Lage ist, *regulierend* die Reizzufuhr und die Spannung zwischen optimalen Schwellenwerten zu halten.

Ist Bedürfnisbefriedigung die einzige Grundlage der Objektbeziehungen?

Der traditionellen Ansicht zufolge öffnet sich der Säugling allmählich der Objektwelt, weil ihn seine Triebbedürfnisse dazu nötigen (die Objektwelt, so glaubte man, baut sich um orale Bedürfnisse herum auf). Die ursprünglich hungerzentrierte Sicht der oralen Phase wurde ausgeweitet und umfaßte schließlich viele Aspekte der Bedürfnisse im Mund- und Hautbereich, propriozeptiver und thermaler Art. Die zentrale Vorstellung war aber immer noch, daß der Säugling, wie ein Küken in der Eierschale, so lange auf der Stufe des "primären Narzißmus" bleibt, bis ihn der Hunger zwingt, auf die Mutter als bedürfnisbefriedigendes Objekt zu achten. Die Neugeborenenforschung weckt ernste Zweifel an dieser einfachen Kausalkette. Statt dessen erscheint das Neugeborene als Organismus, dessen Reaktionsbereitschaft sich um einen affektiven Wahrnehmungs- und Handlungsdialog mit der Mutter zentriert und justiert.

Untersuchung für Untersuchung dokumentiert das vorangepaßte Potential des Säuglings, kraft dessen er direkt – von Mensch zu Mensch – mit der Mutter interagieren kann. Neugeborene reagieren selektiv und aktiv auf Schallfrequenzen im Bereich der menschlichen Stimmlage. Ihr Blick ist auf Objekte, die etwa 20 cm weit weg sind, am genauesten fokussierbar – das ist genau die Entfernung der Augen der Mutter, wenn der Säugling in der Position gehalten wird, die während der Brust- oder Flaschenfütterung üblich ist (Stern 1977). Neugeborene schauen längere Zeit auf Strichzeichnungen menschlicher Gesichter als auf Punkte. Um die 2. Lebenswoche herum schauen sie normalerweiser länger das Gesicht der Mutter an als das eines Fremden, und sie schauen auch länger das Gesicht ihrer Mutter an, wenn diese zu ihnen spricht (Carpenter 1974). Filmaufnahmen haben festgehalten, daß Neugeborene auf ganz besonders empfängliche Weise reagieren, wenn die Mutter auf sie "einplappert" – sie reagieren so, daß man vermuten kann, daß sie am Dialog teilnehmen (um die 8. Lebenswoche herum fügen Säuglinge ihrem Repertoire Reaktionen hinzu, die definierbare vorsprachliche Aktivitäten zu sein scheinen). Wenn man ihnen ein innerhalb des 20-cm-Fokus hängendes Spielzeug zeigt, reagieren sie aktiv, aber anders – scheinbar versuchen sie sich nach dem Gegenstand zu recken und ihn zu greifen (Trevarthen 1974, 1977). All dies läßt vermuten, daß das Neugeborene menschlichen und unbelebten Objekten am Anfang seines Lebens mit je verschiedenen Reaktionsmustern begegnet.

Die Wichtigkeit des Hungers und seiner Befriedigung werden von der Neugeborenenforschung nicht bestritten, aber seine Bedeutsamkeit verringert sich. Er hat nicht mehr die einzigartige und erstrangige Position, die ihm die psychoanalytische Theorie verliehen hatte, die ihn als "Entrepreneur" des Dialogs zwischen Mutter und heranwachsendem Säugling erscheinen ließ. Einige Studien belegen in der Tat die große Bedeutsamkeit der Erfahrung, gefüttert zu werden, aber sie führen zu einem veränderten Blick auf diesen Bereich. Zum Beispiel untersuchten Sander et al. (1976) 2 Gruppen von Neugeborenen. Eine Gruppe, im abgetrennten Kinderzimmer untergebracht, wurde nach einem festgelegten Vierstundenrhythmus gefüttert; eine parallelisierte Gruppe wurde nach einem "Rooming-in"-System untergebracht und rund um die Uhr nach nach Bedarf gefüttert. Diese 1. Phase dauerte in der Untersuchung 10 Tage. Dann wurden zwischen dem 11. und 28. Tag die Babys beider Gruppen jeweils einer einzigen Bezugsperson im Rahmen eines "Rooming-in" übergeben (danach wurden sie an Pflegefamilien weitervermittelt). In der Anfangsphase weinten die Neugeborenen, die nach festem Plan gefüttert wurden, mehr und waren nachts aktiver als tagsüber. Sobald sie jedoch der Ersatzmutter übergeben wurden, kehrte sich das Muster der Tages- und Nachtaktivität um – innerhalb der ersten 24 Stunden. Im Gegensatz dazu waren bei den bedarfsgefütterten Babys Muster längerer Tagesaktivität und längeren Nachtschlafes innerhalb der ersten 10 Tage bereits gut eingespielt (dies ist auch bei Säuglingen der Fall, die von der eigenen Mutter nach Bedarf gefüttert wurden), und das setzte sich während der Phase vom 11. bis zum 28. Lebenstag fließend fort. Der abrupten Umkehr der Muster bei den nach Plan gefütterten Babys folgte eine "Überkompensation, ein vorzeitiger Fortschritt, wobei die Kinder über längere Zeiträume des Tages wach waren und nachts weniger schliefen" (S. 185). Erstaunlicherweise hielt diese Tendenz den ganzen 1. Monat hindurch an.

In der gleichen Studie wurden zwei verschiedene Ersatzmütter eingesetzt. jede dieser beiden Bezugspersonen war so eingeteilt, daß sie sich während der ersten 10 Tage um je eine Gruppe von bedarfsgefütterten Babys zu kümmern hatte, und dabei blieb es bis zum Ende des 28. Tages. Denselben Frauen wurden nach dem 10. Tag zu gleichen Teilen die vorher plangefütterten Babys zur Versorgung zugeteilt. Je nachdem von welcher der beiden Frauen sie versorgt wurden, fand man bei den Säuglingen signifikant unterschiedliche Tag-Nacht-Muster, obwohl die Experimentatoren keine Unterschiede bei den beobachtbaren Pflegehandlungen ausmachen konnten. Folgt man Sander et al. (1976), dann "lassen die Ergebnisse vermuten, daß wir es möglicherweise mit einem Mechanismus zu tun haben, der eine Anpassung zeitlicher Abläufe zwischen Säugling und Bezugsperson bewirkt" (S. 198). Sie nehmen an, daß "die Verhaltensregulierung bei der Nahrungsaufnahme vielleicht in die spezifische Anpassung an die jeweilige Bezugsperson eingebunden wird, und zwar schon während der ersten 10 Lebenstage" (S. 198).

Beobachtungen bei Kindern mit angeborener Ösophagusatresie zeigen, wie besonders wichtig es ist, die Erfahrung zu machen, gefüttert zu werden. Dadurch entwickelt sich ein normales Interesse am oralen Aufnehmen und die Fähigkeit, den Mund zu benutzen (Dowling 1977). Eine Gruppe von Neugeborenen wurde mit einer Magensonde künstlich ernährt, ohne daß gleichzeitig der Mundbereich stimuliert wurde. Diese Säuglinge entwickelten keine erkennbaren Hunger-Sättigungs-Muster oder entsprechende Signale (bei Lichtenberg 1978 a werden die Auswirkungen solcher Vorgänge auf das Körperselbst besprochen). Darüber hinaus waren diese Säuglinge nur schwach an ihre Mütter gebunden, ihrem gesamten psychischen Funktionieren fehlte Motivation, Vitalität und Intentionalität, und sie bewältigten die durch ihre Störung bewirkte Verzerrung des Körperselbst schlecht. Andere Neugeborene wurden zum Schein mundgefüttert, während sie parallel dazu wirklich Nahrung durch die Sonde erhielten. Die Mütter wurden ermutigt, die unvermeidliche Verschmutzung in Kauf zu nehmen und im allgemeinen völlig normal und angemessen auf das Baby zu reagieren. Wenn diese Scheinfütterungen früh begonnen wurden, zu einer Zeit, in der der Saugreflex stark ist, dann entwickelte der Säugling im normalen Umfang Interesse am oralen Aufnehmen und lernte es, seinen Mund sinnvoll zu benutzen. Wenn aber die Bereitschaft zum Saugen und Lippenschmatzen nicht in der frühesten Säuglingsperiode aktiviert wurde, dann war es sehr schwer, später ein Interesse am oralen Aufnehmen in Gang zu bringen, wenn der Speiseröhrentrakt wiederhergestellt war. Dowling glaubt, daß diese Ergebnisse die psychoanalytische Theorie bestätigen, da sie oraler Erfahrung als Organisator von Motivation besondere Bedeutung zuschreibt.

Die Forschungsarbeiten über verschiedene Fütterungspläne und über Neugeborene mit Ösophagusatresie, die ich zitiert habe, verbinden nun *tatsächlich* das, was die Säuglinge beim Füttern erfahren, mit basalen Bindungsmustern, mit Formen der Reaktionsbereitschaft gegenüber ihrer Mutter und auch mit oralen Interessen. Natürlich weisen diese Ergebnisse darauf hin, daß die Erfahrung, gefüttert zu werden, ein wichtiger Faktor in der Entwicklung des Neugeborenen ist. Aber wenn man sagt, daß die Erfahrung, gefüttert zu werden, wichtig ist, dann heißt das nicht, daß sie der Kernpunkt ist, um den herum sich die *gesamte* psychische Entwicklung entfaltet. Eher ist es so, wie Sander et al. (1976) erklären: orale Erfahrung ist eines von mehreren Merkmalen der frühen postnatalen Entwicklung. Zusammen führen diese Merkmale dazu, daß "innerhalb des Säuglings zwischen seinen verschiedenen physiologischen Komponenten ein angemessener Phasensynchronismus" eingespielt und aufrechterhalten werden kann (S. 200).

Wenn man diesem Gedankengang folgt, dann wird das, was im psychoanalytischen Verständnis der Trieb der oralen Phase ist, zu einem von vielen Aspekten eines basalen Regulierungskerns (Weil 1970). Die Neugeborenenforschung läßt vermuten, daß für die Funktionsweise dieses Kerns "vielleicht *extrinsische* Determinanten eine bedeutende Rolle spielen, die das Ausmaß von Veränderungen und auch die Organisation zeitlicher Abläufe der intrinsischen Subsysteme des Säuglings beeinflussen. Dabei werden die charakteristischen phasischen Abläufe verschiedener Funktionen zueinander in Beziehung gebracht" (Sander et al. 1976, S. 195). Der *intrinsische* Faktor ist das angeborene Reaktionspotential. Die plötzliche Veränderung des Schlafaktivitätsmusters bei den plangefütterten Babys der Studie von Sander et al. läßt vermuten, daß sich hier ein latentes, intrinsisches Regulierungspotential der Situation bemächtigte und einen überkompensierenden Fortschritt ermöglichte. Emde (1981 a) spricht von einer biologischen Prädisposition "dergestalt, daß es eine angeborene Tendenz zur Selbstaufrichtung gibt", wenn ungünstige Umweltbedingungen zu einer Schädigung geführt haben (S. 213).

Es ist nicht ganz einfach, diese Ergebnisse mit der psychoanalytischen Triebtheorie und der darauf aufgebauten Motivationstheorie in Einklang zu bringen. Viele Säuglingsbeobachtungen schreiben dem Verhalten des Neugeborenen ein dranghafte Qualität zu, und diese allgemeine Vorstellung weist zumindest Parallelen zu psychoanalytischen Formulierungen auf. Sander (1980 a) verbindet den Triebbegriff mit der Steuerung der Verhaltensinitiative. Diese Steuerung muß individuell verinnerlicht sein, damit eine Person ihre eigene Welt organisieren kann. Tomkins (1981) spricht sogar von einem Triebsystem, aber er definiert es anders als das psychoanalytische. Seiner Ansicht zufolge liefert der Trieb wichtige Information darüber, was wann und wo zu tun ist, aber unter normalen Umständen ist eine affektive Intensivierung notwendig, damit diese besondere Information dringlich wird. Wir werden später, in Kap. 11, sehen, daß diese Sichtweise besonders bedeutsam wird, wenn man zu verstehen versucht, wie die Säuglingsforschung in die psychoanalytischen Vorstellungen von den erogenen Zonen integriert werden kann. Weitere Überlegungen zur Triebtheorie werden in Kap. 6 auftauchen, wo ich den strukturellen Begriff des Es und dessen allgemeinste Eigenschaft – das Drängende – bespreche.

Eine Erweiterung der Ich-Psychologie

Seit der Entstehung der Ich-Psychologie erhielt der "Ich-Anteil" der undifferenzierten Es-Ich-Matrix erhöhte Aufmerksamkeit. Die Neugeborenenforschung bringt weitere starke Belege dafür, daß autonome organisierende, orientierende und kontrollierende Funktionen vorhanden sind. Wenn sich etwa die Wachzeiten asymmetrisch – tagsüber länger, nachts kürzer – einspielen, dann wird das scheinbar durch den "Ich-Anteil" des basalen Regulierungskerns intern geregelt. Eine weitere Art der Steuerung offenbart sich in der Neigung der Neugeborenen, sich von unangenehmen Gerüchen abzuwenden (Bower 1971), was bedeutet, daß Gerüche ohne jede Unterweisung als unangenehm identifiziert werden können. Neugeborene wenden auch ihre Augen ganz korrekt in die Richtung, aus der ein Geräusch kommt. Und sie reagieren verunsichert, wenn die Schallquelle experimentell von dem Bild, worin sie den Mund des "Sprechers" sehen, getrennt wird. Diese Entdeckung läßt vermuten, daß Lokalisation nach Gehör und audiovisuelle Koordinationsleistungen autonome Funktionen sind (Basch 1977).

Eine weitere Art der Steuerung offenbart sich in der Neigung der Neugeborenen, ihren Kopf von der Seite abzuwenden, auf der ein unangenehmer Geruch aufgetragen wurde. Das verweist darauf, daß Neugeborene ohne jedes Training die Richtung, aus der ein unangenehmer Geruch stammt, erkennen können. Diese vorprogrammierte Fähigkeit verbindet sich schnell mit erlernten Präferenzreaktionen. Wenn links und rechts von 8 Tage alten Neugeborenen je ein Büstenhalter aufgehängt wird, einer von der Mutter und einer von einer anderen Frau, dann erriechen die Säuglinge zuverlässig den Unterschied und wenden sich dem mütterlichen Büstenhalter zu (MacFarlane 1975).

Ich habe bereits erwähnt, daß Säuglinge scheinbar selektiv auf menschliche und nichtmenschliche Objekte reagieren, die vor ihnen plaziert werden. Ihre Bewegungen dabei deuten darauf hin, daß sie angeborene Voreinordnungen bei diesen verschiedenen Austauschprozessen vornehmen. In Reaktion auf die Mutter wird das Neugeborene "seinen Mund öffnen, die Lippen runden und schürzen und dies für mehrere Sekunden fortsetzen. Oft streckt es dabei die Zunge heraus, der Körper bebt, und der Kopf zuckt ein wenig nach vorn ... Diese Reaktionen sind ebenso rührend wie das soziale Lächeln in der 6. Lebenswoche, besonders wenn der Säugling dabei große Augen macht" (Bennett 1976, S. 87). Diese "Grußreaktionen" unterscheiden sich von den Bewegungen des Neugeborenen in Reaktion auf ein Spielzeug. Da wird der Gegenstand visuell verfolgt, und dies wird kombiniert mit Vorläufern späterer Versuche, den Gegenstand zu greifen, nach ihm zu treten oder ihn in den Mund zu stecken. Stern (1977) vermutet, daß die je verschiedenen Reaktionen des Säuglings auf Menschen und unbelebte Objekte sich auf getrennten Wegen entwickeln. Die Interaktionen mit Menschen führen schließlich zu verinnerlichten Repräsentanzen von Personen in affektiv aufgeladenen Erfahrungseinheiten. Die Reaktionen auf unbelebte Objekte führen zur Bildung von sensomotorischen Schemata, wie Piaget (1936) sie postuliert.

Schon im Alter von 2 Wochen greifen Säuglinge lieber nach einem echten dreidimensionalen Gegenstand als nach einer Photographie des gleichen Gegenstands. Dieses Ergebnis zeigt, daß Neugeborene schon in den ersten Tagen eine dreidimensionale Welt wahrnehmen und ohne große Lernerfahrung unterschiedlich auf Objekte und deren zweidimensionale Abbildung reagieren können (Bower 1971). Auch die erfolgreiche Bewältigung des Daumenlutschens deutet darauf hin, wie früh ein Säugling seine Erfahrung organisieren kann. Murphy (1973) beobachtete, daß am 5. Lebenstag noch zahlreiche vergebliche Versuche gemacht wurden, bevor der Daumen in den Mund gelangte. Um den 10. Lebenstag herum war die Bewegung des Daumens zum Mund ein erfolgreich eingespieltes Muster.

Neugeborene zeigen, daß sie Hören und Greifen ganz beachtlich koordinieren können. Sie recken sich, um nach Gegenständen zu greifen, die sie hören, aber nicht sehen können. Diese Fähigkeit verschwindet üblicherweise im Alter von 5–6 Monaten, wenn das Sehen die Rolle der dominanten Sinnesmodalität übernimmt. Bower (1976) meinte, daß man diese angeborene Fähigkeit für blinde Kinder nutzen könnte, um ihnen so eine Möglichkeit zu geben, sich aktiv in ihre Welt hineinzutasten (ebenso, wie sehende Kinder aktiv ihre Augen benutzen). Er entwickelte ein Echolotsystem, das für blind geborene Kinder akustische Reflexionen von Gegenständen hörbar machte.

"Der Rückgang des Hör-Greif-Verhaltens blieb nicht nur aus, sondern darüber hinaus entwickelte der Säugling tatsächlich einige Fähigkeiten, die denen vergleichbar waren, die ein normaler Säugling im gleichen Alter erwirbt. Ferner zeigte das Experiment deutlich, wie flexibel das Wahrnehmungssystem des Neugeborenen ist. Kein Organismus der Naturgeschichte hatte je einen vergleichbaren Input erhalten, und dennoch begann dieser Säugling in Sekundenschnelle, unmittelbar nachdem man ihm das Gerät angelegt hatte, den Sinn der Geräusche zu erfassen" (S. 44).

In einem anderen Forschungsbereich wurde das Ausmaß der Habituation (Abschwächung der Reaktion) gemessen, welche auftritt, wenn optische, akustische und Schmerzreize wiederholt dargeboten werden (Bridger 1961). Der Säugling zeigt durchwegs eine verringerte Reaktionsbereitschaft, wenn man ihn mit einem Licht, einer Rassel oder einer Glocke wiederholt stimuliert. Die Forscher meinen, daß diese "Habituation eine Hemmung der Reaktion auf einen wiederholt dargebotenen Stimulus darstellt, der keine nützliche Information mehr übermittelt" (Aleksandrowicz u. Aleksandrowicz 1976, S. 264). Bei Nadelstichen kam es allerdings nicht durchgängig zur Habituation, woraus die Forscher den Schluß ziehen, daß dauerhafter oder wiederholter Schmerz eben keine "uninformative" Botschaft darstellt. Säuglinge reagieren offenbar ganz unterschiedlich auf unangenehme Stimuli. Wenn etwa ihre Gesichter mit einem Sück Stoff bedeckt wurden, reagierten einige der Neugeborenen mit Einschlafen; andere entfernten den Stoff mit beiden Händen. Aleksandrowicz u. Aleksandrowicz schlußfolgern: "Für einen Säugling, der nicht fähig ist, sich übermäßiger sensorischer Stimulation zu entziehen, stellt Habituation ein überaus wichtiges Mittel zur Kontrolle des Umweltinput dar" (S. 264). Sie merken an, daß die Ergebnisse ihrer Habituationsexperimente Freuds Vorstellung vom Reizschutz entsprechen. Für mich dagegen verweisen ihre Ergebnisse viel eher auf einen angeborenen Modus der Informationsregulierung als auf einen Reizschutz im engeren Sinne. Zu einer Habituation der Reaktion auf bereits erfaßte Stimuli kommt es ja nicht, weil diese so intensiv sind und daher die Gefahr der Überstimulation bergen, sondern weil ihnen der Reiz des Neuen fehlt. Ein neuer Reiz von größerer Intensität wird normalerweise bevorzugt wahrgenommen.

Die Reaktionen der Neugeborenen in sozialen Interaktionen lassen vermuten, daß der Säugling in der Lage ist, Zeit abzuschätzen. Insbesondere steigt und sinkt seine Erregung, wenn die Bezugsperson zu ihnen in verschiedenen Metren spricht, singt oder kollert. Stern (1977) kommentiert das folgendermaßen: "[Man kann sich] nur schwer vorstellen, wie das Kleinkind so reagieren und allmählich so auf das soziale Weltganze eingehen könnte, wie es das tut, wenn es ... nicht zu einigen recht eindrucksvollen Zeitschätzungsoperationen in der Lage wäre (S. 112 f.). Er glaubt, daß das Neugeborene so ausgestattet ist, daß es nach einer Methode Zeitintervalle von weniger als einer halben Sekunde abschätzt, während es nach einer anderen Methode soziale Verhaltensweisen einordnet, die länger als eine halbe Sekunde dauern.

Von Geburt an erscheint die motorische Organisation als eine mehr oder weniger koordinierte Einheit. Brazeltons (1973) Neonatal Behavioral Assessment Scale [eine Beurteilungsskala für das Verhalten von Neugeborenen] mißt das Beugen und das Dehnen der Gliedmaßen sowie die Rundheit der Bewegungen, die Fähigkeit, den Kopf aufrecht zu halten, das Ausmaß spontaner und auslösbarer motorischer Aktivität sowie die Intensität und Schnelligkeit spontaner und stimulationsbedingter Veränderungen der Hautfarbe. Das Neugeborene ist sogar in der Lage, gewissermaßen zu "laufen". Wenn man es angemessen unterstützt, dann marschiert das Neugeborene auf einer glatten Oberfläche entlang. Diese Fähigkeit verschwindet normalerweise im Alter von ungefähr 8 Wochen, ist aber scheinbar doch kein bedeutungsloses, zufälliges Aktivitätsmuster. "Man konnte zeigen, daß ein Säugling, der in der sehr frühen Phase zu laufen geübt hat, später aufgrund dieser Erfahrung eher zu laufen beginnt" (Bower 1976, S. 39).

Nach all diesen Ergebnissen scheinen komplexe Modellvorstellungen über basale Funktionen angebracht. Dies kann man als Erweiterung des Hartmannschen Begriffs der autonomen Ich-Funktionen betrachten, welche Wahrnehmung, Gedächtnis sowie den Zugang zur Motilität umfassen. Beobachtungen zeigen, wie früh Säuglinge differenzieren, Zeit bestimmen, passende Muster finden, Reize einordnen und unterscheiden können, und diese Fähigkeiten veredeln die Hartmannsche Liste autonomer Fähigkeiten. In der Tat schafft die Neugeborenenforschung eine verbreiterte empirische Grundlage für Hartmanns scharfsinnige Behauptung: "Es gibt Angepaßtheit, bevor es intendierte Vorgänge des Sichanpassens gibt" (1939, S. 44).

Wie bereits erwähnt, wendet ein Säugling schon in den ersten Lebenswochen dem unbewegten Gesicht der Mutter mehr Aufmerksamkeit zu als dem Gesicht eines Fremden. Er ist noch aufmerksamer, wenn er das Gesicht der Mutter sehen und in Kombination dazu ihre Stimme hören kann. Aber die Reaktion des Säuglings auf das Unvertraute deutet am stärksten darauf hin, daß das Neugeborene Diskriminationsfähigkeiten hat. Wenn man z. B. ein Bild der Mutter mit der Stimme einer fremden Frau kombiniert, dann wendet sich der Säugling tatsächlich ab (Carpenter et al. 1970). Folgt man den Experimentatoren, dann bedeutet diese Reaktion, daß das Baby die vertraute Verbindung des mütterlichen Gesichts mit ihrer Stimme klar und deutlich empfindet und auf Inkongruenzen ablehnend reagiert. Die Ergebnisse lassen auch vermuten, daß der Säugling in den ersten Lebenswochen unter Rückgriff auf abgespeicherte Information über alltägliche Erfahrung den Wahrnehmungsinput abtastet. Er kann diesen Input nach 2 Kategorien klassifizieren und so feststellen, ob er es mit Lebendigem oder Unlebendigem zu tun hat und ob akustische und visuelle Hinweisreize zusammenpassen. Schon im Alter von 3 Tagen kann man einen Säugling darauf trainieren, für eine Belohnung, etwa einen schönen farbigen Gegenstand, den Kopf auf eine Seite zu drehen, wenn ein Summer ertönt (Bower 1971). Schon nach einem Monat wird das Baby heftiger an einem nicht nährenden Schnuller saugen, um ein Bild zu sehen oder Musik zu hören (Siqueland u. De Lucia 1969).

Die Neugeborenenforschung zeigt auch, daß Reaktionen auf neurophysiologischer Ebene und gleichzeitige oder spätere psychische Mechanismen auf ähnliche Art und Weise organisiert sein können. Bis zu diesem Punkt habe ich nur Beobachtungen über das Neugeborene und die ersten Lebenswochen zusammengefaßt. Zwischen 2 $1/2$ und 3 Monaten kommt es zu dramatischen Veränderungen. Die Wahrnehmungsorganisation wandelt sich. Der 20-cm-Fokus des Blicks erweitert sich und umfaßt nun beinahe den erwachsenen Bereich. Im Alter von etwa 9 Wochen verändert sich die Art, wie der Säugling die Mutter anschaut. Die vorherigen eher "suchenden" Blickbewegungen wandeln sich in ein aktiveres Abtasten des Gesichts um die Augenpartie herum. Nach dem 3. Lebensmonat kann der Säugling die Mutter mit Blicken verfolgen, wenn sie weggeht, wenn sie sich nähert und wenn sie sich im Zimmer umherbewegt (Stern 1977). Die durchgreifende Veränderung der Organisation zwischen 2 $1/2$ und 3 Monaten wird auch an einem konsolidierten Tag-Nacht-Muster sichtbar, mit deutlich erhöhter Wachheit und der schnell zunehmenden Fähigkeit, lange Zeiträume durchzuschlafen. Zwischen 4. und 6. Monat schauen Säuglinge besonders gern

Vorlagen an, die Ihnen etwas über menschliche Aktivitäten wie Gehen und Laufen vermitteln. Die Forscher meinen, daß diese Ansprechbarkeit sich aus einer veränderten intrinsischen Organisation ergibt und daß sie nicht langsam durch Erfahrung erworben wurde (Fox u. McDaniel 1982).

Es kommt zum sozialen Lächeln, und ein dramatisch veränderter Blickkontakt bildet sich heraus. Der Säugling kann nun die Augen der Mutter visuell fixieren und diese Fixierung halten, während die Augen groß werden und zu leuchten beginnen. Dies verweist auf eine Wende, hin zu stärkerer Steuerung des durch mütterliche Hinweisreize gelenkten reziproken Austausches (Emde et al. 1976). Im Gefolge dieses Erwerbs erhöht sich das Interesse des Säuglings an und seine Reaktionsbereitschaft auf die Umwelt, und das Lächeln wird mit komplexeren Gedächtnis-, Antizipations- und Diskriminationsprozessen verknüpft.

Diese dramatische Veränderung scheint Spitz's (1959) Hypothese zu bestätigen, wonach sich Entwicklung in unregelmäßigen, stufenartigen Brüchen vollzieht. Ein affektives Zeichen wie das soziale Lächeln dient demgemäß als Indikator dafür, daß sich ein Wandel der Organisation vollzogen hat. Dieser Auffassung von Entwicklung zufolge muß eine genetische Grundanlage mit Umweltreaktionen abgestimmt werden. Einige Säuglingsforscher weisen darauf hin, daß diese Interaktion mit der Umwelt innerhazlb gewisser Grenzen eines Reifungszeitplans geschehen muß, wenn die kritische Entwicklungsperiode nicht ungenutzt verstreichen soll (Spitz 1959; Dowling 1977). Andere bringen Belege für die mächtige Tendenz zur Selbstaufrichtung (Sander 1975; Kagan et al. 1978). Ich werde die Frage nach Kontinuität und Transformationen in Kap. 11 ausführlich besprechen.

In diesem Zusammenhang stellt sich die Frage, wann Konflikte in den frühen Lebensstadien einsetzen und welche relative Bedeutung sie haben. Natürlich gibt es Polaritäten – Spannung zwischen Wachheit und Schlaf, zwischen Tendenzen, auf die eine oder die andere Art von Stimulation zu reagieren. Es gibt auch Spannungen zwischen den Bemühungen der Bezugsperson um Regulierung einerseits und akkomodierenden und widerständigen Neigungen des Säuglings andererseits. Die Säuglingsforschung hat untersucht, wie man mit diesen Polaritäten umzugehen pflegt. Den Psychoanalytiker auf der anderen Seite interessiert aber, was diese Spannungen mit dem zu tun haben, was die psychoanalytische Theorie unter einem *intrapsychischen* Konflikt versteht. Der vorhandene psychoanalytische Begriff von einer undifferenzierten Es-Ich-Matrix, innerhalb derer die Triebmuster noch nicht organisiert sind, stellt eine Möglichkeit dar, die Forschungsergebnisse in die analytische Theorie zu integrieren. Basch meint: "Instinkte und Triebe kann man als Blaupausen für Verhalten betrachten, deren tatsächliche Implementierung davon abhängt, ob angeborene Wahrnehmungsfähigkeiten von Umweltreizen aktiviert werden" (1977, S. 250). Und Mahler legt folgendes nahe: erst wenn der Säugling "*in der Lage ist, auf Befriedigung zu warten und sie vertrauensvoll zu erwarten* – erst dann ist es möglich, vom Anfang eines Ich und ebenso von einem symbiotischen Objekt zu sprechen" (1967, S. 745). Die Frage nach dem Einsetzen und der Organisationsform intrapsychischer Konflikte werde ich später wieder aufnehmen, wenn ich die treibende Kraft behandle, die die Sexualität ausübt und den Kampf betrachte, den jedes Kind durchmacht, wenn es mit Selbstbehauptung und reaktiver Aggression umzugehen versucht (s. Kap. 9).

Es ist wohl klar, daß eine Menge Überbrückungsarbeit geleistet werden muß, bevor analytische Gedanken über Triebe, Ich-Funktionen und frühen intrapsychischen Konflikt mit den Ergebnissen der Säuglingsforschung verkoppelt werden können. Die Säuglingsforscher zeichnen ihr Bild vom Neugeborenen innerhalb eines anderen Bezugsrahmens, sie benutzen ein anderes Vokabular. Sie betrachten Neugeborenes und Pfegeperson als entstehendes *interaktionales System*, innerhalb dessen "jeder Partner als jemand betrachtet wird, der separate Fähigkeiten hat, die auf das Verhalten des anderen einwirken, und als jemand, der Verhalten des anderen auslöst und verstärkt" (Emde 1980, S. 89). Wenn sie den Beitrag des Neugeborenen zu dem System näher betrachten, dann arbeiten sie heraus, inwiefern interne "States"[1] (aktiver Schlaf, ruhiger Schlaf, aktive Wachheit, ruhige Wachheit, und Schreien) deutlich machen, daß biologische Muster für die Bestimmung von Handlungs- und Reaktionsbereitschaft wichtig sind (Emde u. Robinson 1979). Wenn sie den Beitrag der Mutter anschauen, dann betonen sie, wie entscheidend die ersten qualitativen Entwicklungsschritte von einem Hintergrund, von einer unspezifischen Reizumgebung abhängen (Wolff 1969). Sander et al. (1976) erklären das so: "Die Mechanismen, die eine unspezifische Reizumgebung zentral wichtig machen, gruppieren sich vielleicht um die Redundanzen, die sich während wiederkehrender Begegnungen herausbilden. Periodische Fluktuationen der Verhaltensstates werden begleitet, und währenddessen stabilisieren sich die Muster, nach denen man sich austauscht. ... Vielleicht ist Regulierung insgesamt für den Säugling nicht von einer festen Regelmäßigkeit oder Redundanz wichtiger Austauschprozesse zwischen Säugling und Bezugsperson zu trennen" (S. 202). Im wesentlichen sagen die Säuglingsforscher, daß die immer wiederkehrende Abfolge von Verhaltensstates beim Säugling einerseits, und andererseits die wiederholte Begegnung der Bezugsperson mit diesen Fluktuationen des Säuglings den Kern des regulierenden Austausches bilden. Um das gleiche psychoanalytisch auszudrücken, würde man sagen, daß die Mutter ihr reifes Ich dem unreifen Säugling als Hilfs-Ich zur Verfügung stellt. Die Sprache der Säuglingsforscher ist ein Versuch, mit einem Minimum von Annahmen ein hohes Maß von Präzision zu erreichen, passend zu dem, was man beobachten kann.

---

[1] Der englische Ausdruck "state" (Zustand) wird nicht übersetzt, sondern nur der deutschen Schreibweise angeglichen (also: State), wenn damit ein physiologischer Organisationszustand gemeint ist (Anm. d. Übers.).

Beide konzentrieren ihre Aufmerksamkeit auf Funktionen, aber für diese frühe Periode hat der Ich-Begriff, mit seiner Verbindung zum Begriff des Es, einige Dunkelstellen (s. Kap. 6).

Implikationen für die Theorie der Objektbeziehungen

Ausgehend von dem, was bislang beschrieben wurde, ist klar, daß man die Ergebnisse der Neugeborenenforschung dazu benutzen kann, die Psychoanalytiker in ihrer gegenwärtigen Schwerpunktsetzung auf Objektbeziehungen zu bestärken. Aber für unser Bild von Objektbeziehungen taucht ein neuer Haken auf: Schon bald nach der Geburt empfängt das Baby nicht nur, sondern es nimmt am Dialog teil und aktiviert ihn. Mikrokinetische Filmanalysen ergeben, daß sich das Neugeborene schon am ersten Tag nach der Geburt in präzisem Synchronismus zur Artikulationsstruktur der Sprache der Erwachsenen bewegt (Condon u. Sander 1974). Säuglinge im Alter von 12–21 Tagen können durchgängig mit Gesicht und Händen Gesten der Erwachsenen kopieren. Ein unabhängiger Beobachter konnte zu jedem Zeitpunkt bestimmen, welche Geste das Baby gerade ausführte, ohne die auslösende Geste des Erwachsenen zu kennen (Meltzoff u. Moore 1977). Zum Beispiel können Neugeborene einen Erwachsenen imitieren, der seine Zunge herausstreckt, seinen Mund öffnet oder große Augen macht (Bower 1976). Für diese basale "soziale" Reaktionsbereitschaft ist ein angeborenes Muster notwendig. Neugeborene müssen z. B. bei der Zungengeste erkennen, daß das Ding, was sie aus dem Mund herausgestreckt sehen, dasselbe Ding ist, das sie in ihren eigenen Mündern spüren (aber nicht sehen) können. Dann müssen sie recht komplexe Muskelbewegungen ausführen, um die Imitation zustande zu bringen.

Aus diesen Ergebnisse folgt, daß beide, der Säugling und die Mutter, von Anfang an darauf vorbereitet sind, an einer sozialen Interaktion teilzunehmen. Sie handeln nicht als 2 Individuen, die vereinzelte Mitteilungen aussenden. Ihre Bindung aneinander beruht auf Reziprozität. Säuglinge zeigen beinahe sofort, daß sie erwarten, daß man sich mit ihren Zyklen von Aufmerksamkeit und Nichtaufmerksamkeit beschäftigt. Wenn die Mutter etwas Unerwartetes tut, wenn sie etwa ihr Gesicht nicht bewegt, dann verändert der Säugling seine interaktive Reaktion, und schließlich "schaltet er ab". Die präzise Synchronisation in vielen dieser Interaktionen ist so verblüffend, daß die Forscher die Teilnahme an Organisationsformen mehr betonen als den ab- und eingrenzbaren Beitrag jedes Partners (Condon u. Sander 1974).

Forscher, die die Reaktionen von Müttern beobachtet haben, glauben, daß deren Bereitschaft, die Aufgaben der Mutterschaft zu übernehmen, zum Zeitpunkt der Geburt am höchsten ist. In einem Experiment durfte eine

Gruppe von Müttern ausführlich Kontakt mit ihren Neugeborenen aufnehmen, während eine Kontrollgruppe, der üblichen Krankenhausroutine entsprechend, nur zu Stillzeiten Kontakt hatte. Nach einem Monat zeigten die Kontaktmütter statistisch signifikant größere Fürsorge, körperliche Nähe und Zärtlichkeit, und sie neigten auch eher dazu, ihre Kinder während beobachteter Fütterungen *en face* zu halten (Klaus et al. 1972). In einer weiteren Studie durfte ein Teil der Mütter unmittelbar nach der Geburt 45 Minuten lang in aller Ruhe Hautkontakt mit ihren Säuglingen aufnehmen. Diese Mütter zeigten 36 Stunden nach der Entbindung signifikant mehr liebevolles Pflegeverhalten als andere Mütter, die viel später, nämlich 12 Stunden nach der Geburt eine 45minütige Kontaktperiode erhielten (Hales et al. 1977). Bei Müttern frühgeborener Säuglinge beobachtete man ähnliche Unterschiede zwischen denen, die schon während der ersten paar Tage Kontakt haben durften, und solchen, die ihre Babys erst im Alter von 20 Tagen oder mehr anfassen konnten (Kennell et al. 1970). Diese Ergebnisse brachten die Forscher zu dem Schluß, daß Bemutterungsverhalten in der Zeit unmittelbar nach der Geburt abrufbereit ist und daß eine frühe Trennung für die Entwicklung mütterlicher Bindung schädlich sein kann (Barnett et al. 1970; Peterson und Mehl 1978).

Das deutliche Ansprechen der mütterlichen Reaktionsbereitschaft auf direkten Körperkontakt mag ein unerwartetes Ergebnis sein, aber die Bedeutung der empathischen mütterlichen Fürsorge ist schon seit langem bekannt. Die Rolle des Säuglings als aktive Kraft in der dyadischen Interaktion ist allerdings in der psychoanalytischen Literatur weniger gewürdigt worden. Eine Untersuchung ergab, daß mehr als die Hälfte der beobachteten Interaktionen vom Säugling initiiert worden waren (Moss u. Robson 1968). Des weiteren glauben viele Forscher, daß viele Verhaltensweisen des Neugeborenen "dafür da sind", mütterliche Reaktionsbereitschaft auszulösen. Sander et al. (1976) vermerken zum Beispiel, daß das Neugeborene während der ersten paar Lebenstage mehr Zeit in wachen und erregten States verbringt. Sie vermuten, daß diese größere Bereitschaft zur Interaktion ganz speziell deshalb existiert, damit es "möglich wird, bestimmte stabile Muster der Säuglingspflegeinteraktion aufzubauen" (S. 193).

Schon seit langem meint man, daß das Schreien eine wichtige Rolle beim Auslösen mütterlicher Pflegereaktionen spielt. Eine ähnliche Rolle schreibt man längerer "Quengeligkeit" zu, die nichts mit Hunger zu tun hat: "Man kann sich vorstellen, daß eine Neigung zu ausdauerndem Quengeln beim menschlichen Säugling angelegt ist, damit überlebenssichernde Nähe zur Mutter auch zu Zeiten gefördert wird, in denen nicht gefüttert wird" (Emde et al. 1976, S. 85). Daher lösen von Geburt an bis zum Alter von 2 Monaten "der Aufforderungscharakter des Schreiens und der hilflosen Erscheinung das Säuglings" besonders zuverlässig mütterliche Reaktionen aus (Emde 1981 a, S. 189).[2]

In jüngerer Zeit haben einige Psychoanalytiker betont, wie wichtig es ist, daß die Mutter empathisch spürt, wann und wie ein Säugling beruhigt und besänftigt werden will (Winnicott 1953; Kohut 1971, 1977; Tolpin 1971). Was dieses Bedürfnis aus der Sicht des Neugeborenen bedeutet, erfaßt ein Maß aus Brazeltons Neonatal Behavioral Assessment Scale (1973). Grundlage für die Einschätzung der "Tröstbarkeit" ist, wieviel Intervention von seiten des Untersuchers zur Beruhigung notwendig ist, oder, wenn das Kind sich selbst beruhigt, ob das durch Daumenlutschen oder durch "Abblocken" eines visuellen oder akustischen Stimulus geschieht (Aleksandrowicz u. Aleksandrowicz 1976). Diese Forschungsarbeiten zeigen, daß unterschiedliche Beruhigungsansprüche der Säuglinge möglicherweise eine größere Rolle spielen, als man bisher erkannt hat.

Aufgrund anderer individueller Unterschiede verlangen Säuglinge nach unterschiedlicher Reaktionsbereitschaft. Einige scheinen gerne geknuddelt und nah gehalten zu werden, sie schmiegen sich in die Arme desjenigen, der sie hält; andere wehren sich gegen jeden physischen Kontakt, der Beengung mit sich bringt, sie stoßen dann mit den Füßen und schlagen um sich, beginnen sogar zu weinen (Schaffer u. Emerson 1964). Zusätzlich beeinflussen Geschlechtsunterschiede die Reaktion der Mutter. Die Gesamtmenge an Schlaf je 24 Stunden ist bei weiblichen Neugeborenen signifikant größer als bei männlichen. Einge Forscher glauben, daß das weibliche Neugeborene vielleicht taktil leichter ansprechbar ist; so betrachtet, stellt das größere Ausmaß an proximaler taktiler Stimulation, daß Mütter ihren männlichen Säuglingen zukommen lassen, vielleicht eine Reaktion auf die geringere männliche Hautsensibilität dar (Korner 1973, 1974). Weibliche Säuglinge sind auch für Geschmack empfänglicher; während des Fütterns sind ihre Münder aktiver und die Zungen stärker beteiligt. Korner fragt sich, ob eine Mutter nicht empathisch spürt, daß ihr Mädchen etwas für orale Beruhigung übrig hat.

Die Säuglingsforschung belegt im Detail, wie wichtig die Beziehung zwischen Mutter und Säugling ist – eine Ansicht, welche die traditionelle psychoanalytische Theorie genau wie die Ich-Psychologie teilt und die in letzter Zeit von der Objektbeziehungstheorie verstärkt vertreten wird. Aber es gibt einen auffälligen Unterschied. Während viele Objektbeziehungs-

---

[2] Diese Möglichkeit, Aufmerksamkeit der Mutter auszulösen, kann allerdings auch schlimme Folgen haben. Eine Untersuchung über Kindesmißhandlung verweist darauf, daß ein Kind in einer großen Familie möglicherweise geschlagen wird, wenn es schrill schreit (Bell 1975). Man führte eine Nachfolgestudie durch, um zu sehen, wie Mütter auf Kinder mit verschiedenen Komplikationen reagieren. Diese Babys waren sehr irritierbar, der Wechsel ihrer States vollzog sich schnell und unvorhersehbar. Gegen Ende des 1. Lebensjahres waren 7 von 8 Müttern ihren Kindern gegenüber ängstlich und ablehnend eingestellt (Prechtl 1963).

theoretiker sich hauptsächlich mit Konflikten, aggressiven Kämpfen und den primitiven Mechanismen beschäftigen, mit denen diese Kämpfe bewältigt werden, legen die Säuglingsforscher den Schwerpunkt auf Gegenseitigkeit und das, was zwischen den Partnern "paßt". Also beschreibt die Säuglingsforschung nicht das, was das Neugeborene überwinden muß, um sich in emotional befriedigende Objektbeziehungen einzubringen, sondern betont statt dessen die Voranpassung jedes Partners, die aktiv entwicklungsfördernden Austausch sichert.

Eine neue Vorstellung von Affekten

In der psychoanalytischen Theorie werden Affekte primär als Abfuhrmanifestationen (Es-Phänomene) betrachtet, die mit der Zeit zu Ich-Komponenten gezähmt werden, die Signal- (Freud 1926), expressive (Schur 1966) sowie intersystemisch und intrasystemisch orientiernde Funktion haben (Sandler u. Joffe 1969; Lichtenberg u. Slap 1971, 1972). Die Neugeborenenforscher betonen weniger den Abfuhraspekt der frühen Affekte, sondern sehen sie als Signale, die eine bedeutsame Rolle für das Wachstum und die Entwicklung der Kommunikation innerhalb des interaktionalen Systems Säugling–Bezugsperson spielen.

Ihrer Ansicht nach dient das Schreien schon unmittelbar nach der Geburt als starkes soziales Signal, das die Bezugsperson herbeiruft, damit ein unangenehmer Zustand verändert werden kann. Ob es je nach Art des Unbehagens deutlich unterschiedliche Arten von Schreien gibt, ist allerdings ungeklärt. Einige Forscher glauben, daß eine abgrenzbare Klangvarianz zwischen einem Hungerschrei und einem Schmerzschrei besteht (Wolff 1969). Andere Forscher behaupten, daß Mütter allem Anschein nach die Art des Unbehagens nicht allein aus dem Klangmuster erkennen; sie verlassen sich eher auf den Kontext, in dem das Kind gerade schreit, den sie in bezug auf frühere Erfahrung einordnen können.

Ainsworth u. Bell (1969) haben Längsschnittuntersuchungen über die Auswirkungen mütterlicher Reaktionsbereitschaft auf das Schreien herangezogen, um nachzuweisen, daß Schreien ein angeborenes Verhalten ist, welches frühe Fürsorgeleistungen auslösen soll. Wenn auf das Schreien als phasenspezifisches frühes Signal angemessen eingegangen wird, so argumentieren sie, dann wird es mit der Zeit durch andere kommunikative Verhaltensweisen abgelöst werden. Der klassischen Lerntheorie zufolge, so merken sie an, sollte das Eingehen auf das Schreien als Verstärkung wirken und dazu führen, daß es persistiert. Ihre Untersuchung zeigte allerdings, daß die Säuglinge, deren Mütter in früher Kindheit auf das Schreien eingingen, später weniger weinten.

Wie bereits erwähnt, ist Schreien nicht das einzige Unmutsignal im 1. Lebensmonat. Von der 3. Lebenswoche an zeigen alle Kinder ein gewisses Maß an "Quengeligkeit", das ungefähr im Alter von 3 Monaten abnimmt (Emde et al 1976). Das verblüffende an dieser Quengeligkeit (die in ihrer Extremform oft als "Kolik" bezeichnet wird) ist, daß sie relativ unabhängig von mütterlichen Qualitäten ist und scheinbar keine Reaktion auf Schmerz oder Hunger darstellt. Die Abnahme der Quengeligkeit fällt mit dem Erscheinen des sozialen Lächelns zusammen. Die Forscher postulieren deshalb, daß unspezifische Quengeligkeit einen adaptiven Vorteil mit sich bringt, da sie Nähe und Besorgnis der Bezugsperson außerhalb der Fütterungszeiten fördert. Ihr Verschwinden ist dadurch erklärbar, daß sie durch ein besseres Mittel zur Aktivierung und Sicherung der Reaktionsbereitschaft der Bezugsperson ersetzt wird.

Man glaubt, daß Lächeln und Tränenvergießen (nur beim Menschen vorhanden) ebenso wie die unspezifische Quengeligkeit einen artspezifischen Überlebenswert haben. Anders als die behaarten Primaten, die mit ihren klammernden Jungen ständig in körperlichem Kontakt bleiben, müssen Menschenmütter herbeigerufen und -gelockt werden, damit sie sich um ihre physisch entfernten Babys kümmern. Das Lächeln belohnt selektiv mütterliche Reaktionen (Kaufmann 1976). Das Tränenvergießen andererseits gilt als Schutz des Kindes während längerer Schreiperioden. La Barre (1978) erklärt es folgenermaßen: "Bei längerem Schreien fließen große Luftmengen an den Nasenschleimhäuten vorbei, was dazu führen könnte, daß sie austrocknen. Tränenfluß stellt dabei eine Anpassung der normalerweise vorhandenen Augenbefeuchtung dar, die dann die zusätzliche Aufgabe hat, dem Austrocknen der Nasenschleimhaut entgegenzuwirken" (S. 821).

Bevor das soziale Lächeln auftaucht, zeigen Säuglinge zwei Arten des Lächelns (Emde et al. 1976). Die eine Variante korreliert von Geburt an ein durchgängig mit REM-States und taucht im Schlaf oder bei Schläfrigkeit auf. Mütter gehen auf dieses kontextunabhängige Lächeln nicht so ein, als sei es ein Ausdruck von Freude oder eine Reaktion auf sie selbst. Eine zweite Variante des Lächelns beginnt auf unregelmäßige Weise im 1. Lebensmonat. Dieses Lächeln läßt sich durch eine große Vielfalt von Reizen auslösen und ist dadurch vom "sozialen Lächeln" abgrenzbar, welches eine spezifische Reaktion auf das menschliche Gesicht darstellt (und das mit 2 $^1/_2$ bis 3 Monaten einsetzt). Emde et al. glauben, daß das mit REM-State verbundene Lächeln durch Stammhirnsteuerung vermittelt wird und verschwindet, wenn kortikale Steuerung zu einer neurologischen Hemmung führt. Die Entwicklungsabfolge geht vom lächellosen Wachstate aus und führt über das Lächeln in Wachzeiten und ein Ansteigen des unspezifischen Lächelns zum spezifisch sozialen Lächeln. Dies, so die Ansicht der Autoren, "spricht wohl für einen starken Reifungsschub zu Anfang der Lächelzeit. Es ist scheinbar so, daß ein gewandelter Bereitschaftszustand des Organismus, der Organisation des

ZNS, erreicht sein muß, bevor das Lächeln auftaucht. In der Folge nimmt der Einfluß des Lernens zu, und das Lächeln wird modifiziert; es wird an eine spezifische Umwelt angepaßt. Diese Sichtweise ergänzt kognitive Theorien, die das Lächeln des Säuglings dadurch erklären, daß sich eine Fähigkeit entwickelt, vertraute Gegenstände wiederzuerkennen." (1976, S. 88). Bei Kindern, die von Geburt an blind sind, folgt das Lächeln dem gleichen Reifungszeitplan. Damit es aber als spezifische gelernte Reaktion erhalten bleibt, muß es mit einem auditiv-taktilen Stimulus verknüpft werden, sonst geht die Reaktion verloren (Fraiberg 1971).

Also wird in der Säuglingsforschung, insbesondere in Emdes Arbeiten, eine Affekttheorie vertreten, derzufolge der Affektausdruck einem Reifungszeitplan folgt. Ein Affektausdruck kann durch weitere biologische Reifung gehemmt werden (wie im Fall des REM-Lächelns). Andererseits kann er aufgrund von Lernvorgängen spezifisch werden (wie beim unspezifischen Lächeln, daß zum sozialen Lächeln wird). Emde behauptet auch, daß neue Stufen der biologischen Verhaltensorganisation den emotionalen Ausdruck beeinflussen. So fügt z. B. der Säugling dem Lächeln ungefähr 2 Wochen nach dessen erstem Erscheinen eine gurrende Verbalisation hinzu. Dieses Gurren, so glaubt man, ist ganz bestimmt das Resultat eines Reifungsvorgang, es differenziert sich nicht aus dem Schreien heraus. Emde führt weitere gewichtige Gründe für die Bedeutung eines Reifungszeitplans der Affektentwicklung an, indem er vermerkt, daß die Fremdenangst des 8 Monate alten Kindes nicht allein durch eine kognitive Erklärung verstehbar ist: "Unsere Hypothese ist, daß der zusätzliche Faktor reifungsbedingt ist und daß er eine weitere Differenzierung der Emotionen steuert, nämlich das Einsetzen der Fähigkeit zur 'Furchtsamkeit'" (Emde et al. 1976, S. 122).

Emdes Forschung über einen Reifungszeitplan des Affektausdrucks ist in vielfacher Hinsicht eine Fortsetzung der Arbeiten von Spitz (1957, 1959, 1965). Wenn man die Affekte unter Berücksichtigung interner States betrachtet, bietet sich eine andere, weniger vertraute Perspektive. Wenn man Affekte in ihrer Beziehung zur Rund-um-die-Uhr-Organisation der States betrachtet, dann vermutet man, daß vielleicht von Anfang des Lebens an emotionale Bindungen an Kontexte bestehen, die Verhaltensmodi und kommunikativen Austausch beinhalten. Zum Beispiel ist Schreien sowohl Affektausdruck als auch Kommunikation, und es wird auch als eigene Statekategorie angesehen, die ein besonderes Aktivitäts- und Reaktivitätsmuster aufweist. Auf der anderen Seite wurden Zufriedenheit oder Lust als anfänglicher Begleitaffekt des aufmerksamen, von heiterem Blick begleiteten Wachzustands verstanden. Könnte die Gefühlstönung dieses Aufmerksamkeitszustands vielleicht die emotionale Grundlage für lebenslanges vertrauensvolles Sicherheitsempfinden sein (Sandler 1960)? Der "zufriedene" Affekt, den das Kind im State des aufmerksamen Wachzustandes zeigt und das Interesse während aufmerksamer Untätigkeit sind vielleicht eng mit dem

Lächeln verbunden. Basch (1977) schreibt: "Die Entdeckung, daß ein mäßig von der Erwartung abweichender Stimulus ein breiteres Lächeln hervorruft als ein vollkommen vertrauter oder unvertrauter Stimulus, läßt vermuten, daß Lächeln eine Reaktion auf das Einordnen von Empfindungen ist. Es kann gut sein, daß das Lächeln eine inhärente Reaktion ist, die mitteilt, daß alles gut, d. h. in Ordnung ist" (S. 248). Emde (1980) glaubt, daß der Affektausdruck des 2 $^1/_2$ Monate alten Kindes auf 2 Dimensionen Information übermittelt: hedonische Tönung einerseits (Lust oder Unlust) und Aktivierungsgrad andererseits (hoch oder niedrig). Mit etwa 4 $^1/_2$ Monaten ist eine 3. Dimension – Internalität oder Externalität des Auslösers – durchgängig erkennbar.

Eine Untersuchung der Affekte im Säuglingsalter wirft viele Fragen auf. Gibt es z. B. von Anbeginn des Lebens eine affektive Komponente in unseren Schlafzuständen – mit einem Empfinden von wiedergewonnener Fülle, das sich aus dem richtigen, altersangemessenen Verhältnis von REM- und NREM-Schlafperioden ergibt? Man kann auch fragen: Gibt es einen angeborenen Zornaffekt oder, wie es die Kleinianer annehmen, eine intensive, destruktive orale Wut? Ich halte es für bemerkenswert, daß es von seiten der Säuglingsforscher nur relativ wenige Hinweise auf Zorn oder Wut gibt. Augenbrauenbewegungen und eine bestimmte Anordnung von Mund und Kiefer werden als Hinweise auf Zorn beschrieben (Trevarthen 1977, S. 248). In den meisten Fällen wird allerdings Wut erst bei 3 Monate alten Säuglingen festgestellt und Zorn noch später. Aber vielleicht steckt eine Anspielung auf etwas dem Zorn Ähnliches in der Wahl der Bezeichnung "Quengeligkeit" für das von Emde et al. (1976) beschriebene Muster.

Tomkins (1981) unterscheidet zwischen biologischen Primäraffekten und Affektkomplexen. Letztere sind Kombinationen von Affekten mit Elementen aus triebbestimmten, wahrnehmungsbezogenen, motorischen und kognitiven Konfigurationen. Tomkins beschreibt 9 angeborene Affekte – Interesse, Vergnügen, Überraschung, Furcht, Zorn, Kummer, Scham, Geringschätzung und Ekel.[3] Jeder Affekt wird durch eine bestimmte neuronale Feuerungsfrequenz pro Zeiteinheit aktiviert, wobei Stimulationsanstieg, Stimulationsgrad und Stimulationsabfall variieren. Zum Beispiel aktiviert eine vergleichsweise plötzlich einsetzende und steil ansteigende neuronale Feuerungsrate eine angeborene Schreckreaktion; wenn die Feuerungsrate weniger schnell ansteigt, wird Furcht aktiviert, und wenn sie noch weniger schnell ansteigt, wird Interesse aktiviert. Neuronales Feuern auf anhaltend hohem Niveau aktiviert Zorn; ein plötzlicher Abfall verursacht Freude. Das interne Programm, daß jeden Affekt steuert, steuert dann wieder eine spezifische Zusammenstellung mimischer, autonomer, auf Blutkreislauf und Atmung

[3] Die Übersetzung der Namen einzelner Affektkategorien entspricht der deutschen Ausgabe von Izards (1977) Human emotions. Izards Kategoriensystem ist stark von Tomkins beeinflußt (Anm. d. Übers., vgl. auch Anm. S. 66).

bezogener sowie vokaler Reaktionen. Tomkins sieht in der *Intensivierung von Dringlichkeit* die *primäre* Funktion der Affekte – sie sollen durch Gefühl Achtsamkeit erwirken. Die Beziehung des Affektmechanismus zu anderen Konfigurationen (Trieb, Wahrnehmung, Gedächtnis, Motorik und Kognition) kann wechseln. Mal ist er abhängige, mal unabhängige Variable, mal besteht Interdependenz. Also kann zu einen Zeitpunkt der Affekt die Kognition bestimmen, während er zu einem anderen Zeitpunkt von der Kognition bestimmt wird, und beides kann unter wieder anderen Umständen interdependent sein. Für seine Theorie werbend schreibt Tomkins: "Das angemessene Minimalparadigma ... ist das bemitleidenswerte, schreiende Neugeborene, das weder weiß, warum es schreit, noch was es dagegen tun kann, und das überhaupt nicht weiß, *daß* man etwas dagegen tun kann" (S. 323). Das ist *kein* 'Motiv' in dem Sinn, in dem die Psychologie den Begriff verwendet, aber es stellt den Kern dessen dar, was ein Motiv werden kann. Ohne affektive Intensivierung ist nichts bedeutsam, und mit ihr *kann* alles bedeutsam werden" (S. 323).

Andere Forscher ziehen eine Verbindung zwischen Wahrnehmung und der organisierten Regulierung affektiver Erregungsstates (Stechler u. Carpenter 1967). Sie ordnen die States entsprechend der Informationsaufnahmebereitschaft ein – aufmerksame Wachheit ist der aufnahmefähigste, Schreien der am wenigsten aufnahmefähige State, aufmerksame Untätigkeit, Schläfrigkeit und Schlaf liegen dazwischen.

Implizit wird in all diesen Untersuchungen eine Verbindung zwischen Affektausdruck und der allgemeinen Organisation der Mutter-Kind-Interaktion unterstellt. Dieser Sichtweise zufolge sind Affekte eine der Begleiterscheinungen von States. Da die States des Säuglings von den endogenen Schlaf-, Wach- und Aktivitätsrhythmen beeinflußt werden, vermitteln die Affektausdrücke der Mutter die Wechsel in dieser Rhythmik und ziehen sie so in tieferen empathischen Kontakt. Die States werden ihrerseits vom erfolgreichen oder erfolglosen kommunikativen Austausch innerhalb des Mutter-Kind-Dialogs beeinflußt. Abgesehen von der Information, die sie der Mutter übermitteln, spielen Affekte auch für den Informationsinput des Säuglings selbst eine Rolle (z. B. beschränkt Schreien die Aufnahmefähigkeit, und aufmerksame Wachheit mit dem dazugehörigen "angenehmen Affekt" potenziert die Informationsverarbeitung).

All diese Untersuchungen über den Affekt stellen die Ansicht in Frage, daß Kognition die herrausragende Eigenheit menschlicher Geistestätigkeit ist. Affekte sind normale Entwicklungsbausteine, unabhängig davon, ob man nun annimmt, daß sie primär Kommunikation im Rahmen zwischenmenschlicher Bezogenheit absichern, oder sie als Mittel zur Intensivierung betrachtet. Sie sind keine phylogenetischen Überreste, die an sich kognitionsverzerrend wirken; sie sind vielmehr ein Mittel, mit dem alle Wahrnehmungs- und Handlungsereignisse Intensiviert werden, wodurch diesen dann "Bedeutung" zukommt.

Abschließende Bemerkungen

Die Beispiele, die ich aus dem riesigen Korpus der Forschung über das Neugeborene ausgewählt habe, enthalten Ergebnisse, die für jeden größeren Begriffsbereich der Psychoanalyse relevant sind. Ich glaube, das muß zu einer neuerlichen Überprüfung unserer Theorie führen, denn es ist schon Tradition in der Psychoanalyse, daß die Konfrontation mit neuen Befunden zu Revisionen führt. Früher ergaben sich solche Befunde aus der vertieften Erforschung pathologischer Zustände wie der Schizophrenie, der Melancholie oder des Narzißmus sowie aus der Untersuchung von Versuchen, pathologische Konflikte adaptiv durch Sublimierung zu bewältigen (was man für den Quell der Kreativität hielt). Die Untersuchung jeder pathologischen Krankeitseinheit eröffnete Wege zu neuen Fragen. Die Ergebnisse der Säuglingsforschung stützen sich auf eine andere Datengrundlage – auf die Beobachtung normaler Verhaltensphänomene, manchmal in naturalistischem, meist in ausdrücklich experimentellem Kontext. Während dieser Beobachtungen zeigen die Neugeborenen, "was sie können", indem sie saugen, schauen und ihre Köpfe wenden – das sind Reaktionsweisen, die sich von den Mitteilungen, die Patienten im Spielzimmer oder auf der Couch über ihre Schwierigkeiten machen, stark unterscheiden. Trotz der mangelnden Vertrautheit mit den Kommunikationsformen, die zu den Ergebnissen führen, muß doch die reine Kraft dieser Information eine Auswirkung auf unser Verständnis von Entwicklung haben. Aber es sind nicht nur die Ergebnisse, die die Analytiker verarbeiten müssen; es ist auch die Sprache, die die Forscher gebrauchen, um ihre Daten zu organisieren und ihnen Bedeutung zu verleihen. In den nachfolgenden Kapiteln werde ich weiterhin den epistemologischen Rahmen, den die Forscher verwenden, mit dem der Psychoanalytiker vergleichen. Die Folge kann in erster Linie sein, daß neue Ausdrücke und Metaphern für die analytische Theorie und Praxis ausgeliehen werden können – oder daß eine Neuformulierung vertrauter psychoanalytischer Begriffe wie Triebe, Ich, Objektbeziehungen und Affekt aus verändertem Blickwinkel anfällt.

2. Wie können wir das anfängliche Selbst- und Objektempfinden untersuchen?

Ich behaupte, daß man die Ergebnisse und Theorien der Säuglingsforschung heranziehen kann, um einzelne Annahmen der psychoanalytischen Theorie zu stützen oder in Frage zu stellen. Insbesondere könnte man fragen: Wie lassen sich die Ergebnisse über die Neugeborenen mit psychoanalytischen Gedanken zur frühesten Entwicklung des Selbst- und Objektempfindens vergleichen? Ich habe an anderer Stelle 4 Faktoren genannt, die bei diesem Prozeß zu berücksichtigen sind: die genetische Ausstattung, die Neigung, Erfahrung zu generalisieren oder zu spezifizieren, der Kontext der Interaktion und die Reichhaltigkeit der Erfahrung (s. Lichtenberg 1979). Die Säuglingsforschung ergänzt unser Verständnis für jeden dieser Faktoren um eine neue Dimension.

Genetische Ausstattung

Ich habe darauf hingewiesen, daß der Säugling sein Leben mit genetisch angelegten Schemata beginnt, welche die Organisation des Erlebens in Einheiten erleichtern. Solche Einheiten enthalten Selbst- und Objektaspekte sowie Affekte und Kognitionen. Diese Schemata werden durch gewisse vorgeprägte, zeitgerechte Reaktionen aktiviert. Zum Beispiel kann eine angeborene Struktur, welche die Möglichkeit zur Organisation des Körperbildes bietet, durch bestimmte Reaktionen auf physiologische Bedürfnisse aktiviert werden. Ein weiteres angeborenes Schema könnte die Bildung eines allgemeinen Selbstempfindens[1] fördern, das über ein auf Körperteile ausgerichtetes Abbild hinausgeht. In diesem Zusammenhang könnten wir auch eine spezifische Reaktionsbereitschaft auf menschliche Qualitäten des Objekts, wie etwa das Gesicht, postulieren.

In Kap. 1 sollte deutlich geworden sein, daß die Neugeborenenforschung die Annahme stützt, daß angeborene Regulierungsmöglichkeiten durch vorgeprägte Reaktionen aktiviert werden. Aber die Theorien scheinen zu divergieren, sobald sie über diesen Punkt hinausgehen. In den Untersuchungen

---

[1] Der an dieser Stelle zum ersten Mal verwendete Terminus heißt im amerikanischen Original "sense of self". Die Vielschichtigkeit des Wortes "sense" geht in der deutschen Übersetzung leider verloren. "Sense" bedeutet - unter anderem - "Gespür", "Empfinden", "Ahnung", "Sinn" und "Verständnis" (Anm. d. Übers.).

über das Neugeborene, auf die ich mich bezogen habe, spricht niemand außer Stern (1977) von einem Körperbild oder von einem Schema des Selbst und des menschlichen Objekts. Dies ist die Sprache für innere Repräsentanzen. Die Neugeborenenforscher verwenden eine eher biologische Sprache, wenn sie vom Erleben des Säuglings sprechen, und sie erklären ihre Ergebnisse im Rahmen eines interaktionalen Modells. Sander et al. (1976) schreiben z. B. folgendes: "Wenn Säugling und versorgende Umwelt gemeinsam als ein organismisches System betrachtet werden können, dann läßt sich aufgrund von Forschungsarbeiten im Bereich biologischer Rhythmen vermuten, daß eine solche Maschinerie natürliche Mechanismen zur Phasenkontrolle, Phasensynchronisation, zum Eintrainieren usw. beinhaltet. Mit ihrer Hilfe werden basale Regulierungen eingespielt und aufrechterhalten" (S. 202).

Sander et al. erläutern im weiteren, daß die Sprache der Säuglingsforschung eine Stufe jenseits der Beziehungssprache ansetzt:

> Allgemein gesagt haben wir nur unsere gewohnte Sprache für die Mutter-Kind-Beziehung in ein neues Vokabular gekleidet. Die Ausarbeitung detaillierterer Modelle der "Organisation" innerhalb des Säugling-Umwelt-Systems ermöglicht es uns, Ereignisse auf einer detailreicheren Ebene zu analysieren - innerhalb eines Rahmens, der Bedeutung und eine logische Verbindung zwischen den Ereignissen sichert. Wir haben nicht die Absicht, den traditionellen Begriff von "Beziehung" in der frühen Entwicklung zu ersetzen. Wir wollen vielmehr eine Brücke zu darunterliegenden Prozessen schlagen (S. 203).

Die Sprache der Forschung setzt 2 Stufen jenseits der Frage nach der internalen Repräsentation der Begegnungen zwischen Mutter und Säugling an. Sie geht auf die Frage des Selbstbildes in der Interaktion nicht ein, weder in Zusammenhang mit einem in der Zukunft abzutrennenden Objekt, noch in Zusammenhang mit einem Selbstobjekt, zu dem eine unklare Verbindung bestehen bleibt (Kohut 1971). Ich glaube, meine Vorstellung von einem Schema oder einer Schablone war zu statisch. Was von Geburt an vorprogrammiert ist, sind wohl perzeptuell-affektive Handlungsantworten [perceptual-affect-action responses] auf unterschiedliche Stimuli. Diese lassen die Säuglinge an komplexen Verhaltensweisen teilhaben, wobei Unterscheidungen aufgrund von angeborenen und schnell erlernten Präferenzen getroffen werden. Ob es sinnvoll ist, diese Erlebnisweisen des Neugeborenen mit einem Selbstbegriff zu umschreiben, bleibt für mich eine offene Frage. Stern (1983) vertritt die Ansicht, daß die Unterscheidungsfertigkeiten des Säuglings – einschließlich der Fähigkeit, zu abstrahieren – den Gebrauch eines Selbstbegriffs rechtfertigen. Ich glaube eher, daß das entscheidende dabei das Selbstempfinden ist – und das entwickelt sich später (s. Kap. 8, 9 und 10) – und daß Selbst und Objekt als psychoanalytische Begriffe untrennbar mit dem ganzen Problembereich der Repräsentation und des Symbolisierungsprozesses verwoben sind.

Die Neigung zu generalisieren und zu spezifizieren

Wie, könnte man fragen, mag der Säugling das Objekt erfahren? Winnicott (1963) nimmt an, daß der Säugling die Mutter auf zweierlei Art erlebt: als Umweltmutter und als Objektmutter. Die Umweltmutter umfaßt den gesamten Welthintergrund, vor dem der Säugling existiert. Die Luft, die das Kind einatmet, die Wärme des Kuscheltuchs, die Sonnenstrahlen, das allgemeine Gefühlsklima – all das ist Teil der Umweltmutter. Die "Objekt"-mutter auf der anderen Seite ist diejenige, die auf die Bedürfnisse des Säuglings eingeht, ist die Mutter, mit der das Kind interagiert. Sie ist die Mutter, die nährt, die Mutter, die auf einen Schrei antwortet, die Mutter, deren Gesicht zur Exploration einlädt, die Mutter, deren Handlungen Mißfallen erregen können. Diese Beschreibung der Mutter – als Umwelt und als "Objekt" – kann für die Neigung zu generalisieren und ebenso für die Neigung zu spezifizieren als Paradigma dienen. Ich habe es an anderer Stelle folgendermaßen ausgedrückt: "Das Spezifizieren schafft ein Empfinden für Grenzen und Begrenzungen; im Generalisieren überschreitet man Grenzen innerhalb des Selbstempfindens und zwischen Selbst und Objekt" (Lichtenberg 1979, S. 379).

Die Hinweise der Neugeborenenforscher auf einen Hintergrund oder eine unspezifische Reizumgebung (Wolff 1969; Sander et al. 1976) stützen den Begriff der Umweltmutter. Der Vorstellung, daß eine "Objekt"mutter aus dem Hintergrund herausspezifiziert wird, entsprechen die Berichte über das soziale Lächeln. Aber der jeweilige Bezugsrahmen ist ganz und gar verschieden. Meine Hypothese spricht die Frage an, auf welche Weise innere und äußere Wahrnehmungen von "Personenbildern" und Repräsentanzen reguliert werden. Sie bezieht explizit das "Erleben" als psychisches Geschehen mit ein. Mit Ausnahme von Stern (1977) vermeiden die Neugeborenenforscher meist diesen spekulativen Bereich. Condon (1977) erkennt diesen Unterschied:

> Der Säugling fügt seine Welt wahrscheinlich nicht aus den Elementen zusammen, in die sie der Forscher aufteilt, damit er die Reaktion des Säuglings darauf untersuchen kann. In der Welt des Säuglings passieren viele Dinge auf einmal, doch sie ist völlig organisiert, und dem Säugling mögen die geordneten Zusammenhänge oder die Ganzheiten innerhalb dieser Komplexität durchaus bewußt sein. Ein zärtlicher Blick ist nicht die Wärme der schmeichelnden Hände, die ruhige Stimme ist nicht die Berührung oder der Geruch des Parfums oder das Gehaltenwerden; aber all diese Dinge in ihrem Zusammenhang sind für das Kind die Gegenwart der Mutter. Jede der anderen Sinnesmodalitäten kann ähnlich wie die auditive Wahrnehmung den relevanten Stimulusmodus erfassen, und alle können dann gemeinsam integriert werden und zusammenhängende Wahrnehmungseinheiten der Umgebung abspiegeln (S. 175).

Ich glaube, man muß noch mehr berücksichtigen, welche "geordneten Zusammenhänge und Ganzheiten" dem Säugling bewußt sind, denn nur so kann die Neugeborenenforschung ihren vollen Beitrag zu unserem Verständnis der menschlichen Psychologie leisten. Möglicherweise sind die Neugeborenenforscher besonders gut dafür gerüstet, die entscheidende Frage zu stellen: Wann beginnt in einem wirklich psychologischen Sinne Bewußtheit?[2] Stechler (1982) bietet einen Klärungsansatz. Er schreibt, daß Bewußtheit, im Sinne von Wahrnehmung und Überprüfung von Stimuli, von Geburt an vorhanden ist. Wenn man allerdings mit der Vorstellung von Bewußtheit verbindet, daß sich das Selbst als handelnd, tätig und initiativkräftig empfindet, dann kommt diese Bewußtheit später zur Entwicklung. Genauer gesagt vertritt Stechler den Standpunkt, daß die Stufe der Bewußtheit, auf der sich das Selbst als tatkräftig begreift, dann entsteht, wenn die Überprüfungsfunktionen in eine höhere Organisationsform gebracht werden (s. dazu die Abhandlungen in Kap. 7 und 8).

Herkömmlicherweise werden also Bewußtheit und Psychologie gleichgesetzt. Früheres Funktionieren (wie die Wahrnehmungsüberprüfung des Neugeborenen) wird mit Neurophysiologie in Verbindung gebracht. Rubinstein (1976) behauptet, daß eine solche Dichotomie zwischen Körper und Geist eine falsche Prämisse darstellt. Er plädiert dafür, die Sprache der strukturellen Theorie durch Ausdrücke wie Informationsverarbeitung, Wahrnehmung, Klassifikation, Selektion, Speicherung, Relaisfunktion, Abstimmung und Vergleich zu ersetzten. Auf einer ähnlichen Linie liegt Basch (1977), der schreibt: "Wenn wir anerkennen, daß die Hirnfunktion das ist, was wir unter 'Geist' vestehen sollten, dann ersparen wir uns die Last der Hypothesen über einen mythischen mentalen Apparat, dessen Natur, Wesen und Funktion dann ergründet werden müßte" (S. 249). Weil (1978) schlägt eine andere Alternative vor und verwendet ein System komplementärer Begriffe aus Psychologie und Neurophysiologie, mit der Möglichkeit der Begriffsübersetzung in beiden Richtungen.

Meine eigene Meinung ist, daß die Lücke zwischen den Fundamenten der Psychoanalyse und der Neugeborenenforschung recht breit bleiben wird, wenn man sich nicht mit Themen wie der Beziehung zwischen Bewußtsein und dynamischem Unbewußten beschäftigt und wenn man nicht den Zeitraum untersucht, innerhalb dessen Phantasien entstehen. Spitz (1959) hat versucht, eine Brücke zwischen beiden Bereichen zu schlagen, als er behauptete: "Die Lächelreaktion ist *nur* ein Indikator dafür, daß ein weitreichender Organisationsprozeß stattgefunden hat. Sie verweist darauf, daß Bewußtsein und Unbewußtes voneinander getrennt wurden. Wiedererkennen und die Handlung des Lächelns sind manifeste, bewußte, gerichtete Willensakte (S. 20). Folgen wir Stechlers Definition der Bewußtheit, dann können wir das soziale Lächeln als Hinweis auf ein steigendes Niveau der

---

[2] "Bewußtheit" ist die Übersetzung von "awareness". Damit ist einfaches Gewahrsein und Aufmerksamkeit gemeint. Der psychoanalytische Begriff "Bewußtsein" wird nur da verwendet, wo im Original von "consciousness" die Rede ist (Anm. d. Übers.).

Wahrnehmungssensitivität und der Überprüfungsfunktion ansehen; allerdings glaube ich nicht, daß das Lächeln zeigt, daß das Selbst Bewußtheit für seine Handlungen hat.

Das Entscheidende ist, daß sowohl Psychoanalyse als auch Neugeborenenforschung aus einer prüfbaren Hypothese Gewinn ziehen könnten, die Stufen des "Erlebens" für die Säuglingsuntersuchungen einführt. Gegenwärtig greift der Psychoanalytiker auf die Vergangenheit zurück, ausgehend von empathischer, intuitiver Rekonstruktion, und der Neugeborenenforscher erstellt Modelle über Regulierung und funktionale Organisation, ausgehend von experimenteller Beobachtung. Es ist schwer für beide, auf der gemeinsamen Grundlage menschlichen Erlebens zusammen- und vorwärtszukommen.

Der Kontext

Ich möchte nun zum Kontext unseres Selbsterlebens übergehen. Dieser Kontext umfaßt ein Objekt, einen Affekt und ebenso Aspekte von Kognition und Wahrnehmung. Ausgehend von unserem psychoanalytischen Verständnis der Übertragung will es scheinen, daß Gedächtnisspuren bedeutsamer Erfahrungen eine Grundeinheit enthalten, die aus den Elementen Selbst, Objekt, Gefühl und Kognition besteht. Daher ist es wohl unangemessen, die Entwicklung des Selbstempfindens und des Objektempfindens als Entwicklung getrennter Einheiten abzuhandeln. Statt dessen müssen wir schauen, wie sich Selbstempfinden und Objektempfinden in einem verwobenen Kontext entwickeln (s. Lichtenberg 1979).

Die Neugeborenenforschung betrachtet selbstverständlich die Entwicklung innerhalb eines "Kontextes" – innerhalb der Mutter-Kind-Interaktion. Stern (1977) ist in dieser Hinsicht besonders deutlich:

> Ich vermute, daß es zumindest im Bereich des menschlichen interaktiven Verhaltens eine grundlegende Prozeßeinheit der interaktiven Erfahrung gibt. Diese Prozeßeinheit ist nicht unbedingt die kleinste Wahrnehmungseinheit in jedweder Modalität, sondern die kleinste Einheit, in der ein zeitlich dynamisches, interaktives Ereignis mit Anfang, Mitte und Schluß auftreten kann. Eine solche Prozeßeinheit ist wie die kürzeste Periode oder knappste Vignette, die ein sensorisches, motorisches und affektives Erfahrungselement enthalten und demnach Signalwert als interpersonales Ereignis haben kann. ... Unter dem Gesichtspunkt des Kleinkinds betrachtet, werden diese starken inneren Veränderungen und Sensationen wahrscheinlich nicht als solche erfahren, die ausschließlich der Stimulation von der Betreuungsperson zugehören (die sensorische Erfahrung), und auch nicht als solche, die ausschließlich seinen eigenen Aktionen zugehören (die motorische Erfahrung). Wahrscheinlicher ist es, daß sie erfahren werden als Teil einer undifferenzierten Mischerfahrung, die einschließt, was die Betreuungsperson tut, was das Kleinkind tut und welche inneren Empfindungen dies bewirkt (S. 123, 129)

Die detaillierteren Berichte über die States des Säuglings (z. B. Stechler u. Carpenter 1967) lassen ebenfalls an eine Reihe von Kontexten denken, die Affekte und eine gewisse Spezifität von Wahrnehmung und Informationsaustausch beinhalten. Condon (1977) drückt es so aus: "Die zentrale Hypothese, die sich ergibt, besagt, daß der interaktionale Synchronismus auf eine erste Phase des Reaktionsprozesses verweist und daß in dieser Phase gleichzeitig eine Unterscheidungsfunktion einsetzt, die wichtige organisierte Grundlagen für spätere Operationen schafft. Dies würde ebenso für den Reaktionsprozeß des Erwachsenen zutreffen. Anders ausgedrückt hieße das, daß der interaktionale Synchronismus eine frühe Phase des Unterscheidungs- und Kognitionsprozesses darstellt" (S. 168 f.).

Aber einen Unterschied muß man doch machen. Der Kontext, auf den sich die psychoanalytische Theorie bezieht, ist intrapsychisch; derjenige, den die Neugeborenenforscher beschreiben, ist interaktional. Des weiteren ist die Begrifflichkeit der States, auch wenn sie einigen psychoanalytischen Vorstellungen nahesteht (Ich-Zustände, Gemütszustände), in erster Linie physiologisch und verhaltensbezogen gedacht und weniger psychologisch. Diese Begrenzung wird offenbar, wenn sich Emde et al. (1976) fragen: "Was ist in späteren Lebensabschnitten mit dem Begriff 'State' los?" Sie gestehen selbst ein: "Die Menge an wissenschaftlicher Literatur, die sich mit statebezogenen Variablen befaßt, fällt nach den ersten Lebenswochen steil ab ... [und] man bekommt den Eindruck, daß der Statebegriff tatsächlich für die Untersuchung älterer Kinder viel weniger brauchbar ist." Dies erklären sich Emde et al. (1976) dadurch, daß "die meisten psychologischen Untersuchungen durchgeführt werden, wenn die Versuchspersonen wach und aufmerksam sind, wenn also psychologische Unterschiede in der Reaktionsbereitschaft komplex und subtil sind und es unwahrscheinlich ist, daß sich eindeutige physiologische Korrelate zeigen. Daher wird die Reaktionsbereitschaft mit größerer Wahrscheinlichkeit in den Begrifflichkeiten der einstellung, der Voreingenommenheit, des kognitiven Stils und der psychischen Struktur gefaßt" (S. 30).

Wir können ebensogut fragen: Wie steht es im späteren Lebensalter um den interaktionalen Ansatz? Interaktionale Modelle, wie Sullivans interpersonale Theorie, werden seit langem in der Psychiatrie benutzt. Stern (1977) vermutet, daß praktisch alle sozialen menschlichen Handlungen, auch die meisten interpersonalen Austauschprozesse, unter gleichzeitiger Berücksichtigung von zwei Paradigmen untersucht werden müssen. Das erste führt zum traditionellen Blick auf zwei getrennte Individuen, die sich in einem sequentiellen Austausch von Stimulus und Reaktion befinden, einer mit dem anderen. Der zweite Aspekt hat mit der programmierten Verhaltenssequenz zu tun, in deren Rahmen organisierte motorische, sensorische und affektive Reaktionen mehr oder weniger synchron ausgeführt und aufrechterhalten werden. "In jeder Situation, die wir antreffen", erklärt Stern, "sind beide am

Werke. Manchmal wird die Interaktion am besten als ein dyadischer Reiz-Reaktions-Prozeß begriffen (und erfahren?), manchmal als eine programmierte dyadische Verhaltenssequenz. Das geht hin und her" (S. 111). Sander (1980) schlägt ein drittes Paradigma für die Betrachtung der Interaktion des Kindes vor. Er hypostasiert einen "Spielraum" [open space] innerhalb der fluktuierenden States des Säuglings, einen Übergangspunkt, an dem der Säugling weder bedürftig ist, noch schläft, auch nicht in direkt mit der Bezugsperson interagiert, aber dennoch aufmerksam bleibt. Der Säugling ist, um Winnicotts (1963) Sprache zu gebrauchen, in der Gegenwart eines anderen allein. In diesem "Spielraum" reagiert der Säugling auf Stimuli – auf ein Mobile, eine Rassel, auf den Daumen – und die (Umwelt)mutter stellt durch ihre Gegenwart einen zwanglosen, unterstützenden Hintergrund zur Verfügung.

Die Frage bleibt allerdings: Wie gut erklärt diese Betonung des interaktionalen "Kontexts" das Verhalten des älteren Kindes? Psychoanalytiker verwenden im Gegensatz zu Säuglingsforschern ein intrapsychisches Modell, legen den Schwerpunkt auf die Welt der Repräsentanzen, die im interaktionalen Geschehen verinnerlicht wurden und dieses – mehr oder weniger – abspiegeln. Die Schwierigkeit liegt darin, daß das intrapsychische Modell auf das Säuglingsalter angewandt wurde, ohne daß man die entscheidenden Entwicklungsschritte, die den Aufbau symbolischer Strukturen sichern, gründlich genug berücksichtigte. Andererseits leistet dieses Modell seinen spezifischen Beitrag zu unserem Verständnis für Verhalten, wenn die Entwicklung erst einmal eine Stufe erreicht hat, auf der eine intrapsychische Repräsentanzenwelt nachgewiesen werden kann. Phantasie, unbewußte Gedächtnisinhalte, ungelöste intrapsychische Konflikte und die Neigung, adaptive und auch maladaptive Problemlösungen der Vergangenheit zu wiederholen, können Wahrnehmung und interaktive Beziehungen verzerren. Im psychoanalytischen Modell wird das erkannt und für wichtig gehalten. Meiner Ansicht nach wird dieses Modell der intrapsychischen Regulierung oder des Konflikts für die Untersuchung des heranwachsenden Kindes ab der 2. Hälfte des 2. Lebensjahres nützlicher als das interaktionale (s. Kap. 9 und 10). Gleichzeitig ist es aber möglich, daß die Psychoanalyse unsere Getrenntheit, das Ausmaß unserer Unabhängigkeit von belebter wie unbelebter Umgebung überbetont. Anstatt einfach das interaktionale Modell durch ein intrapsychisches abzulösen, müssen wir uns eher den Blick auf den interaktionalen Kontext offenhalten. Das ist ein Erklärungsbegriff, der den gesamten Lebenszyklus hindurch beträchtliche Validität hat. Das Modell, das die Säuglingsforscher vorschlagen, das Modell der Erfahrungen mit anderen, in denen Synchronismus vorherrscht, der Erfahrungen mit anderen, in denen sequentielle Zusammenhänge vorherrschen und der Erfahrungen, in denen man wie allein ist, aber einen unterstützenden (oder übelwollenden) Hintergrund empfindet, dieses Modell kann auf den ganzen Lebenszyklus angewendet werden. Erst nach der Entwicklung des Symbolprozesses kann jede dieser Erfahrungen internal repräsentiert werden, gemeinsam mit Aspekten von Kognition und Affekt.

Schematische Formalismen im Gegensatz zur Reichhaltigkeit der Erfahrung

Wie ich bereits erwähnt habe, folgt die Entwicklung einem angeborenen Plan, einem Pfad, der wahrscheinlich allen Menschen gemeinsam ist. Aber "die Fülle der Erlebnismöglichkeiten ist um ein Vielfaches reichhaltiger, komplexer und subtiler als bei einem schlichten, starren Durchlaufen [a mere ritual of passage]" (Lichtenberg, 1979, S. 382 f.). Wenn wir die gesamte Fülle der Entwicklung des Selbst- und Objektempfindens über die Vorstellung vom archaischen Urbild hinaus verstehen wollen, dann müssen wir untersuchen, wie sich das dürre Schema zur reichhaltigen Erfahrung wandelt.

Die Säuglingsforschung stellt in allen Einzelheiten die mögliche Reichhaltigkeit der Erfahrung des Neugeborenen innerhalb der interaktionalen Matrix dar. Sie weist deutlich darauf hin, daß sowohl Mutter als auch Säugling für die Interaktion unmittelbar nach der Geburt gerüstet sind. Sie unterstreicht die Bedeutsamkeit des "Rooming-in", das ausführlich Gelegenheit zum Kontakt von Haut zu Haut schafft, und betont, wie wichtig es ist, sich auf Fütterungsbedürfnisse einzustimmen, damit ein Tag-Nacht-Rhythmus und weitere Zyklen eingespielt werden können. Dennoch erhalten nicht alle Babys optimale Stimulation und eine optimale Gelegenheit zum Aufbau von Bindung. Was sagt uns die Säuglingsforschung über die jeweils unterschiedlichen Auswirkungen?

Call u. Marschak (1976) schreiben: "Säuglinge, die physische Pflege erfahren, ohne Gegenseitigkeit mit dem Menschenwesen zu erleben, daß diese Pflege bietet, oder Säuglinge, die inkonsistente Bemutterung erleben, oder solche, die von vielen wechselnden Seiten Bemutterung erfahren, werden wahrscheinlich Entwicklungsabweichungen wie Marasmus, Rumination, Autismus und Depression zeigen, da die Möglichkeit fehlt, sich mit einer zuverlässigen, antwortbereiten, fürsorglichen Person zu identifizieren, deren Stil sich durchgängig im Leben des Säuglings niederschlägt" (S. 111). Sander et al. (1976) drücken sich allerdings wesentlich vorsichtiger aus: "Offensichtlich haben wir keine Vorstellung davon, was die frühen oder späteren Auswirkungen von Streß in der Neugeborenenphase sind, welche Folgen frühe Stabilität oder Instabilität hat, was geschieht, wenn sich die entwicklungsbedingte Veränderungsgeschwindigkeit einer Funktion relativ zu einer anderen verschiebt. Wir wissen nicht, welche Auswirkungen das auf die basale regulierende Organisation des Einzelwesens oder auf die intrinsische Koordination seiner verschiedenen physiologischen Subsysteme haben wird. Was ein Erwachsener adaptiv in einer späteren Umwelt gewinnen kann, mag ihm in einer anderen späteren Umwelt verlorengehen" (S. 197).

Kagan et al. (1978) berichteten über Säuglinge, die im Hochland von Guatemala aufgezogen wurden und mehr als ein Jahr lang in einer fensterlosen Hütte eingezwängt waren, oft in einem geschlungenen Tuch auf dem Rücken ihrer Mutter. Im Alter von einem Jahr waren sie ruhig, lächelten nicht, waren kaum aufmerksam und physisch passiv. Im Vergleich zu in den USA aufgezogenen Kindern waren sie in der kognitiven Entwicklung um 3 Monate zurück. Kagan et al. (1978) fanden dann heraus, daß die Kinder in der Mitte des 2. Lebensjahres, als sie bewegungsfähig wurden und die Hütte verlassen durften, einen dramatischen Entwicklungssprung machten. Als man sie im Alter von 10–11 Jahren wieder testete, waren ihre kognitiven und Wahrnehmungsfähigkeiten auf der gleichen Stufe wie die von Kindern aus der guatemaltekischen Stadtbevölkerung und der amerikanischen Mittelklasse.

Einige Säuglingsforscher betonen die "beträchtliche Elastizität und das Erholungspotential angesichts nichtoptimaler Bedingungen", welche die "Mechanismen, die für geistige Entwicklung bürgen", aufweisen (Wilson 1978, S. 346). Wilson fand bei der Untersuchung der IQ-Werte aus allgemeinen psychometrischen Tests heraus, daß im Laufe der Zeit eineiige Zwillinge, auch ausgesprochene Frühgeburten, zunehmende Übereinstimmungen in der intellektuellen Entwicklung zeigten. Sogar die jeweiligen Beschleunigungen und Verlangsamungen verliefen parallel. Im Gegensatz dazu verringerte sich die Übereinstimmung bei zweieiigen Zwillingen, so daß sie schließlich einander nicht mehr ähnelten als den anderen Geschwistern. Wilson vertritt die Ansicht, daß hinter geistiger Entwicklung, hinter der sensomotorischen ebenso wie der kognitiven, die "genetischen Blaupausen" stehen; Entwicklung ergibt sich aus der "Kanalisierung" von Verhaltensattributen, die Anpassung und Überleben gefördert haben.

Also ist sowohl für Wilson als auch für Kagan die Kognition der wichtigste Entwicklungsaspekt. Sie betonen deren relativ autonome Kontinuität und schließen daraus, daß frühe Erfahrung als Faktor, der spätere Folgen bestimmt, überschätzt worden ist. Sicherlich müssen die Ergebnisse dieser Forscher über die Elastizität der kognitiven und Wahrnehmungsentwicklung von der psychoanalytischen Theorie anerkannt werden (Emde 1981 a). Aber ihre Sicht ist auf eine Schiene, auf die der Kognition, begrenzt. Wenn wir eine interaktionale Matrix entwerfen, aus der sich eine Erfahrungseinheit aus Selbst, Objekt, Emotion und Kognition ergeben soll, dann können wir den Untersuchungsbereich erweitern und jede Komponente in ihrer Beziehung zu den anderen untersuchen. Auf diese Weise können wir, so glaube ich, einem Verständnis für die Komplexität menschlicher Erfahrung näherkommen. Man kann dafür sowohl auf psychometrische und Beobachtungstechniken als auch auf empathische und introspektive Verfahren zurückgreifen, was beiden Seiten Vorteile bringt.

Einige Säuglingsforscher (vgl. Greenspan 1981) untersuchen bereits die funktionalen Beziehungen einzelner Verhaltensweisen untereinander und zu Umwelterfordernissen. Vorhersagen werden von *einer* Transaktion mit der Umwelt ausgehend für die nächste getroffen, wobei Langzeitfolgen nur auf der Grundlage wiederholter, kumulativer Einschätzungen vorhergesagt werden. Dennoch ist es viel leichter, den "roten Faden nach rückwärts" zu verfolgen, als seinen Verlauf für die Zukunft vorherzusagen, wie Emde et al. (1976, S. 164) ausführen. Des weiteren betonen diese Autoren die Schwierigkeiten, die entstehen, wenn man Entwicklung als mechanistische, lineare Abfolge betrachtet. Innerhalb ihres Modells der biobehavioralen Feldveränderungen nehmen sie vielmehr an, daß Fortschritt sich in Stufen vollzieht, wobei zu jedem Zeitpunkt eine Bewegung in eine Vielzahl von neuen Richtungen möglich ist. Dieses Modell weist auf den möglichen Beitrag der Reichhaltigkeit von Erfahrung hin.

Aber wie sollen wir diesen "Reichtum" psychoanalytisch definieren? Eine Möglichkeit besteht darin, sich das Erleben des altersangemessenen Konflikts anzuschauen (Lichtenberg 1979). Konflikt ist allerdings ein Begriff, der auf das Neugeborene nur schwer anzuwenden ist, wenn man berücksichtigt, daß Konflikt im psychoanalytischen Sinne eine intrapsychische Struktur impliziert. Dennoch können wir unter Berufung auf Sanders Beschreibung von Polaritäten Konflikte – im weiteren Sinne – ins Auge fassen. Um es mit seinen Worten auszudrücken: "Im Wechselspiel der Kräfte, mit denen der Organismus fertigwerden muß, wenn er sich anpaßt, sind Polaritäten in der natürlichen Umwelt allgegenwärtig (z. B. Tag und Nacht, Hitze und Kälte, Aktivität und Ausruhen, Input und Output). Es wäre daher nicht erstaunlich, wenn ein Schlüssel zum Verständnis der Anpassungsmechanik in der Konfrontation des Organismus mit oszillierenden und gegenläufigen Tendenzen und in deren Lösung durch den Organismus enthalten wäre" (1975, S. 131). Sander fügt hinzu: "Man kann Psychopathologie als einen Mangel an integrativen Mechanismen betrachten, und zwar ebensogut, wie man sie als Folge eines Konflikts ansehen kann" (S. 131). Den Begriff der integrativen Funktion kann man ebenfalls als Brücke zu einer psychoanalytischen Sichtweise betrachten. Wenn man Reifungsunterschieden und deren Folgen nachgeht, zeigt sich nach Weils (1978) Ansicht, daß die organisierende, integrative Funktion der wichtigste Faktor ist. Dieses Prinzip findet sich im physiologischen Funktionieren des Neugeborenen, welches "auf dem Nährboden mütterlicher Fürsorge auch in Übereinstimmung mit einem konstitutionellen Zeitplan heranreift. Dieser Plan koordiniert die Funktionen des Kindes zu jedem gegebenen Zeitpunkt innerhalb und zwischen verschiedenen Bereichen und ebenso im Rahmen der weiterlaufenden Entwicklung" (S. 483 f.).

Mittels Deutung und Rekonstruktion hat die Psychoanalyse ungelöste intrapsychische Konflikte untersucht, um herauszubekommen, was mit der Entwicklung schiefgelaufen war. Die Neugeborenenforschung weist in eine andere Richtung. Man kann die Abfolge von Synthesen, Integrationen, Organisationen und Reorganisationen untersuchen, um herauszubekommen, ob die Entwicklung richtig verläuft. Hat das Neugeborene die verschiedenen physiologischen Subsysteme zu einem wohlgeordneten State synthetisiert? Hat sich ein Phasensynchronismus zwischen Mutter und Kind eingespielt, und treten Mutter und Säugling im Alter zwischen 3 und 6 Monaten in einen sozialen Austausch ein, der von Freude und Überschwang geprägt ist? Ist das Kind zwischen dem 6. und dem 9. Lebensmonat in der rund um die Uhr verlaufenden Regulierung der States organisiert genug, um sich von der vorherrschenden sozialen Interaktion zu lösen und Explorationsinitiativen zu ergreifen (s. Sander 1975, S. 137-139)?

"Reichhaltigkeit" der Erfahrung kann also über das Erleben des altersangemessenen Konflikts und über die Abfolgen von Synthesen, Integrationen, Organisationen und Reorganisationen definiert werden. Die Vorstellung von organisierenden, integrativen Mechanismen bietet, wie ich glaube, eine vielversprechende Perspektive, die erkennen läßt, wie ein Kind eine suboptimale Fürsorge oder suboptimale physiologische Anlagen überwinden kann. Die Bestimmung des ablaufenden Integrationsprozesses (Weil 1978) – einschließlich des späteren Entwicklungsvorgangs, der zur Bildung eines kohäsiven Selbstempfindens führt (Kohut 1971, 1977; Lichtenberg 1975) – ist einerseits ein venünftiges wissenschaftliches Ziel, andererseits eine Möglichkeit, ein empathisches Verständnis mit großem therapeutischem Wert zu erlangen.

Teil II: Das erste Lebensjahr

3. Zu einem Verständnis für Anpassungsvorgänge im 1. Lebensjahr

Hartmann betrachtete psychologische Vorgänge mit bemerkenswert breit angelegtem Verständnis. Er sagte, daß es im Säugling einen Zustand der Voranpassung gibt, bevor der Punkt der Entwicklung erreicht ist, an dem der Organismus selbständig zur Sicherung seiner Anpassung funktionieren kann (1939, S. 44, 1956, S. 240-241). Um das, was er unter "Voranpassung" verstand, näher zu bezeichnen, verwies Hartmann auf die Fähigkeiten des Säuglings, wahrzunehmen, sich zu erinnern und Bewegungen zu kontrollieren – Funktionen, die er als primäre (angeborene) und autonome verstand (er meinte, daß sie sich als abgegrenzte Organisation in Reaktion auf Reize entwickeln und nicht das Ergebnis eines Konfliktes darstellen). Hartmann dachte, daß gewisse Funktionen vorhanden sein müssen, damit die Impulse, die den Konflikt ausmachen, überhaupt psychisch registriert werden und Bedeutung erhalten. Hartmanns Prämisse liegt die Ansicht zugrunde, daß ein Konflikt nur dann entsteht, wenn das Begehren, Befriedigung *wieder* zu erleben, Aufschub erdulden muß.

Hartmanns Vorstellung von einer Voranpassung war größtenteils das Resultat von Schlußfolgerungen und Deduktion. Aber die Beschreibung des Neugeborenen, die ich bereits gegeben habe, stellt klar, daß Hartmanns Annahme eines Zustands der Voranpassung durch eine ungeheure Menge von Forschungsergebnissen gestützt wird. Wahr ist allerdings auch, daß die Säuglingsforscher Annahmen machen, die mit Hartmanns Vorstellung von einer hypothetischen durchschnittlich zu erwartenden Umgebung des Kindes nicht zu vereinbaren sind. Für Hartmann war die durchschnittlich zu erwartende Umgebung eine nützliche Annahme, eine Möglicheit, die Variable der äußeren Realität konstant zu halten, während die andere Variable, die intrapsychische Reifung und Entwicklung, im einzelnen untersucht wurde. Die Säuglingsforscher dagegen glauben, daß die biologische, neurophysiologische und verhaltensbezogene Reifung und Entwicklung in einem dyadischen System reziproker Interaktionen zwischen Säugling und Bezugsperson eingebettet ist. Voranpassung ist ein Zustand, den man in den Feedbackschleifen entdecken kann, die für die Interaktionen zwischen Säugling und Bezugsperson charakteristisch sind. Viele Säuglingsforscher, darunter einige, die Psychoanalytiker sind, folgen Hartmann in seiner Kernannahme nicht, die besagt, daß die strukturelle Hypothese ein besonders geeignetes Begriffswerkzeug für das Verständnis dieser Lebensperiode zur Verfügung stellt. Also fehlen in ihren Abhandlungen oft solche Ausdrücke wie "Es" und "Ich", und die psychoanalytische Begrifflichkeit der libidinösen und aggressiven Triebe wird nicht generell benutzt, um Beobachtungen zu erklären.

In meinen weiteren Gedanken über das 1. Lebensjahr beabsichtige ich daher, die Charakteristika eines frühen Zustands der biologischen, neurophysiologischen und verhaltensbezogenen Voranpassung nachzuzeichnen. Zunächst will ich die Schritte skizzieren, mit denen diese frühe Voranpassung in eine Form der Anpassung umgesetzt wird, die im psychoanalytischen Sinne bedeutungsvoll ist. Eine solche Form der Anpassung ist nach meiner Definition gegeben, wenn eine minimale Erfahrungseinheit vorhanden ist, die ein Bild vom Selbst und von anderem (Belebtem und Unbelebtem) beinhaltet, dazu einen Affekt sowie einige perzeptuell-kognitive Prozesse wie Gedanken, Phantasien und Orientierung in Zeit und Raum. Diese minimale Erlebniskonfiguration ist das, was im klinischen Setting mitgeteilt oder rekonstruiert werden kann.

Organisation durch States und die Strukturierung der Reaktion

Wir haben bereits gesehen, daß Säuglinge das Leben mit nachweisbaren funktionalen Fähigkeiten antreten. Säuglinge sind keine amorphen Organismen, vom Hunger besessen und von der Mutter geformt, sie zeigen vielmehr, daß sie geordnet funktionieren, nach 5 organisierten Verhaltensstates: aufmerksame Wachheit, ruhige Wachheit, REM-Schlaf, NREM-Schlaf und Schreien (Wolf 1966; Emde u. Robinson 1979). Der Grad der Differenziertheit der einzelnen States hängt von der intrauterinen Reifung ab. Beim vollausgetragenen Baby organisieren diese States, in Verbindung mit den Reizen der extrauterinen Umwelt, das Leben des Neugeborenen zu zeitlichen Abfolgen. Jeder State hat verschiedene formale Charakteristika; vermutlich gibt es also entsprechende differenzierte Muster im Gehirn. Wenn Reifung und Entwicklung voranschreiten, tauchen in den einzelne States Veränderungen auf, aber die anfänglichen formalen Charakteristika der States bleiben erhalten, zumindest während eines Großteils des 1. Lebensjahres. Sander (1975) beschreibt es so: "Der 'State' des Säuglings stellt eine erste Stufe der Synthese oder der Kohärenz zwischen verschiedenen physiologischen Subsystemen dar und zeichnet sich durch Periodizität und Rhythmizität aus" (S. 137).

Diese Organisation durch States steht für das, was ich als biologische, neurophysiologische und verhaltensbezogene Stufe der Organisation bezeichne. Sie ist biologisch, weil sie den körperlichen Gesamtzustand repräsentiert. Sie ist neurophysiologisch, weil Synthese und Kohärenz innerhalb der veränderlichen biologischen (reifungsbedingten und periodischen) Bedingungen durch das Gehirn vermittelt werden. Sie ist verhaltensbezogen, weil das Ergebnis der neurophysiologischen Vermittlungsvorgänge und das Verhalten der Bezugsperson ineinandergreifen. Zwischen dem biologischen, neurophysiologischen und verhaltensbezogenen State des Säuglings und den Handlungen der Bezugsperson entwickeln sich Feedbackschleifen, was zu gegenseitiger Regulierung führt.

Die drangvolle Neigung des Säuglings, körperliche Befriedigung von Hunger, Ausscheidungsbedürfnissen, Sinnenlust und Schlaf zu suchen, ist von der Psychoanalyse als Paradigma für den Zustand herausgearbeitet worden, in dem sich der Säugling befindet. Im Gegensatz dazu betont die Säuglingsforschung, wie sich diese Befriedigungen in die States der aufmerksamen bzw. der ruhigen Wachheit oder in Übergänge zwischen beiden einpassen. Wenn die Säuglingsforscher beispielsweise betrachten, wie das Verhalten – zeitlich begrenzt, aber heftig – vom Hunger beherrscht wird und wenn sie die Lustfülle des Saugens betrachten, dann vermerken sie, daß sich diese Ereignisse im State der aktiven Aufmerksamkeit abspielen. An diesem Punkt der aufmerksamen Wachheit steigert sich auch die wechselseitige Interaktion zwischen Säugling und Bezugsperson. Auf der anderen Seite kann Mundaktivität, die nichts mit Nahrungsaufnahme zu tun hat, während aufmerksamer Wachheit oder beim Übergang zu ruhiger Wachheit vorkommen. In dieser Aktivität vermischt sich Lust für die Schleimhaut mit Spannungsreduktion durch das Saugen und mit Mund-Hand-Auge-Koordinationen. Das führt zu etwas, das möglicherweise die erste "Problemlöseaktivität" ist – zur Fähigkeit, die Hand zum Mund zu bewegen, zu einer Fertigkeit also, die oft schon um den 10. Tag herum erworben wird (Murphy 1973). Aber im Hinblick auf die wechselseitige Beziehung ist es doch interessant, daß diese Aktivität einen Platz im "Spielraum" (Sander 1980) einnimmt, wo das Neugeborene von der Mutter nicht stimuliert wird (ihre "Gegenwart" entspricht mehr einem unterstützenden Hintergrund). Wenn wir uns der Ausscheidung – speziell dem Stuhlgang – zuwenden, finden wir eine ebenso intensive Zusammenstellung aus Lust an einem sensibilisierten Körperteil, aus Spannungsreduktion und dem Ausbau physischer Koordination. Dies findet ebenso im State aktiver Aufmerksamkeit statt, aber der Schwerpunkt der aktiven Aufmerksamkeit geht von der äußeren auf die innere Stimulation über. Das Interesse an einem äußeren Reiz wird aufgegeben, das Gesicht wird rot, die Augen können sich verdrehen, der ganze Körper spannt sich während der Ausstoßung an und entspannt sich, wenn alles vorbei ist. Im Zusammenspiel zwischen Mutter und Säugling gibt es Berührungen, Schmeicheleien, Halten und schweifende Bewegungen; dabei sind Hauterotik und Gefühle von taktiler Ausgeglichenheit am ganzen Körper ein wichtiges Mittel, mit dessen Hilfe Pflege durch geteilte Lust den Grad der Wachheit im State der Wachheit justieren kann. Den Schlaf muß man ebenfalls innerhalb des gesamten organisierten Musters betrachten. Er verdeutlicht nicht nur den mächtigen Zug hin zur Bedürfnisbefriedigung, sondern zeigt auch, wie die neurophysiologische Reifung und die regulierenden Anstrengungen der Bezugsperson ineinander verwoben sind. In diesem Zusammenhang sollte man sich ins Gedächtnis rufen, wie die Fütterungsprozeduren der Bezugsperson die Schlaf-Wach-Verteilung des Neugeborenen beeinflussen (Sander et al. 1976).

Es kann sein, daß Übergänge zwischen States – zwischen Schlaf und Wachheit, zwischen Hunger oder hochgradiger motorischer Aktivierung und ruhiger Aufmerksamkeit – für den heranwachsenden Säugling Momente von Streß mit sich bringen. Die regulierenden Aktivitäten der Mutter sind wichtig, um diese Übergänge zu glätten (Brazelton u. Als 1979). Nach und nach erwerben Säuglinge die Fähigkeit, den Übergang aufzuschieben. Sie können länger wach bleiben, wenn es notwendig ist, oder auf Nahrung warten und ihre motorische Aktivität einschränken – alles mit Hilfe ihrer eigenen Steuerung. Diese Steuerung ist eine Folge der zunehmenden Spannweite der Fähigkeiten des Kindes. Hierzu gehören vom Ende des 1. Lebensjahres auch die Selbsttröstungstechniken, wie etwa das Spiel mit "Übergangsobjekten" (Gay u. Hyson 1976).

Der Blick auf die Organisation der States des Säuglings und auf die fortschreitenden Koordinationen innerhalb der States hat Implikationen für unser Denken über Entwicklung. Halten wir uns vor Augen, daß der Säugling mit biologisch geprägter Aktivität beginnt, sich dann zu frühen Formen gelernter Handlungen fortbewegt, anschließend rasch von einfacher Reaktionsbereitschaft zu komplexeren Diskriminationen übergeht und schließlich bei Verhaltensweisen anlangt, die ein Empfinden für Wahlmöglichkeiten und Intentionalität beinhalten. Das Lächeln des Säuglings mag als Beispiel dienen. Wie ich in Kap. 1 erwähnt habe, taucht vor dem Alter von 2 Monaten das Lächeln sowohl als situationsunabhängiges Phänomen während des Schlafs auf (das verschwindet später), als auch als unspezifische, wahrscheinlich mit Lust verbundene Reaktion zu Wachzeiten. Im Zuge der biologischen Reifung im Alter von $2^1/_2$–3 Monaten wird das Lächeln eine spezifische Reaktion auf abgrenzbare Aspekte des menschlichen Gesichts (Emde et al. 1976). Diese Reiz-Reaktions-Verknüpfung wird recht rasch in eine Reaktion des Wiedererkennens bei Annäherung der Mutter transformiert. An diesem Punkt können wir davon sprechen, daß der Verhaltensakt des Lächelns das dranghafte Verlangen ausrückt, eine soziale Reaktion zu finden oder hervorzurufen.

Die "Lächelhandlung" wird dann in die gegenseitige Interaktionsregulierung zwischen Mutter und Kind aufgenommen. Das Lächeln des Säuglings "macht die Mutter an", und der Enthusiasmus der Mutter über die Aufnahme des "Spiels" reizt zur Wiederholung (oder begrenzt sie). In der Folge nimmt das Lächeln im Gesamtrepertoire der kommunikativen Modalitäten und Affektausdrücke, das sich innerhalb des aktiv aufmerksamen State entwickelt, seinen Platz ein. Im Alter von 6 Monaten kommt es zu einer spürbaren Aufhellung des Lächelns als Folge eines weiteren neurophysiologischen Fortschritts. Später spiegeln sich im Lächeln die zunnehmend komplexeren Situationen wieder, die Lust, Freude und Interesse im Gegensatz zu Kummer, Furcht und Abneigung bestimmen. Also ist für das 9 Monate alte Kleinkind das Lächeln nicht länger eine Grußreaktion auf jede freundliche Annäherung. Es registriert, ob die herannahende Person vertraut oder unvertraut ist, und der Sicherheitzustand des Kleinkinds – normalerweise erfaßbar durch die Nähe der Mutter – bestimmt oft, ob das Baby lächelt und in Blickkontakt tritt oder sich kummervoll abwendet. Im Alter von etwa einem Jahr wird das breite, volle Lächeln des jüngeren Kleinkinds von einem Lächeln abgelöst, daß verschiedene Stufen von Freude in feineren Abstimmungen ausdrücken kann. Das Lächeln dieser Periode vermittelt ein größeres Empfinden von Intention und innengleiteter Steuerung. Diese affektive Färbung wird zunehmend dominant, so daß schließlich das Lächeln Vergnügtheit mitteilt; dabei wird Intentionalität sichtbar.

Stimulationssuchende Aktivität und beginnende Kommunikation

Die Säuglingsforschung hat die Aufmerksamkeit nicht nur auf die Bedeutung der Organisation von States gelenkt, sondern auch auf die aktive Beschäftigung des Neugeborenen mit der Welt. Von Geburt an ist das Neugeborene darauf aus, Stimulation zu suchen. Schon sehr junge Säuglinge unterbrechen ihre Nahrungsaufnahme, um ihre Augen nach oben zu wenden und das etwa 20 cm entfernte Gesicht der Mutter anzuschauen (Stern 1977). Die Mutter reagiert automatisch auf diese erhöhte Aufmerksamkeit und spricht in rhythmischen Tönen zu ihrem Baby. Die Arme des Säuglings beginnen sich in einem zu ihrer Stimme synchronen Rhythmus zu bewegen. Wenn sie sich abwendet und sich darauf vorbereitet, das Füttern wieder aufzunehmen, gibt der/die Kleine mit seinen/ihren Augen Signale für einen weiteren "Kontaktdurchgang". Die Mutter reagiert und nimmt dann die Fütterung wieder auf.

Ein anderes Beispiel für Stimulationssuche sieht man, wenn ein Spielzeug innerhalb eines Bereiches von 25–30 cm vor dem Neugeborenen herumbaumelt (Trevarthen 1977). Alles am Baby verändert sich dann. Die Augen fixieren das Spielzeug, die Pupillen weiten sich. Der ganze Körper gerät unmittelbar in Bewegung. Finger, Zehen und Mund richten sich nach dem Objekt aus; die Schultern zucken nach vorn. Ein etwas älterer Säugling wird dem Objekt sofort einen Arm entgegenschwingen und dabei die Finger zur Greifstellung zusammenziehen. Trevarthen (1977) beschreibt einen Säugling, der zuerst keinen Kontakt zum Spielzeug schaffte, weil sein Arm in überschießender Bewegung weit daran vorbeisegelte. Er machte 3 weitere Versuche, kam jedesmal näher, bis er beim 4. Mal das Spielzeug traf und aufgeregt reagierte.

Brazelton (1980 a), der Einzelbildaufnahmen von Filmen auswertete, beobachtete, daß ein Reaktionsmuster des gesamten Körpers sich in regelmäßigem Rhythmus 4mal in der Minute wiederholt. Jedesmal, wenn konzentrierte Aufmerksamkeit zustande kommt, sackt sie alsbald ab, bevor sie sich wieder aufbaut. Wenn man dem Säugling ein Objekt zeigt, ist die gesamten Sequenz von stoßweisen Bewegungen aller Körperteile geprägt. Wenn eine vertraute Person in das Wahrnehmungsfeld des Säuglings tritt, wird alles am Baby weicher. Obwohl die gleiche Abfolge aus Aufbau und Zerfall von Körperbewegungen auch in Reaktion auf die Mutter erscheint, sind die Bewegungen runder, und die Mutter setzt zu einem "werbenden Tanz" mit rhythmischem Gurren, Augenkontakt und Mundbewegungen an.

Wie wir in Kap. 1 gesehen haben, hat der Säugling von Anfang an einige Wahrnehmungspräferenzen, er gibt z. B. bestimmten visuellen Konfigurationen Vorrang (Bower 1971; Carpenter 1974) und bevorzugt bestimmte akustische Frequenzbereiche (Condon u. Sander 1974; Terhune 1979). Von Anbeginn besteht Wahrnehmung in einem aktiven Organisieren von Reizen, das von angeborenen Präferenzen gesteuert wird und von dem beherrschenden Drang geprägt ist, von belebten und auch unbelebten Objekten etwas mitzubekommen. Die Handlungsantworten ihrerseits werden zu verschiedenartigen Mustern ausgebaut, je nachdem ob die Aktivitäten *gegenüber* Menschen oder *an* nichtmenschlichen Objekten ausgeführt werden. Brazelton u. Als (1979) bemerken z. B. folgendes:

> Die Veränderungen im Verhalten und der Aufmerksamkeitsspanne des Säuglings, wenn er mit seiner Mutter und nicht mit einem unbelebten Objekt interagierte, waren schon im Alter von 4 Wochen verblüffend. ... Man konnte tatsächlich schon vorhersagen, ob der Säugling mit einem Objekt oder mit einem Elternteil interagierte, wenn man nur einen Zeh oder einen Finger anschaute - und im Alter von 4 Wochen konnte man sogar bestimmen, welcher Elternteil es war (S. 357-359).

Wie Brazelton u. Als beobachten, kommen Mütter zu ihren Babys, um ihnen zu helfen, sich zu sammeln und um sie zu umfassen. Sie greifen weich um den Körper des Babys um ihn zu stützen, sie schaffen Blick- oder Stimmkontakt um die Aufmerksamkeit des Säuglings zu erlangen und den Grad der Stimulation zu regulieren. Üblicherweise nähern sich Väter ihren Babys auf eine Weise, die Stimulation erhöht. Sie können sich mit Spielen beschäftigen, in denen es ums Stubsen oder ums spielerische "Grabbeln" geht. Sie sprechen vielleicht auch rhythmisch mit dem Baby, aber sie tun dies üblicherweise schneller und eher stakkato, die Stimme ist lauter. Beim Wechseln der Windeln nehmen Mütter das Baby sanft am Po hoch, lassen die Windel darunter gleiten und streicheln das Baby, wenn der Vorgang abgeschlossen ist. Väter nehmen das Baby meist bei den Beinen, schieben die Windel darunter und lassen das Baby auf den Tisch plumpsen. Um die 3. Lebenswoche herum zeigt das Baby eine runde, abgestimmte Reaktion, wenn die Mutter hinter seinem Rücken zu ihm spricht. Wenn es die Stimme des Vaters hört, reagiert es sprunghaft und aufgeregt. Jeder Elternteil wird so ein Partner innerhalb einer Feedbackschleife, die sich den erwarteten gegenseitigen Reaktionen entsprechend einspielt.

Allerdings tun Säuglinge mehr, als die Kommunikationen ihrer Bezugspersonen zu empfangen, sich daran zu erfreuen und darauf zu reagieren. Sie signalisieren ihre Vorlieben ganz aktiv, um dadurch Reaktionen hervorzurufen (Moss u. Robson 1968). Von Geburt an findet ein *reziproker* Austausch statt, der Säugling wird dabei von den verbalen und nichtverbalen Kommunikationen der Bezugsperson reguliert, gibt aber seinerseits auch der Bezugsperson den Einsatz.

In der Zeit kurz nach der Geburt kann das Baby Interaktionsbereitschaft als etwas "mitteilen", das zum aktiven, wachen State gehört. Die Mutter muß für das richtige spiegelbildliche Feedback sorgen, um das Baby im Blickkontakt zu halten. Die häufig geäußerte Überzeugung der Mütter, ihr Baby schaue *sie* an, weist darauf hin, wie früh eine Reaktion des Erkennens auftaucht, auch wenn diese Äußerung einen Adultomorphismus enthält. Irgendwann zwischen 7. und 10. Tag kann sich die Mutter auf einen durchgängigen Augenkontakt verlassen, weil das Baby ein Reaktionsmuster für geteiltes Regelmaß aufbaut. Um die 4. Lebenswoche herum gibt das Baby der Mutter normalerweise erkennbare Hinweise dafür, daß es bereit ist, den Zustand spielerischer interaktiver Aufmerksamkeit auszudehnen. Unter Ausnutzung dieser Fähigkeit weiten Mutter und Baby nach und nach die Kontaktdurchgänge aus, bis um den 3. Monat herum daraus "Konversationsspiele" geworden sind (Stern 1977). Kommunikationen, die formal komplexer sind, entwickeln sich üblicherweise im Alter von 4-5 Monaten. Zu diesem Zeitpunkt macht der Säugling eine Expansion des ganzen Aufmerksamkeitsstates mit, was wahrscheinlich mit neurophysiologischen Reifungs- und Reorganisationsvorgängen zusammenhängt. Das Kind signalisiert viel klarer, wann Spielaktivität begonnen und beendet werden soll. Wenn jetzt die Mutter jetzt sensibel Hinweise des Säuglings auf seine Vorlieben aufnimmt, dann spiegelt sie damit einen Auswahlprozeß auf seiten des Kindes.

Wenn man es so betrachtet, dann bilden die Signale der Körpersprache, die nonverbale Vokalisation, das Verständnis verbaler Signale und schließlich die Verbalisation eine additive Entwicklungskette, die sich von der Geburt bis ins 2. Jahr und darüber hinaus erstreckt (Bruner u. Sherwood 1980; Call 1980). Diese Abfolge führt einerseits zu zunehmender Unterscheidungsfähigkeit und Präzision innerhalb des Austausches zwischen Bezugsperson und Kind; andererseits führt sie weg vom einzigartigen Band der Intimität zwischen Säugling und Mutter. Dennoch schafft der tanzartige Synchronismus der anfänglichen behavioralen Kommunikationen die

Substruktur für die tiefste Stufe empathischer Verbindung, welche den Unterbau der späteren verbalen Kommunikation darstellt (Stern 1977).

Die Ausgestaltung von Persönlichkeitszügen

Die organisierten Muster, die man beim Säugling beobachtet, tragen auch zu vergleichsweise stabilen Persönlichkeitszügen bei. Die *Ausgestaltung des Geschlechtsschemas* verdeutlicht das Zusammenspiel von biologischen und erfahrungsbezogenen Faktoren. Es ist schwierig, im Säuglingsalter die Kraft einzugrenzen, die zur Geschlechtsdifferenzierung drängt. Es gibt hormonale Variationen, und man muß annehmen, daß sie sich auf das Verhalten auswirken. Sensorische Reaktionen etwa sind bei männlichen Neugeborenen weniger organisiert als bei weiblichen. Letztere sind empfänglicher für Geschmack, beim Füttern sind ihre Münder aktiver und ihre Zungen mehr beteiligt, und sie sind ganz allgemein taktil ansprechbarer. Ich habe bereits erwähnt, daß Mütter auf diese Unterschiede reagieren, sie spüren empathisch, daß das weibliche Baby etwas für orale Beruhigung übrig hat oder daß das männliche Baby mehr proximal-taktile Stimulation braucht (Korner 1973, 1974). In unserem Verständnis jedoch hat sich bis zum heutigen Zeitpunkt die differenzierende Wirkung der Rollenzusschreibung am stärksten niedergeschlagen (Stoller 1968). Es wird beschrieben, daß Mütter bei 6 Monate alten Mädchen stärker als bei Jungen dazu neigen, physische Nähe aufrechtzuerhalten (Goldberg u. Lewis 1969). Gegen Ende des 1. Lebensjahres ist die "Mädchenhaftigkeit" und "Jungenhaftigkeit" fester Bestandteil des sozialen Zusammenspiels zwischen Kleinkind und Familie (Fast 1979). In freien Spielsituationen bleiben Mädchen nah bei ihren Müttern, während sich Jungen weiter entfernen und kürzere Zeit in physischem Kontakt zu ihren Müttern bleiben (Messer u. Lewis 1970). Man sollte sich erinnern, daß Geschlechtsidentität und sexuelle Orientierung, obwohl offensichtlich ineinander verwoben, nicht identisch sind. Möglicherweise kann eine genaue Untersuchung der verschiedenartigen Reaktionen auf Mutter und Vater entsprechende Vorlieben erhellen, aber vielleicht sind die aversiven Reaktionen wichtiger, welche die Offenheit der späteren Wahl in der ödipalen Phase beeinträchtigen.

Imitative Reaktionen, die man innerhalb des 1. Lebensmonats sehen kann, haben ebenfalls Implikationen für die Persönlichkeitsentwicklung. Neugeborene können Gesichtsausdrücke immerhin so deutlich imitieren, daß ein Beobachter den Ausdruck bestimmen kann, ohne das Gesicht der Mutter zu sehen (Meltzoff u. Moore 1977). Diese Art der Imitation leitet einen komplexen Prozeß ein, durch den das Kind das besondere Baby seiner besonderen Mutter (und seines Vaters) wird. Das "shaping" ist insofern gegenseitig, als das Baby auch die Reaktionen der Mutter aktiviert und verändert.

Nehmen wir ein Neugeborenes, das ein aktiver, schneller Esser ist. Die eine Mutter ist darüber vielleicht begeistert und stellt sich leicht auf den Rhythmus des Babys ein. Eine andere mag mit leichter Angst reagieren. Sie hat vielleicht Angst, daß ihr Baby zu gierig ist, und fügt nach und nach in die Fütterungssituation Interaktionen ein, um sie zu strecken. In kleinen Schritten ändert sich die Eßgeschwindigkeit des Babys, obwohl die Mutter einfühlsam genug ist, die Befriedigung durch Nahrung nicht so weit zurückzuhalten, daß es die Toleranz des Babys an irgendeinem Punkt überfordert. In all diesen intimen reziproken Interaktionen tauchen viefältige kleine "Imitationen" auf. Gesichtsausdrücke und Handlungsrhythmen werden aufgenommen und in die "Persönlichkeit" des Säuglings eingefügt. Diese frühen Reaktionen kann man als Protoidentifikationen auf der Verhaltensstufe betrachten. Später verschmelzen sie leicht mit psychischen Repräsentanzen der "wirklichen" Identifikationen, die im traditionellen Verständnis als wichtig für eine reife Persönlichkeitsentwicklung angesehen werden (Jacobson 1964).

Automatismen nehmen ebenfalls im 1. Lebensjahr zu, weil das Kleinkind sich auf ein stärker durch Handlungsmuster geprägtes Funktionieren hinentwickelt. Sobald Säuglinge sich im Sitzen zuverlässig stützen können, entwickeln sie ihre Möglichkeiten, auf Stimuli zu reagieren – mit Koordinationen zwischen Körperhaltung, Stimme und Blick, die das ganze Leben hindurch bestehen bleiben. Das Krabbeln und das Laufen funktionieren automatisch, wenn das Kind dies erst einmal kann, obwohl die Grazie oder Unbeholfenheit dabei mit emotionaler Sicherheit oder Unsicherheit zusammenhängen mag. Weiterhin wird die Grußreaktion zu einer automatischen affektomotorischen Reaktion, die vergleichsweise statisch und allen Menschen gemeinsam ist.

Die Beiträge der Säuglingsforschung zur Ausgestaltung des Geschlechtsschemas, zu imitativen und Shapingreaktionen und zu den Automatismen lassen sich leicht mit psychoanalytischen Vorstellungen über Persönlicheit und Charakterbildung zur Deckung bringen. Wiederum ist es bemerkenswert, daß dabei keine Hypothesen über internale Repräsentanzen verwendet werden. Man stellt sich vor, daß Persönlichkeitszüge durch das Ineinandergreifen spezifischer Qualitäten der gegenseitigen Reaktionen von Säugling und Bezugsperson aufgebaut werden. Diese Vorstellung ersetzt den Begriff der "durchschnittlich zu erwartenden Umwelt", aber der Schwerpunkt bleibt, genau wie bei der Ich-Psychologie, ganz sicher auf dem Anpassungsgesichtspunkt.

Die Regulierung dystonischer Stimulation

Um den Überblick über die adaptiven Muster des Säuglings abzuschließen, folgen Überlegungen zur Reaktion auf dystonische Stimulation. Von Geburt an ist der Säugling biologisch so angelegt, daß er Unlust kundtut und darauf reagiert. Säuglinge schreien normalerweise, wenn sie hungrig sind, Magen-Darm-Krämpfe haben oder physisch verletzt werden. Sie sind besonders empfindlich für Über- und Unterstimulation (Shevrin u. Tousseing 1965), vestibuläres Ungleichgewicht und Lebensmittelallergien (Lichtenberg 1978 a). Allerdings ist das Schreien nicht die einzige dranghafte Reaktion auf Unlust. Es gibt ebenso Varianten der Kampf-Flucht-Reaktion, etwa Massenbewegungen (Moro-Reflex) und völliges Absacken in den NREM-Schlaf (Emde et al. 1971). Eine mittlere Form der Aversion wird in den Reaktionen des Säuglings sichtbar, wenn sich eine Person über ihn beugt und eine schnelle Handgeste auf ihn zu und zu ihm hinunter macht. Ebenso wie Säuglinge auf eindrucksvolle Weise – mit Blickfixierung – auf ein Gesicht reagieren, so reagieren sie von der 2. Woche an abwehrend auf einen bedrohlich näherrückenden Kopf. Sie weichen mit dem Kopf zurück und wenden sich ab, machen große Augen und zeigen einen "negativen" Gesichtsausdruck (Beebe u. Stern 1977).

Zusätzlich zu diesen extremen Reaktionen geben Säuglinge auch subtile Zeichen der Unlust. Ebenso wie sie vielfältige positive Reaktionen auf Stimuli zeigen, die sie interessieren, zeigen sie vielfältige negative Reaktionen, wenn Wiederholungen sie nicht mehr interessieren oder Neues sie verstört: sie können ganz einfach ihre Aufmerksamkeit abziehen (Bridger 1961; Aleksandrowicz u. Aleksandrowicz 1976); sie können ihre Augen schließen oder sich wegdrehen, um einem Anblick zu entgehen (Beebe u. Stern 1977). Intensivere Unlust führt zu Verdruß und Geschrei. Zu den weiteren Unlustreaktionen gehört eine angespannte Haltung, Schlagen und Treten sowie eine schlaffe Haltung; der Körper wird dann zu einer lahmen, toten Masse. Längere Abwesenheit der Bezugsperson kann zu einer Verringerung der funktionalen Fähigkeiten und zu niedergestimmten Zuständen des "bewahrenden Rückzuges" führen (Engel 1962; Kaufmann 1976).

Experimente, in denen die Mutter absichtlich nicht dem erwarteten Reaktionsmuster folgt, verdeutlichen den Umfang der Abwehrreaktionen des Säuglings. Wenn, wie Call (1980) berichtet, die Mutter die Brust oder die Flasche entfernte, nachdem sie bereits angefangen hatte, den hungrigen Säugling zu füttern, dann reagierte der Säugling zunächst mit zunehmender Unruhe und versuchte intensiv, sich anzunähern und das Saugmuster durchzuführen. Dieser Reaktion folgte ein Rückzug in den Ruhezustand. Beebe u. Stern (1977) diskutieren ein Experiment zur "Verletzung" visueller Erwartungen, bei dem die Mutter ihren Blick oberhalb der Augen des Säuglings fixiert und dabei ein ausdrucksloses und unbewegliches Gesicht macht. Säuglinge werden zunächst probieren, die erwartete Reaktion der Mutter wieder hervorzurufen, indem sie versuchen, ihren Blick zu kreuzen. Sie bewegen dabei Hände und Augen, greifen mit den Armen umher, bewegen die Beine, ja eigentlich den ganzen Körper. Wenn dies keinen Erfolg hat, verfallen die Säuglinge in eine Rückzugshaltung. Der Zyklus aus Kontaktversuch und Zusammensacken wird dann wiederholt, und es kommt zu deutlichen Anzeichen des Kummers.

Diese experimentell induzierten Streßschutzreaktionen geben eine Ahnung von den pathologischen Interaktionssequenzen, die sich mit depressiven, kontaktarmen und überängstlichen Müttern ergeben können. Situationen mit Übergriffen können zu stark repetitiven Mustern führen, die beide Partner bei der Interaktion beeinträchtigen. Massie (1978) untersuchte daheim aufgenommene Filme von Kindern, die später als autistisch eingestuft wurden. In diesen Filmsequenzen kam es bei der Interaktion zwischen Mutter und Kind in der ein oder anderen Form zu Protest- und Vermeidungsverhalten, wie Beebe u. Stern (1977) es beschrieben haben, mit Ausweichbewegungen, Hemmung der Reaktionsbereitschaft und Flucht hin zur Umwelt. Wenn in einem Fall die Mutter ihr Kind dazu bringen wollte, sich auf sie einzulassen, sich dabei von Zeit zu Zeit über das Kind beugte und zunehmend frustriert an ihm zerrte, wendete der 4 Monate alte Säugling den Blick ab, zog seinen Kopf ein, wich mit dem Körper zurück und drehte oder stemmte sich weg. Diese Interaktion nach dem Muster "Jagen und Ausweichen" erinnerte zunehmend an einen Kampf, und das Kind tauchte mehr und mehr in die Teilnahmslosigkeit ab. "Egal wie energisch die Mutter zupfte, schubste und herumhüpfte, der Säugling blieb bewegungslos, der Kopf hing lahm auf dem Brustkorb, Kopf und Blick blieben starr abgewendet" (S. 49). Schließlich "schwang er seinen Körper unter Einsatz seines gesamten Gewichts in die von der Mutter abgewandte Richtung, wandte seine Augen suchend der Umwelt zu, wobei er jede Möglichkeit verlor, die Mutter aus dem Augenwinkel zu kontrollieren, nur um ihrer Gegenwart zumindest visuell zu 'entgehen'" (Beebe u. Stern 1977, S. 53). Später, in Reaktion auf die langsameren, ruhigeren Einbindungsversuche des Versuchsleiters, war der Säugling in der Lage, einen normalen Blickkontakt mit positivem Affekt zu erlangen und zu halten. Das zeigte, daß er keine gestörte Wahrnehmungsverarbeitung hatte. Eine solche Verhaltenheit und absichtliche Blickvermeidung könnte ein behavioraler Vorläufer von paranoiden Reaktionen sein, die in späteren Entwicklungsstufen erscheinen (s. Beebe u. Stern 1977, S. 53).

In diesem Kapitel habe ich das Bild beschrieben, das sich die Säuglingsforscher vom 1. Lebensjahr machen. Sie meinen, daß es auf komplexe Weise regelhaft organisiert ist. Die Ordnung der biologischen Verhaltensstates und die Strukturierung der Reaktionen, die Stimulationssuche, die Ausgestaltung von Persönlichkeitszügen und die Reaktion auf dystonische Stimulation verweisen darauf, daß der Säugling auf eine aktive Beschäftigung mit der Welt vorbereitet ist. Je mehr wir diese eindrucksvollen funktionalen Fähigkeiten herausmodellieren, desto mehr können wir Hartmanns Anpassungsgesichtspunkt würdigen. Aber wenn wir Verhalten nur in der Begrifflichkeit funktionaler Fähigkeiten beschreiben, zählen wir am Ende nur die tätigkeitsbezogenen Fakten auf, ohne wirklich zu begreifen, was das auf der Erlebensebene bedeutet. Wir müssen darüber nachdenken, welcher Erklärungsmodus, der auch zu den Forschungsergebnissen paßt, uns am besten auf die Erlebniswelt des Säuglings einstimmt.

4. Müssen wir für das 1. Lebensjahr eine Selbst-Objekt-Differenzierung annehmen?

Der Säugling zeigt im 1. Lebensjahr ganz klar, daß er über vielfältige Verhaltensantworten verfügt und funktionale Fähigkeiten hat. Nicht so klar ist allerdings, welchen Bezug die Entdeckungen über die Entwicklung zum psychoanalytischen Verständnis der intrapsychischen Funktionen haben. In Kap. 2 habe ich einige Fragen aufgeworfen, die man im Zusammenhang mit dem Beginn des Selbst- und Objektempfindens stellen muß. Ich möchte die Angelegenheit jetzt unter einem etwas anderen Gesichtspunkt wieder aufnehmen, und dabei sollen die Ergebnisse über das 1. Lebensjahr berücksichtigt werden. Für die psychoanalytische Sichtweise ist es unerläßlich, die intrapsychische Repräsentation zu verstehen. Es ist daher wichtig zu klären, wann und wie sie in der Entwicklung zustande kommt.

Intrapsychische Repräsentation

Klare, differenzierte und kognitiv organisierte Repräsentanzen in einem Gefüge, das parallel zum Erleben besteht, gibt es während des 1. Lebensjahres wahrscheinlich nicht. In der psychoanalytischen Theorie neigte man dazu, es als gegeben hinzunehmen, daß der Säugling keine Grenzen zwischen Selbst und Objekt kennt. Dementsprechend hielt man die Selbst-Objekt-Differenzierung für einen wichtigen Entwicklungsfaktor, dessen Erscheinen man zu verschiedenen Zeitpunkten ansetzte (meist um den 9. Lebensmonat herum). Die Annahme, daß der Säugling Selbst und Objekt nicht unterscheiden kann, stützt sich darauf, daß bei Erwachsenen ubiquitär ozeanische und Verschmelzungsphantasien existieren, sowie auf die Grenzverwischungen, die man bei Borderline- und schizophrenen Patienten findet. Gleichzeitig versteht man unter einem Selbst und einem Objekt (als psychologische Einheit) üblicherweise eine intrapsychische Repräsentanz. Zum Beispiel hat man als Argument gegen den Kleinianischen Zeitplan im allgemeinen angeführt, daß Repräsentanzen von Selbst und Objekt in den ersten Lebensmonaten noch nicht entstehen können. Die traditionelle Vorstellung ist, daß sich solche Repräsentanzen im Verlauf der "symbiotischen Phase" erst allmählich entwickeln. Aber bei keiner dieser Vorstellungen wird die Frage angeschnitten, ob sich *überhaupt* Repräsentanzen im 1. Lebensjahr entwickeln oder welche Kriterien es gibt, nach denen man eine solche Annahme aufrechterhalten oder zurückweisen kann.

Meiner Ansicht nach weisen die Ergebnisse der Säuglingsforschung in zwei verschiedene Richtungen: 1) Das Neugeborene ist viel differenzierter, als man dachte, und 2) die perzeptuell-kognitiven Schritte, die notwendig sind, um eine intrapsychische Repräsentanzenwelt zu formen, wurden bisher unterschätzt. Meine Vermutung ist daher, daß sich intrapychische Selbst- und Objektrepräsentanzen eher im 2. als im 1. Lebensjahr entwickeln. Damit ist die Vorstellung verbunden, daß der Säugling und anfänglich auch das Kleinkind ein eindrucksvolles Ausmaß an Aktivität auf der *Verhaltensebene* zeigen können, ohne daß wir gleichbleibende, verläßliche Repräsentanzen annehmen müssen.

Daß es von Geburt an ein gewisses Maß an Differenziertheit gibt, darauf verweisen die differenzierten Reaktionen des Säuglings auf die verschiedenen Stimuli. Ich habe schon darauf hingewiesen, daß Neugeborene auf die Stimme ihrer Mutter reagieren; sie stellen Blickkontakt zu ihr her und untersuchen ihr Gesicht. Gegenüber dem Vater reagieren sie anders, und gegenüber einem Spielzeug wieder anders. Diese Reaktionen scheinen biologisch vorprogrammiert zu sein; die beschriebenen Muster tauchen innerhalb der ersten Wochen auf. Mit jedem Reifungsschritt gewinnen die Reaktionen an Klarheit – zwischen 2 und 3 Monaten nimmt die Aufmerksamkeit zu; mit 6 Monaten kommt es zu einer Aufhellung und mit 9 Monaten zu komplexeren Veränderungen und Differenzierungen im affektiven Bereich. So kann man etwa an einem 4 Monate alten Säugling beobachten, wie er mit einer Abfolge von unterschiedlichen, einander abwechselnden Modi reagiert. Mit einem Satz von Verhaltensweisen reagiert der Säugling auf die Mutter in einem komplementären Modus: der/die Kleine setzt die anfänglichen Hinweisreize, die mit seinen/ihren Bedürfnissen zu tun haben, und die Mutter reagiert. Sie füttert, wechselt die Windeln oder stillt ein Bedürfnis durch eine andere Pflegeleistung. Wenn das Zeitintervall, innerhalb dessen die Mutter reagiert, in einem optimalen Bereich liegt, dann macht die Frustration dem Säugling und der Mutter die Ausarbeitung von Copingroutinen möglich, welche die Bindung sichern und dabei die Unterscheidungsfähigkeit erhöhen. Ein weiterer Satz von Verhaltensweisen sorgt für soziale Einbindung, wobei ein Synchronismus der Reaktionen annäherungsweise oder tatsächlich erreicht wird. Durch Filmtechniken mit geteiltem Bildschirm kann man beobachten, wie Mutter und Säugling ein Repertoire ausspielen, das Große-Augen-Machen, Mundöffnen und Vokalisationen beinhaltet. Beschleunigungen und Verlangsamungen der zeitlichen Abläufe kommen vor. Diese synchronen Handlungen bauen sich auf und fallen wieder in sich zusammen, um sich von neuem aufzubauen, in Mustern, die an einen Verhaltensmodus des "Miteinanderseins" auf neurophysiologischer Grundlage denken lassen – und zwar eher an ein "Wir" als an ein "Du und Ich". Wenn ein Fremder eine ähnliche Reaktionssequenz einzuleiten versucht, ist die Harmonie wahrscheinlich nicht so groß. Synchrone Abläufe können sich mit solchen abwechseln, in denen ein Partner sich am Ende mit dem anderen überlappt. Dieses "Überlappen" kann in Spielmuster übergehen, bei denen der Wechsel der Position des Initiators eher geordnet in Form eines "Du bist dran" geschieht. Einen wiederum anderen Satz von Verhaltensweisen kann man beobachten, wenn der Säugling mit Objekten spielt. Das Muster besteht hier darin, daß eine Kausalkette gebildet wird. Eine ganze Reihe von Experimenten gibt illustrative Beispiele für das Lernen durch Konsequenzen. Da bringen Säuglinge Lichter zum Leuchten, Tonbandstimmen zum Erklingen und Mobiles in Bewegung, indem sie die Köpfe drehen, treten oder in einer bestimmten Geschwindigkeit saugen. In diesen Beispielen beginnen die Säuglinge eine Abfolge eigener Bewegungen, um ein Ergebnis zu "bewirken", daß perzeptuell außerhalb ihrer selbst ist. Greifen, In-den-Mund stecken, taktile Exploration, Schlagen und Treten – das sind alles Spielaktivitäten, die in einem sequentiellen Modus ablaufen, wobei es aber andere Koordinationen gibt und der Rhythmus anders ist als während des sozialen Austausches.

Es ist verlockend, diese Differenzierungsleistungen mit Pronomen zu bezeichnen, solange wir uns dabei vor Augen halten, daß wir solche Pronomen *nicht* benutzen, um einen symbolischen Prozeß zu unterstellen – diese Organisationsebene unterscheidet sich deutlich von der biologischen, neurophysiologischen und verhaltensbezogenen Stufe, die wir im 1. Lebensjahr vorfinden. Mit diesem Vorbehalt im Kopf kann man sich den komplementären Modus als ein großes "Du" und ein kleines "Ich" vorstellen, den synchronen sozialen Modus als ein "Wir", den alternierenden sozialen Modus als ein "Du" und ein "Ich", welches "Uns" ergibt, und den sequentiellen Spielmodus stellt man sich als ein "Ich" mit einem "Etwas" vor, wobei ein "Du" im unterstützenden Hintergrund bleibt (Stern 1983). Auch wenn dieser Gebrauch von Pronomen für den 4 Monate alten Säugling einen falschen Eindruck von der Organisationsstufe vermittelt, er verdeutlicht dennoch ein erhebliches Maß an *Differenziertheit* des Säuglings (seines Selbst) auf der Ebene der *Verhaltens*antworten gegenüber einem "Objekt".

Jeder dieser differenzierten Verhaltensmodi entwickelt sich weiter. Stechler (1982) beschreibt Donna mit 6 Monaten.

Als ihre Mutter versuchte, sie mit einem Löffel zu füttern, wich Donna zurück, drehte ihren Kopf zur Seite und stieß, um sich selbst zu behaupten [assertively], den Löffel zurück. Die Mutter wurde ruhig und unterbrach das Füttern. Nach einer gewissen Weile begann die Mutter, Donna zu stillen, was sie dann mitmachte. Donna griff nach oben, berührte die Mundregion ihrer Mutter und steckte ihre Finger in den Mund der Mutter, während sie noch selber saugte. Ihre Mutter ging freudig auf dieses Angebot ein, und für einige Augenblicke saugten sie aneinander. Wenn sie ihr Spielzeug um sich hatte, verschaffte Donna sich einen Überblick über den gesamten Bereich, wählte entschieden ein Spielzeug aus, griff geschickt danach, klapste es, nahm es hoch und knallte es heftig auf den Boden. Ihr Blick war klar und zeugte von Entschlossenheit.

Im komplementären Modus kann die 6 Monate alte Donna also zustimmen und ablehnen, und ihre Mutter kann die Rolle des akzeptierenden Begleiters, eine gegensätzliche Position oder abwechselnd die Führerschaft übernehmen – wobei dann die Initiative alterniert. Im synchronen Modus können neue Variationen geschaffen werden, und das Timing kann sich ändern. Im sequentiellen Modus, beim Umgang mit Spielzeug, können die Eigenschaften des Objekts und die Auswahlmöglichkeiten zunehmend genauer abgegrenzt und stärker von den Vorlieben des Kindes kontrolliert werden.

Wenn Differenzierungen von Geburt an vorhanden sind und sich weiter entwickeln und ausgestalten, was ist dann das, was nach Ansicht der Psychoanalytiker um den 9. Lebensmonat geschieht? Ich meine, daß die grundlegenden Entwicklungsvorgänge in der zweiten Hälfte des 1. Lebensjahres die folgenden sind: 1) werden Verhaltensmuster aufgebaut, die zeigen, daß Handlungen zunehmend geplant werden und 2) kommt es zu einer Verschiebung innerhalb der interaktionalen Matrix, die von einer Vorherrschaft des Erlebens von Synchronismus und Komplementarität zu einem stärkeren Erleben von Kausalsequenzen und geplanten Handlungen führt. Ein Kleinkind von 8 oder 9 Monaten kann ein Lieblingsspielzeug in der Hand eines anderen Kindes sehen, darauf zusteuern, Hindernisse überwinden, um dorthin zu gelangen, einen angebotenen Ersatz ablehnen, warten, bis ein anderes Kind das Spielzeug weglegt und schließlich die antizipierte Spielroutine mit dem Spielzeug ausführen. Diese ausgedehnte, flexible Aneinanderreihung von Antizipation, Erwartung, Überwindung von Hindernissen, Planung und Planausführung ist m. E. die herausragende Veränderung der Organisation in der zweiten Hälfte des 1. Lebensjahres (s. Stechler 1982). Während in der Aktivität des jüngeren Säuglings mehr bedürfnisbefriedigende komplementäre und synchrone Austauschvorgänge enthalten sind, verschiebt sich hier die Balance, hin zu einem größeren Anteil von kausaler, sequentieller Aktivität. Durch die zunehmend genaueren Erwartungen bringt diese Verschiebung einen größeren Freiraum für geplantes Verhalten mit sich und führt dazu, daß das Kleinkind eigene und fremde Handlungen genauer überprüft.

Mit etwa 9 Monaten erreicht die Reife des Affektsystems einen Punkt, an dem eine besondere Form dystonischer Reaktion – Furcht – erscheint. Dieser Affekt steht dann zur Verfügung, um die aversive Reaktion des Kleinkinds auf eine Verletzung einer Erwartung zu unterstreichen.

Mit 9 1/2 Monaten wird Becca auf einem Besuch zu ihrer Großmutter mitgenommen. Durch ihre Mutter wird Becca sorgfältig mit der neuen Umgebung vertraut gemacht, und am 2. Tag des Besuchs fühlt sich Becca mit ihrer Großmutter wohl. Einmal, als die Mutter nicht im Zimmer ist, kommt die Großmutter mit einer Fremden herein. Becca, die gerade angefangen hat, zu stehen, zieht sich geräuschvoll hoch und nieder, sie benutzt dazu das Geländer ihres Bettchens. Sie unterbricht ihre Aktivität und schaut erst die Großmutter und dann die Fremde an. In schneller Folge wechselt ihr Gesichtsausdruck vom Anflug eines grüßenden Lächelns für die Großmutter zu einem besorgten Blick, als sie an der Großmutter vorbei zu der Fremden schaut, geht dann zu einem furchtsamen Blick über, und schließlich zerfällt der furchtsame Blick ins Weinen, als sie der Fremden geradeaus ins Gesicht schaut.[1] Beccas Mutter, die den Schrei hört, ruft sie aus dem Wohnzimmer. Becca hört auf zu weinen, und als ihre Mutter zu ihr kommt, zieht sie sich in eine aufrechte Position hoch und lächelt strahlend. Auf dem Schoß der Mutter sitzend, ignoriert Becca die Fremde und spielt ein vertrautes Spiel mit dem Ohrring der Mutter. Sie wirft einige flüchtige Blicke auf die Fremde. Schließlich scheint ihre Neugier über ihre Bedenken zu siegen. Sie greift nach der Fremden, um ihre Halskette und dann ihr Gesicht zu untersuchen. Aber sie richtet ihren Körper so aus, daß sie direkt oder fast direkt in körperlichem Kontakt zur Mutter bleibt. Als sie sich auf die Fremde zubewegt, schaut sie sich 3mal um, scheinbar um das Gesicht der Mutter zu untersuchen. Ihre Mutter spürt, daß sie sich abzusichern sucht, und ermutigt sie.

Diese Verhaltenssequenz kann man auf zweierlei Weise erklären. Wir könnten etwa behaupten, daß Becca eine Teil- oder Gesamtrepräsentanz ihres bedürfnisbefriedigenden Objektes (ihrer Mutter) gebildet hat. Sie ist daher in der Lage, diese internale Mutterrepräsentanz, einschließlich der damit verknüpften guten affektiven Gedächtnisinhalte, von der Repräsentanz der unbekannten Person – der Nichtmutter – zu unterscheiden. Auf diesem Gedankengang aufbauend, könnten wir die Hypothese aufstellen, daß sich aus Trennungsangst oder -wut gegenüber der Mutter eine verschobene Angstreaktion gegenüber der Fremden speist. Beccas libidinöse Bindung an die Mutter erlaubt ihr dann, diese negative Reaktion zu überwinden. Sie stellt den Kontakt zur Mutter wieder her (die Selbstrepräsentanz wird also mit der Repräsentanz der guten Mutter intrapsychisch verbunden oder verschmolzen), und das ermöglicht den lustvollen Ausgang. Indem sie physischen Kontakt mit der Mutter aufrechterhält, während sie die Fremde berührt, kann Becca vielleicht die Repräsentanz der Fremden in eine liebevolle Selbst-Mutter-Repräsentanz einbeziehen, ähnlich wie Leonardo da Vinci es auf einem Gemälde mit Christus, der Madonna und der heiligen Anna getan hat.

Aus einer anderen Perspektive könnten wir sagen, daß Becca ein zunehmend reiches Repertoire an Verhaltenserwartungen entwickelt hat. Die Aktivitätsmuster, die sich um den Austausch mit ihrer einfühlsamen und liebevollen Mutter ranken, enthalten für sie die höchste Lust. Wir können das an Beccas Grußreaktion sehen und auch daran, wie schnell ihre Furcht schwindet, wenn die Mutter da ist. Die Begrüßung wird durch den Klang der Stimme der Mutter und durch ihre Annäherung, aber auch durch die gegen-

---

[1] Im Fall von Becca schien, ebenso wie in den meisten anderen Berichten über Kleinkinder aus dieser Periode, die Verzweiflung eine Besorgnis zu sein, die zur Furcht anwächst. Broucek (1982) legt nahe, daß in einigen Beispielen die Verzweiflung Scham sein könnte. Broucek zieht eine Analogie zur Erfahrung eines Erwachsenen, der sich einer Person nähert, die er für einen Freund hält, um dann zu entdecken, daß er einen Fehler gemacht hat und daß die Person ein Fremder ist. Die schamhaft-verwirrte Reaktion ist wahrscheinlich bei Kleinkindern die gleiche. Das Schema der Schamreaktion (auf der Grundlage von Tomkins 1963) wäre, daß das Baby zuerst mit steigender Lust ein erwartetes Gesicht oder Spielmuster erwartet, um dann plötzlich zu merken, daß da etwas nicht zueinander paßt.

seitige Verstärkung von visueller und auditiver Stimulation hervorgerufen. Aber was ist mit der furchtsamen Reaktion auf die Fremde? Ist es so, daß die Fremde nicht zu einer inneren Repräsentanz der Mutter paßt? Das muß nicht unbedingt eine Rolle spielen.

9 Monate alte Säuglinge haben schon eine Reihe von Transformationen ihrer Reaktionen auf belebte und auch unbelebte Objekte mitgemacht. Von 4–5 Monaten an schenken Säuglinge der Aktivität ihrer Hände zunehmende Aufmerksamkeit, wenn sie einen Gegenstand aufnehmen oder fallenlassen. Mit 6–7 Monaten, beobachten sie mehr das Objekt selbst, das steigt, fällt, hüpft oder herumrollt. Mit etwa 9 Monaten neigen Kleinkinder dazu, das Objekt auf seine Eigenschaften hin zu untersuchen, indem sie es umherbewegen, um seine anderen Seiten zu sehen, oder indem sie sich selbst um es herumbewegen. Nichts von alledem verlangt eine internale Repräsentanz des Gegenstandes. Alles was für diese Handlungssequenzen erforderlich ist, ist Wahrnehmungsbewußtheit und irgendeine Form der Enkodierung früherer Verhaltenserfahrungen, damit die Aktivität und die Eigenschaften des Objekts mit Hilfe von Wahrnehmungshinweisen aufeinander abgestimmt werden können.

Mit dem menschlichen "Objekt" kommt es zur gleichen Entwicklungssequenz, aber es gibt einen wichtigen Unterschied. Die Aktivitätsmuster bestehen hier aus affektiv aufgeladenen Austauschprozessen, wobei sich synchrone Aktivtäten zum "Einander Abwechseln" und dann zu viel aktiveren Initiativen seitens des Kleinkinds wandeln. Wenn die "Eigenschaften" von Menschen zunehmend fokussiert und unterschieden werden, dann ist die vorhandene oder fehlende Ähnlichkeit mit einem bereits existierenden Aktivitätsmuster ein sehr wichtiges Kennzeichen, auf welches das Kind schaut: Paßt etwas zueinander oder nicht? In diesen Momenten wird Bilanz gezogen. Ausreichende Vertrautheit bietet stützende Sicherheit; wenn sie gegeben ist, wird anfangs Interesse der vorherrschende Affekt sein. Wenn der Anteil an Fremdheit zu groß ist, herrscht Furcht vor. Im Kontakt zur Bezugsperson ist die affektive Stimmung das entscheidende Kennzeichen, und das 9 Monate alte Kleinkind ist schon in der Lage, diese Stimmung zu lesen und als Handlungsorientierung zu benutzen.

Wenn also Becca mit einer fremden Person konfrontiert wird, die außerhalb ihrer wahrnehmungs- und handlungsbezogenen Erwartungen liegt, während ihre Mutter außerhalb des Raums ist, reagiert sie mit Furcht. In Gegenwart der Mutter schlägt das Pendel in Interesse um, aber Becca reagiert dabei auf 2 Zeichen – auf die Möglichkeit zur explorativen Handlung der Fremden gegenüber und auf den Gesichtsausdruck ihrer Mutter, der ihr eine affektive Orientierung ermöglicht. Emde (1981 a) hat experimentell gezeigt, daß 1jährige Kleinkinder, die einer potentiell furchtauslösenden Situation ausgesetzt werden (einer optisch vorgetäuschten Stufe, der "visuellen Klippe"), ihre Furcht überwinden, wenn ihnen die Mutter stumm und ermutigend zulächelt, oder aber zu Tode erschrocken auf ihrem Weg stehenbleiben, wenn die Mutter sie ruhig und furchtsam anblickt. Damit so etwas geschehen kann, müssen natürlich Verhaltensmuster und Erwartungen über den kommunikativen Signalwert von Hinweisreizen des Gesichts enkodiert sein, und es muß auch etwas geben, was das Lesen oder Dekodieren von Hinweisreizen des Gesichts erlaubt. Das sind, wie ich noch herausarbeiten werde, wichtige Schritte auf dem Weg zu internalen Repräsentanzen, aber für sich betrachtet sind das wahrnehmungs- und handlungsbezogene Reaktionen und nicht notwendigerweise symbolische Prozesse.

Um es zusammenzufassen: Obwohl das Neugeborene zu Beginn des extrauterinen Lebens darauf vorbereitet ist, eine Reihe unterschiedlicher Objekte wahrzunehmen und differenziert darauf zu reagieren, weisen die Ergebnisse doch darauf hin, daß das heranwachsende Kleinkind erst sehr viel später, wahrscheinlich erst im 2. Lebensjahr, allmählich die Fähigkeit entwickelt, Selbst und andere auf der Vorstellungsebene zu repräsentieren (Basch 1975, 1976; Beebe u. Stern 1977; Greenspan 1979, 1981, 1982; Friedman 1980). Anders ausgedrückt: Der Säugling nimmt wahr, und er reagiert auf immer komplexere Weise, innerhalb einer affektiv eingefärbten interaktionalen Matrix, die aus Selbst und Bezugsperson besteht; das kann ein außenstehender Beobachter wahrnehmen. Allerdings entwickelt sich erst nach dem Ende des 1. Lebensjahres mit dem Heranreifen vieler Fähigkeiten auch die Fähigkeit, ein Bild des Selbst zu erschaffen und dieses Bild mit Grenzen, die das Selbst als körperliche Einheit umschreiben, in Ort und Zeit zu plazieren. Ebenfalls von dieser Zeit an finden wir die Fähigkeit, ein Bild des anderen zu erschaffen, das zeitlich und räumlich innerhalb der interaktionalen Matrix plaziert wird, in der das Kleinkind existiert. Als Ergebnis einer allmählichen Entwicklung während des 2. Lebensjahres (die sich im 3. Jahr fortsetzt), wird das Kleinkind fähig, psychische Repräsentanzen zu bilden, die dann den Kontext des momentgebundenen Erlebens bilden; sie sollen das repräsentieren, was ich für die "Grundeinheit der Erlebens" halte und was Selbst und Objekt, Affekt und Kognition umfaßt.

Die Repräsentation von Intentionalität auf der Vorstellungsebene

Die Unterscheidung zwischen einer intentionalen Handlungsantwort und der Repräsentation von Intentionalität auf der Vorstellungsebene ist wichtig. Bei letzterer gibt es eine Repräsentanz des absichtsvollen (handelnden) Selbst, die mit der Repräsentanz der Handlung in Einklang gebracht wird. Ich glaube, Hartmann hat es verfehlt, diese Unterscheidung zu treffen, als er sagte, daß Intentionalität im Alter von 3 Monaten beginnt (1939, S. 46). Als Becca sich z. B. nach der Halskette der Fremden streckte, beabsichtigte sie natürlich, das Schmuckstück zu untersuchen. Aber war da eine "Sie", die das beabsichtigte? Oder war da eine Auge-Hand-Handlungsmuster, das durch einen bestimmten Wahrnehmungsgegenstand ausgelöst und durch eine interessierte Affektreaktion intensiviert wurde? Um das Ganze zu verdeutlichen, stellen wir uns einmal vor, daß ich jemanden frage: "Was würden Sie tun, wenn ich einen Ball werfe?" Die Antwort könnte lauten: "Ich würde den Ball anschauen, die Höhe und die Geschwindigkeit seiner Flugbahn abschätzen und meine Hand nach ihm recken, um ihn zu ergreifen, wenn er auf mich zukommt." Wenn ich dann plötzlich den Ball werfe, geschieht keine solche "geplante" Reaktion. Eine Hand steigt hoch und schnappt sich den Ball aus der Luft. Wenn man das einen Reflex nennt, wird man der perzeptuell-affektiven Handlungsantwort, die daran beteiligt ist, nicht gerecht. Aber um den Ball auf diese Weise zu fangen, braucht es weder jemanden, der selbstbewußt eine Absicht verfolgt, noch die Fähigkeit, eine internale Repräsentanz eines Balls oder eines ballfangenden Selbst zu formen und zu erhalten. Natürlich sind sowohl die Fähigkeit, selbstbewußt eine Absicht zu verfolgen, als auch die Repräsentationsfähigkeit Funktionen, die ein Erwachsener hat. Das ganze Gewicht der Ergebnisse aus sensomotorischen und anderen kognitiven Untersuchungen an Kleinkindern (Greenspan 1979, 1981) spricht dafür, daß das Kleinkind sie nicht hat. Becca streckt sich nur nach der Halskette, die sie sieht. In ihrem 2. Lebensjahr wird sie in der Lage sein, sich in ihrem Innenleben ein Spiel mit einer Halskette auszudenken, sie kann sogar eine in der Schublade ihrer Mutter suchen. Dann wird eine "Sie" da sein, die weiß, was sie will und die ebendies zu bekommen beabsichtigt – vorerst ist da nur eine perzeptuell-affektive Handlungsantwort auf einen Stimulus, der vorhanden ist.

Man kann eine Ambitendenz in den Handlungsantworten der Verhaltensebene beobachten. Ein Kleinkind, das zu einem Spielzeug krabbelt, kann innehalten, die Mutter anschauen und dann hin und her schauen, mit verwirrtem oder betrübtem Gesichtsausdruck. Diese Ambitendenz mag ein Vorläufer der Repräsentation engegengesetzter Dringlichkeiten und Funktionen auf der Vorstellungsebene sein. In diesem Alter können Kleinkinder kontrastierende Reaktionsmöglichkeiten erkennen und positive wie negative Folgen in vertrauten Situationen abschätzen, aber sie benötigen sensorische Wahrnehmungshinweise, damit die Reaktionen ausgelöst werden. Widersprüchliche Strebungen des Selbst können jedoch nicht in entsprechende Repräsentanzen auf der Vorstellungsebene eingepaßt werden, bevor das (repräsentierte) Selbst als Ursprung des Drangs begiffen werden kann und im Zusammenhang damit eine Vorstellung von Befriedigungsmöglichkeiten auftaucht. Und solange, bis entgegengesetzte Repräsentanzen auf der Vorstellungsebene eindeutig organisiert werden können, können die Polaritäten zwar zu Turbulenzen innerhalb der interaktionalen Matrix von Kleinkind und Bezugsperson führen, aber nicht zu einem intrapsychischen Konflikt des Kindes (s. Kap. 2, S. 34).

Affektive Einstellungen gegenüber anderen

Grausamkeit, Fürsorge, Dankbarkeit, Haß und Neid sind affektive Reaktionen, von denen man nur dann sagen kann, daß sie das Verhalten eines Kindes bestimmen, wenn das handelnde Selbst dabei auf ein Objekt reagiert, das in der psychischen Welt des Kindes präsent und subjektiv bedeutsam ist. Ein 9 Monate alter Junge krabbelt durch den Raum, schnappt sich ein Spielzeug aus der Hand eines anderen Kleinkinds und schubst dieses zugleich zu Boden. Diese Handlung mag grausam erscheinen, aber psychisch hat sie nicht diese Bedeutung. Das Ziel des Kleinkinds ist das Spielzeug; trotz seiner Selbstbehauptung fehlt ihm wahrscheinlich sowohl die Repräsentanz des Selbst, das diese Anstrengungen leitet, als auch die Repräsentanz des anderen Kleinkinds, dem etwas "Grausames" geschieht. An der symbolisch organisierten Grausamkeit eines älteren Kleinkinds wirkt das Selbst mit, das psychisch als Handelnder repräsentiert wird und das agiert, damit die Ausführung einer grausamen Handlung situativ ausgelöste, angestaute zornige Frustration lindert (Parens 1979 a). Wenn ein älteres Kind ein Spielzeug nimmt und ein Opfer zu Boden schubst, dann ist darin eine Lustkomponente enthalten, die damit zusammenhängt, daß ein ganz bestimmtes vorgestelltes Ziel erreicht wird: das Zufügen von Schmerz.

Man kann also hier unterscheiden, was grausam ist und was nicht. Ähnlich kann man viele spätere, komplexe und psychisch repräsentierte Handlungen des Selbst gegenüber einem Objekt von frühen, oberflächlich ähnlichen Handlungsmustern des heranwachsenden Kleinkinds abgrenzen. Ein Kleinkind kann die Mutter tätscheln, die traurig aussieht oder "schöntun" nachdem es die Mutter geschlagen oder an den Haaren gezogen hat. Das sind wahrscheinlich affektiv bedeutsame Vorläufer der späteren vorstellungsmäßig komplexen – tatsächlichen oder (bei Probehandlungen) potentiellen – Ausdrucksformen von Mitgefühl. Diese verhaltensbezogenen Vorläufer entfalten sich als imitative Transaktionen innerhalb der interaktionalen Matrix. Sie sind noch nicht psychisch als Intentionen repräsentiert, die von einem Selbst ausgehen und auf ein Objekt ausgerichtet sind. Man kann wohl kaum von einem Handlungsmuster sprechen, das so komplex ist wie die folgende Sequenz: Ich verletze Mutter, Ich liebe Mutter, ich versöhne mich mit Mutter, ich fühle mich gut. In der Tat entwickelt sich die Fähigkeit zu selbstreflexiver Bewußtheit erst einige Zeit nachdem sich eine Vorstellungsrepräsentanz des absichtsvollen Selbst gebildet hat. Die tatsächliche Handlung "Ich verletze Mutter" ist vor einem psychisch repräsentierten "Ich" ["I"][2] da, das die Mutter zu verletzen wünscht oder beabsichtigt. Dieses

---

[2] Das deutsche "Ich" steht in der Übersetzung notwendigerweise für den psychoanalytischen Fachterminus "ego" und für das umgangssprachliche "I". Wenn letzteres in der Originalversion auftaucht, wird darauf in der Übersetzung mit eckigen Klammern hingewiesen (Anm. d. Übers.).

"Ich" ["I"] wiederum kommt vor der Reflexion: "Ich bin mir meiner selbst bewußt, und ich bin jemand, der seine Mutter zu verletzen wünscht oder das auch tut."

Als Manifestation auf der *Verhaltensebene* kann man Neid um den Beginn des 2. Lebensjahres herum beobachten. Das 1 Jahr alte Kind zeigt, daß ihm bewußt ist, was Eigentum ist. In einem von Emde (1981) mitgeteilten Experiment ist ein 1 Jahr altes Kind mit einem Beobachter und seiner Mutter in einem Zimmer, als ein Spielzeugroboter hereinkommt. Das Kleinkind schaut zum Beobachter – was für Emde (1981) bedeutet, daß das Kleinkind sowohl das Zimmer als auch den Roboter für das Eigentum des Beobachters hält. Frankel u. Sherik (1977) beginnen ihre Untersuchungen über die Entwicklung normalen Neids mit Beobachtungen an zwei 15 Monate alten Mädchen: A. und B. "spielten mit Wasserbecken. A. versuchte mehrmals, B.s Wasserbecken von ihr wegzuziehen. Sie schien mehr an B.s Wasserbecken interessiert zu sein als an ihrem eigenen. Später ging A. zu B. hin und fing an, mit deren Schuh zu spielen. Mehrmals kam A. zu B. hinüber und spielte mit einem Kleidungsstück von ihr oder nahm ein Spielzeug, mit dem diese gerade in einiger Entfernung von ihr angefangen hatte zu spielen" (S. 262). Im Gegensatz zu Manifestationen, die man an Kindern nach dem 18. Lebensmonat beobachten kann, richteten sich diese Verhaltensweisen auf den Besitz, nicht auf den Besitzer an sich. "Auch wenn das Wegnehmen einer Sache eine Interaktion mit einer zweiten Person beinhaltet, ... ist es noch kein objektbezogenes Phänomen" (S. 263). Die emotionale Komponente des Neides – die Verletzung, die Wut, die Traurigkeit und das Verlangen – scheint gemeinsam mit der Entwicklung vollständiger symbolischer Repräsentation gegen Ende des 2. Lebensjahres aufzutauchen.

Die Ergebnisse, über die ich in diesem Kapitel berichtet habe, machen eine Neubeantwortung von 3 Fragen nötig, die sich Psychoanalytiker stellen: Wie differenzieren sich Selbst- und Objektrepräsentanzen im 1. Lebensjahr? Wie bewegt sich der Säugling von einem narzißtischen oder autistischen Stadium (ohne Bewußtheit des Objekts) über die Symbiose (mit ihren verschmolzenen Repräsentanzen) zu einer Loslösung vom Objekt und zu einer Individuation des Selbst? Wie wird das Kind mit angeborener Aggression, Neid und Grausamkeit fertig und wie erlangt es Mitgefühl? Jede dieser Fragen enthält eine Annahme, die auf der Grundlage der zur Verfügung stehenden Befunde nicht gerechtfertigt scheint. In gewisser Weise gibt es Differenzierung zwischen Selbst und Objekt von der Zeit unmittelbar nach der Geburt an, aber die leicht beobachtbaren Unterscheidungsleistungen werden auf der Ebene wahrnehmungs- und handlungsbezogener Reaktionen getroffen. Der Säugling braucht auch keiner psychologischen Schale und keinem Reizschutz zu entschlüpfen, damit er die Objektwelt entdecken kann – alles, was der Säugling braucht, ist ein Gesicht, das auftaucht, und eine Stimme, die er hören kann. Die Beziehung hat ein Gefälle (Säuglinge werden von einer Mutter versorgt, von der sie abhängig sind) aber das Verschmelzen oder Verschwimmen des hilflosen Säuglings, so wie es den Darstellungen der symbiotischen Phase entspricht, paßt nicht zum aktiven Input, zur Intentionalität des Säuglings auf der *Verhaltensebene*. Die Selbstbehauptung des Kleinkinds auf der Verhaltensebene, nicht aber eine Welt primitiver Destruktivität kennzeichnet die Beobachtungen. Das entscheidende Problem jedoch liegt in der Annahme, daß Selbst- und Objektrepräsentanzen existieren. Im Kern ist es diese Hypothese, auf die sich die Idee stützt, daß sich verschmolzene oder verschwommene Repräsentanzen zu getrennten differenzieren müssen. Die von Mahler postulierten Entwicklungsphasen beruhen auf dieser Annahme. Auf ähnliche Weise geht es beim Begriff der Grausamkeit um ein Selbst, das einem anderen Schmerz zufügt, während Neid mit einem Selbst zusammenhängt, das Eigenschaften oder Eigentum eines anderen begehrt. Aus der Kleinkindforschung ergibt sich, daß der Säugling ein Wesen ist, das sensorisch wahrnimmt, das handelt und fühlt, und zwar auf der Grundlage von vorprogrammierten und gelernten Mustern perzeptuell-affektiver Handlungsantworten. Wenn man in diesen Begriffen erklären kann, was das Kleinkind im 1. Lebensjahr "tun" kann, sollten wir dann nicht unsere Fragen so umformulieren, daß sie sich – mit einem Begriff von Greenspan (1982) ausgedrückt – um verschiedene "Ebenen des Lernens und der Bewußtheit" drehen?

5. Weitere Überlegungen zum Zeitplan

Ich habe gerade dargelegt, daß intrapsychische Repräsentanzen erst *nach* dem Ende des 1. Lebensjahres entstehen. Aber es gibt andere Fähigkeiten, bei denen weniger gesichert erscheint, wann sie zuerst auftreten – vielleicht gehören sie im 1. Jahr zum Repertoire des Kleinkinds, vielleicht auch nicht. Zu dieser Gruppe würde ich die Phantasie, die Emotion (im Gegensatz zu affektiven Reaktionsmustern), die Antizipation als Fähigkeit auf der Vorstellungsebene (im Gegensatz zu einer Handlungskompetenz auf der Verhaltensebene), die Organisation des Gedächtnisses und den Gebrauch spezifischer Abwehrmechanismen zählen. Jede dieser Fähigkeiten berührt Entwicklungsfragen, die meiner Ansicht nach ungelöst sind; sie stellen daher ein fruchtbares Feld für die Forschung der Zukunft dar (obwohl sie auch den bemerkenswerten Einfallsreichtum der Säuglingsforscher auf eine harte Probe stellen könnten). Allgemein gesagt dreht es sich bei diesen Fähigkeiten um die Frage, wie früh im Leben sich das Kleinkind von einer verhaltensbezogenen Herangehensweise, die um körperliche Handlungs- und Reaktionsmuster und deren neuronale Steuerung organisiert ist, zu der spezifisch menschlichen Symbolisierungsfähigkeit fortentwickeln kann, durch die es eine Vorstellung von einem wirklichen, geplanten oder phantasierten Verhalten oder von einer entsprechenden Reaktion erlangt.

Phantasie

Die Phantasie ist einer der rätselhaftesten Aspekte des Kleinkindlebens. Während das Leben des Kleinkinds hochindividuell ist und die Muster innerhalb der interaktionalen Matrix aus Bezugsperson und Kleinkind sich kulturabhängig unterscheiden, sind die Phantasiegehalte, die in anthropologischen Studien über Aberglauben, Träume und Mythen zum Vorschein kommen, einander verblüffend ähnlich. Die Universalität von Verzückungsreaktionen zeigt sich etwa in den Mythen vom Garten Eden und vom Land der Lotusesser. Freuds anregende Spekulation war, daß diese Ähnlichkeiten etwas mit unserem phylogenetischen Erbe als Wesen mit einer langen Zeit kindlicher Abhängigkeit zu tun haben. In dieser Zeit sind Befriedigung und Bindung (zunächst intrauterin und dann innerhalb einer interaktionalen Matrix) biologisch und erfahrungsmäßig wichtig. Einer anderen Perspektive zufolge sorgt unser phylogenetisches Erbe als Fleisch(fr)esser für genetische Gemeinsamkeiten, die sich ebenfalls im Verhalten beobachten lassen

(Beißreflexe, Greifen, Zerren, Kratzen usw.). Man umgeht bei diesen Annahmen die Frage, ob im Säuglingsalter das Handlungsmuster z. B. des beseeligten Saugens, des aggressiven Kauens oder des schmerzvollen Zahnens auf der Vorstellungsebene von Bildern einer spendenden Brust, eines kannibalistischen Angriffs oder eines räuberischen Feindes begleitet wird. Die andere Möglichkeit ist, daß diese oralen Bilder nicht zum Zeitpunkt des Erlebens der Handlung entstehen, sondern später, im Laufe der vollen Entfaltung einer Repräsentanzenwelt, auftauchen. Ein solcher Symbolismus kann durch die frühere Erfahrung aus der oralen Phase aktiviert werden, und er gibt den damit verbundenen druckvollen Antrieben ihre besondere Qualität (s. Blum 1978; Call 1980). Wenn das so ist, dann entwickelt sich – wie ich darlegen werde – die primärprozeßhafte Imagination zeitgleich mit dem sekundärprozeßhaften Ordnen von Wahrnehmungsinhalten (s. Kap. 11).

Traditionsgemäß wird in der psychoanalytischen Theorie behauptet, daß die halluzinatorische Wunscherfüllung, deren Beginn man schon im 3. Lebensmonat ansetzt, auf vorhandene Phantasieaktivtät hinweist. Das Beobachtungsereignis, auf das man sich beruft, ist ein waches Baby, das mit beginnendem Hunger zu schreien beginnt, dann aber an einem Finger oder Schnuller lutscht. Zeitweilig ersetzt ein erleichterter Blick das Schreien, das Baby lächelt sogar. Ein weiteres Beispiel ist das schlafende Baby, welches beim Ansteigen des Hungers vom NREM-Stadium zum REM-Stadium übergeht, dabei Saugbewegungen macht und kurz lächelt.

Aber es gibt 2 Erklärungen, die sich für diese Ergebnisse anbieten. Der 1. Erklärung zufolge hat der Säugling ein Gedächtnis früherer Befriedigungen durch das Füttern. Dieses Gedächtnis enthält ein Abbild der Brust und/oder der Empfindung, gefüttert zu werden. Wenn die Erregung durch Hunger ansteigt, wird dieses Abbild durch den primitiven psychischen Apparat aktiviert, und dies schafft den angenehmen Affekt, der sich mit der fütterungsbedingten Spannungsverminderung verbindet, oder der Affekt ist mit dem Abbild verknüpft. Die 2. Erklärung nimmt auch an, daß es Gedächtnisinhalte vergangener Fütterungserfahrungen gibt. Diese früheren Erfahrungen beinhalten eine Sequenz, die mit einem Hungersignal (mit einer sensorischen Empfindung) und einer eng damit verbundenen motorischen Aktivität – dem Saugen – beginnt. Diese motorische Aktivität selbst stimuliert einen angenehmen Affekt oder ist damit verbunden. Der angenehme Affekt kann deutlich sein, da das aktive Saugen zeitweilig die Spannung lindert, welche durch die Hungerstimulation ansteigt. Dieses plötzliche Absinken der Spannung löst das Lächeln aus, aber der Effekt ist kurzlebig; das Lächeln verschwindet, und Rastlosigkeit und Schreien setzen wieder ein oder fangen an.

In beiden Erklärungen kommen Gedächtnis, Affekt und Veränderungen des Spannungszustandes vor. In der ersten kommt ein Abbild oder eine internale Repräsentanz vor; in der zweiten kommt keine vor. Der einzig überprüfbare Aspekt ist, ob es ein Gedächtnis gibt. 3 Monate alte Säuglinge, denen Spielmaterial in einem bestimmten Kontext gezeigt wird, führen eine in der Spielsituation gelernte Reaktion aus, wenn sie dem gleichen Kontext bis zu 8 Tage später wieder ausgesetzt werden. Nach 8 Tagen ist die gelernte (erinnerte) Reaktion verloren (vergessen), obwohl die Säuglinge auch nach Intervallen von 2–4 Wochen nichts vergessen, wenn man die Situation 24 Stunden vor dem Test kurz wiederaufleben läßt (Rovee-Collier et al. 1980). Keine Aktivität des Säuglings wird so durchgängig verstärkt wie die Fütterungserfahrung. Sie wird nicht nur erinnert, sondern alle ihre Aspekte entwickeln sich auch zu mitwachsenden Erwartungsmustern. Nebenbei gesagt, wenn eine Verstärkung der Erfahrung nicht geschieht (wie bei den Babys, die mit Magensonden ernährt wurden, statt durch den Mund, weil sie eine Ösophagusatresie hatten), dann wird das ganze Muster aus Saugen, Antizipation, Erwartungshaltung und Lustgefühlen im Mundbereich dauerhaft gestört (Dowling 1977).

Welche Annahmen können eine mit der Gedächtnisfunktion verknüpfte bildhafte Phantasiewelt erklären? Eine besagt, daß es ein phylogenetisches Erbe gibt, in dem Bilder als Tiefenstrukturen angelegt sind, die dann durch die verstärkende Erfahrung des Fütterns aktiviert werden. Diese Hypothese kann man weder beweisen noch widerlegen; allerdings weiß ich bis zum gegenwärtigen Zeitpunkt von keinem Ergebnis, das sie bestätigt. Eine weitere Hypothese besagt, daß das Gedächtnis wiederholter Wahrnehmungserfahrung sich zu einer inneren Bilderwelt aufbaut. Alle experimentellen Befunde zum Aufbau des Abbilds (besonders die Arbeiten von Piaget und seinen Anhängern) sprechen dagegen, daß dies vor dem 2. Lebensjahr der Fall ist. Ein Argument, das man diesem Einwand entgegenhalten könnte, ist, daß der Säugling unterschiedlich auf die Mutter und auf ein Spielzeug reagiert. Die Behauptung lautet, daß die fürsorgliche, fütterende Mutter so bedeutsam ist, daß der Säugling Abbilder (Teilobjektabbilder) von ihr – von der Brust oder der Flasche – aufrechterhält und um dieses Abbild herum halluzinatorische Phantasien aufbaut. Die differentielle Reaktion und der motivationale Anreiz für den Säugling, Gedächtnisinhalte über die Mutter zu formen, stehen außer Frage. Auf der anderen Seite gibt es keine experimentellen Nachweise dafür, daß der Säugling ein Abbild der Mutter aufrechterhält, wenn er sie nicht mehr wahrnimmt. Die Freude des Säuglings bei der Rückkehr der abwesenden Mutter zeigt, wie wichtig sie für den Säugling ist – nicht unbedingt, daß ein intern repräsentiertes Abbild von ihr besteht.

Eine weitere Frage zur Phantasie stellt sich in Verbindung mit dem Spiel des Kleinkinds. Kinder im Alter von 10–12 Monaten können sich einen Kamm nehmen, ihr Haar damit berühren und ihn dann loslassen. Wenn sie neben der Mutter in der Küche sitzen, können sie imitieren, was diese mit Töpfen und Pfannen tut. Sie können ein Spielzeugtelefon nehmen und es an das Ohr halten oder auf der Wählscheibe wählen. Ist das ein Hinweis auf

Phantasie? Stechler (1982) schreibt: "Bei der Unterscheidung zwischen Dramatisierung und Phantasie dreht es sich um die Frage, ob das Spiel im wesentlichen eine Neuinszenierung oder eine Imitation von etwas ist, was das Kind miterlebt hat, oder ob es, im Gegensatz dazu, überwiegend eine Schöpfung *de novo* aus der Imagination des Kindes heraus darstellt. Eine Phantasie kann Bruchstücke wirklicher Begegnungen enthalten, sie wird aber in ein neues Format gebracht" (S. 81). Eine Analyse des oben angeführten Spiels mit dem Kamm, den Küchengegenständen und dem Spielzeugtelephon verdeutlicht, daß das Kind den Objektgebrauch auf der Handlungsstufe erlernt hat. Aber es sind die Eigenschaften des gegenwärtigen Objektes, die als Stimulus für das Spiel dienen. Diese Kinder geben keinen Hinweis darauf, daß sie nur "so tun als ob", und ihr Betragen ist eher ernst als spielerisch. Als Kontrast kann das Rollenspiel älterer Kinder dienen, die zum Schein aus einer Spielflasche trinken oder ihre Augen schließen, als ob sie schliefen. In noch höherem Alter erweitern die Kinder die Art ihres Spiels. Sie überscheiten die Grenzen ihres eigenen Tuns und beziehen andere in die Handlungen mit ein, oder sie spielen einen Hund oder eine Dampfmaschine. Schließlich werden Kleinkinder im 2. Lebensjahr mit oder ohne Requisiten (oder indem sie die Requisiten ihrem Plan gemäß austauschen) Kombinationen mehrerer Spielaktivitäten aufbauen, bei denen die Imagination der Handlung vorausgehen muß. Zu diesem Zeitpunkt ist ein Symbolprozeß und die Phantasieaktivität klar erkennbar (s. Nicolich 1977).

Wenn man animmt, daß der Säugling keine internalisierten Abbilder oder Repräsentanzen formt, sondern nur ein Gedächtnis von Handlungsmustern hat, was entspricht dann im infantilen Leben den Phantasien? Meine Vermutung ist, daß Affektdispositionen eine Verbindung zwischen der Verhaltensaktivität des Säuglings und den Phantasien des älteren Menschen herstellen. Wenn wir als Erwachsene z. B. ein Baby zufrieden an der Brust seiner Mutter saugen sehen, wenn seine Augen dabei nach oben wandern und seine Finger die Brust berühren, dann können wir – wenn wir überhaupt in einem aufnahmebereiten Zustand sind – lächeln und das Empfinden von Zufriedenheit teilen. Wenn wir ein Baby aufgeregt glucksen sehen, während der Vater es hochhält, dann werden wir das Empfinden eines tollen Schauers und erhöhter Körperanspannung erleben. Ich vermute, daß wir, wenn wir diese Austauschprozesse beobachten, das Körpergefühl und die Emotion erkennen, die beide die physische Handlung begleiten. Natürlich können gleichzeitig Phantasiebilder in unsere Erwachsenenerfahrungen einfließen, aber ich unterstelle, daß sie nicht dafür notwendig sind, daß das Wiedererkennen zustande kommen kann.

Meine Konzeption basiert auf mehreren Annahmen, die alle im nächsten Abschnitt klarer werden. Zunächst einmal entwickelt sich ein Affektsystem zum Zeitpunkt der Geburt; Affekte sind von Anfang des Lebens an differenzierte Prozesse, und jede ihrer Komponenten hat einen Reifungszeitplan.

Körperliche Gefühle und emotionale Reaktionen auf äußere Stimuli intensivieren das Erleben, bis es ein bedeutungsvolles Niveau erreicht hat, und sie sind gemeinsam mit dem erlebten Handlungsmuster die Einheit, die im Gedächtnis bestehen bleibt. Auf der Gedächtnisgrundlage der Erfahrungen, welche durch das Wiedererkennen ähnlicher oder analoger Situationen ausgelöst werden, führt ausgedehntes Lernen zum Aufbau von Erwartungen und ermöglicht zunehmend komplexere verhaltensbezogene Intentionalität. All diese komplexen Vorgänge bereiten den Boden für die Kognition auf repräsentationaler Stufe, setzen sie aber nicht voraus.

Emotion

Im Gegensatz zu affektiven Reaktionsmustern ist Emotion etwas, das je nach Vorstellung im 1. Lebensjahr zum gelebten Erleben des Säuglings dazugehören mag oder auch nicht. Wir haben gesehen, daß es eine Reihe von affektiven Reaktionsmustern (beobachtbar als Körperreaktionen mit charakteristischen Gesichtsausdrücken) bereits beim Neugeborenen gibt. Der Geburtsschrei, Kummer im Hungerzustand, die Schreckreaktion, das Lächeln und die Fähigkeit, Gesichtsausdrücke nachzumachen – all das sind affektive Erscheinungen, die innerhalb der 1. Woche oder der ersten 10 Tage des extrauterinen Lebens vorhanden sind.

Ich habe bereits Tomkins' (1962, 1963, 1981) Ansicht erwähnt, daß diese Erscheinungen auf ein eigenes Affektsystem verweisen, welches auf angeborener und erlernter Grundlage spezifische Affektreaktionen aktiviert. Tomkins benennt eine Reihe affektiv-verhaltensbezogener Konstellationen, die an Muskelreaktionen zu erkennen sind: Überraschung – Schreck, Interesse – Erregung, Vergnügen – Freude, Kummer – Schmerz, Zorn – Wut, Furcht – Entsetzen, Geringschätzung – Ekel und Scham – Erniedrigung.[1] Der Grundgedanke ist, daß jeder Affekt von einem angeborenen neuronalen Feuerungsprogramm gesteuert wird, welches seinerseits nicht nur die Gesichtsmuskeln steuert, sondern auch autonome, auf Blutkreislauf und Atmung bezogene, sowie vokale Reaktionen kontrolliert. Jeder Affekt kann auf angeborener oder erlernter Grundlage durch einen Stimulus aktiviert werden, der einem Trieb, einer Wahrnehmung, einer Bewegung, einem Gedanken, einem Gedächtnisinhalt oder einem anderen Affekt entstammt.

---

[1] Die einzelnen Affektkategorien wurden folgendermaßen übersetzt: Surprise - startle: Überraschung - Schreck; interest - exitement: Interesse - Erregung; enjoyment - joy: Vergnügen - Freude; distress - anguish: Kummer - Schmerz; anger - rage: Zorn - Wut; fear - terror: Furcht - Entsetzen; contempt - disgust: Geringschätzung - Ekel; shame - humiliation: Scham - Erniedrigung. Die Benennung entspricht damit der deutschen Übersetzung von Izards (1977) Human emotions. Das dort eingeführte Kategoriensystem stimmt weitgehend mit dem von Tomkins überein (Anm. d. Übers).

Beim Neugeborenen muß jeder Affekt durch eine Reihe nichtgelernter Reize auszulösbar sein; ein Schrei z. B. kann durch Hunger, laute Geräusche, Schmerz oder durch Einschränkung der Atmung ausgelöst werden. Dieser angeborene Aktivitätspfad für das Schreien (und jeden anderen Affekt) muß zugleich dem Lernen zugänglich sein. Wenn die Mutter das Zimmer verläßt oder Tadel zu erwarten ist, dann kann derselbe Pfad für das Schreien aktiviert werden, den auch die ungelernten Stimuli aktivieren. Tomkins glaubt daß jeder Pfad auf neurophysiologischer Ebene durch die "Dichte" des neuronalen Feuerns – durch die Frequenz – gekennzeichnet ist. Wie in Kap. 1 erwähnt, löst eine mäßige Zunahme der Stimulationsrate Interesse aus, bei größerem Ausmaß entsteht Furcht, und wenn der Anstieg noch steiler ist, kommt es zu einer Schreckreaktion. Eine ständige (ungelinderte) Stimulation auf hohem Feuerungsniveau löst Kummer aus, ein noch höheres Niveau Wut. Ein plötzlicher Stimulationsabfall löst Freude aus, ein noch schnelleres Absacken Gelächter. Die plötzliche Unterbrechung einer angenehmen Erfahrung löst Scham aus.

Tomkins meint, daß sein Ansatz die Beobachtung erklärt, daß derselbe Affekt sich aus vielen Quellen speisen kann. Ein hungriges 15 Monate altes Kleinkind z. B. beobachtet mit kummervoll verzerrtem Gesicht, wie seine Mutter sein Essen zur Seite stellt, um ans Telephon zu gehen. Seine Faust ballt sich. Tomkins schreibt, daß alle diese Elemente zusammen – der Trieb (Hunger), der Affekt (Kummer), der Gedanke (die Schlußfolgerung, daß die Mutter ihm nicht die Flasche geben wird) und die motorische Reaktion (die geballte Faust) – sich zu dem Dichtegrad neuronalen Feuerns addieren, der von Natur aus Zorn auslöst. Darüber hinaus können zahlreiche verschiedene Quellen den gleiche Affekt auslösen, weil sie die gleiche abstrakte Qualität haben (z. B. eine Verlangsamung). Wenn z. B. Freude durch jede plötzliche Verlangsamung des neuronalen Feuerns ausgelöst wird, dann kann das angeborene Lächelphänomen aus ganz verschiedenen (im späteren Leben gegebenen) Quellen entspringen, so etwa wenn Schmerz nachläßt, wenn beim Orgasmus Spannung plötzlich weicht oder sogar wenn sich ein anderer Affekt plötzlich abschwächt, etwa wenn Furcht nicht länger aufrechterhalten werden muß oder wenn ein hoher Grad von Interesse (Verblüffung) abnimmt, weil man die Problemlösung plötzlich erkennt.

Um es zu wiederholen: *Tomkins hält die Intensivierung von Dringlichkeit für die primäre Funktion des Affekts – er soll durch Gefühl Achtsamkeit bewirken.* Für Tomkins enthalten Triebe wichtige Informationen darüber, was wann und wo zu tun ist, aber erst die zusätzliche affektive Intensivierung gibt der Information ihre bedrängende Qualität. Also sind Affekte keine Motive, aber sie können den Kern jedweden Motivs bilden. Affekte können mit einer Vielzahl von Motiven verknüpft werden. Das wird möglich, weil sich das Affektsystem frei mit einer Vielzahl anderer Komponenten zu einer zentralen Konfiguration verbinden kann, zu einem Exekutivmechanismus, in dem

Informationen aus allen Quellen zusammenfließen. So mag bei Gefühlen der Minderwertigkeit, der Scham (Wurmser 1981; Broucek 1982) oder bei gewissen Spielarten der Schuld der Affekt selbst identisch sein, aber die zentrale Konfiguration kann das Ergebnis einer Unzahl unterschiedlicher verstörender Elemente sein – man kann z. B. etwas getan haben, was einen selbst in der öffentlichen oder in der eigenen Meinung herabsetzt, oder etwas, das andere herabsetzt, die man liebt.

Um zum 1. Lebensjahr zurückzukehren, können wir uns fragen: Welche Implikationen haben Tomkins' Formulierungen für die Frage nach dem Auftauchen der Emotionen in der Entwicklung des Kleinkinds? Zunächst einmal stellen sie Vorstellungen in Frage, welche Affektmanifestationen, wie das "endogene" Lächeln oder den "Schreckreflex", als Vorläufer von Affekten behandeln und nicht als angeborene Muster, die von Geburt an vorhanden sind und später durch Lernvorgänge in zunehmend komplexere Konfigurationen integriert werden. Aber sind diese physischen Affektmanifestationen, auch die, welche später durch Lernvorgänge ausgelöst werden, "Emotionen"? Basch (1975) behauptet, daß sie es nicht sind. Er akzeptiert Tomkins' Vorstellung von einem unabhängigen Affektsystem:

> ...unabhängig von seiner Herkunft führt ein plötzlicher Stimulus zu einer Haltung der Wachheit und zur Bereitschaft, die Situation zu evaluieren; ein eher allmählicher Anstieg der Stimulation fördert das Interesse an deren Herkunft, was sich in Erkundungsverhalten zeigt; ein massiver Anstieg in der Stimulusintensität, ganz egal woher, führt zu einer Schmerzreaktion, und längere Stimulation auf einem so hohen Niveau führt zu aktiven Versuchen, den Stimulus durch Kampf- oder Fluchtverhalten unschädlich zu machen; im Gegensatz dazu führt ein plötzliches Nachlassen hoher Stimulusintensität zu Erleichterung und zu einem Verhalten, welches einem Zustand von Zufriedenheit entspricht. Diese basalen adaptiven Muster verbinden sich mit der sensomotorischen Aufzeichnung über die Wahrnehmung des Organismus und über seine Reaktion auf die Erfahrung. Wenn ein solches sensomotorisches Pattern später wiedererkannt wird, wird das besondere damit verbundene adaptive Verhalten aktiviert, egal, ob es nun Kampf, Flucht, Anziehung usw. ist (S. 503).

Basch (1975) macht geltend, daß diese Abfolge von zunehmend komplexen Reaktionen zwar sensomotorisches Lernen verdeutlicht, daß sie aber nicht auf Reflexion beruht. Daher schlußfolgert er, daß die affektiven Verhaltensweisen der Freude, des Zorns usw. erst "als ein Gefühl oder eine Emotion erfahren" werden können, wenn sie "viel später im Leben symbolisch erfaßt werden" (S. 505). In einer anderen Arbeit fügt er hinzu: "Wenn die Vorstellungsbildung den Menschenwesen erst einmal möglich ist, ab dem Alter von 2 Jahren, und wenn sich die Fähigkeit entwickelt, Vorstellungen im sprachlichen Diskurs zu beschreiben, dann beginnt die Übersetzung verschiedener Verhaltensmuster in emotionales Erleben" (1976, S. 769).

Aber man kann aus Tomkins' Ansätzen noch eine andere Schlußfolgerung ziehen. Man kann sich vorstellen, daß Affekte in irgendeiner bedeutsamen erlebnishaften Form vorhanden sind, welche sich allerdings von späteren Formen unterscheidet, die zum reflexiv-symbolischen Zustand gehören. Es mag sein, daß Säugling und älteres Kind Freude oder Kummer eher ähnlich als verschieden erleben. Allerdings erlebt der Säugling Freude oder Kummer nicht als Teil einer komplexen zentralen Konfiguration; das tut nur das ältere Kind. Diese Konfigurationen selbst wachsen mit jedem Entwicklungs- und Reifungsschritt.

Wir können in diesem Zusammenhang Spitz' Begrifflichkeit der "Organisatoren" (1959, 1965) neu bewerten. Spitz hält jeweils ein spezifisches affektives Verhalten für den Indikator eines umfassenden Organisationsprozesses. Jedesmal verweist für ihn ein Affekt auf eine Verbindung zu einem kognitiven Prozeß; das Lächeln steht z. B. mit dem Erkennen des menschlichen Gesichts in Verbindung, die Achtmonatsangst mit der Unterscheidung der Mutter von anderen und der Negativismus des Kleinkinds mit der Fähigkeit zur willentlichen Auswahl. In jedem Fall weist die Säuglingsforschung nach, daß die kognitive Verarbeitung auf der Verhaltensstufe vor dem "Organisator" kommt. Das Erkennen, die Unterscheidungsfähigkeit und der Wille haben jeweils eine lange Geschichte allmählicher und abgestufter Entwicklung. Es scheint also angebracht, daß wir unsere Ansicht über das 1. Lebensjahr verändern, daß wir wegkommen von der Vorstellung dramatischer, stadienspezifischer Indikatoren und einen Blick für die allmähliche Entwicklung von Systemen und deren gegenseitige Akkomodation und Assimilation entwickeln.

Sollen wir davon ausgehen, daß Affekte durch neurophysiologische Reifung im Verhalten auftauchen und sich weiterentwickeln, wenn sie gemeinsam mit anderen entstehenden Systemen zu Teilen komplexer zentraler Konfigurationen werden? Wenn das so ist, dann kann – vom ersten Erscheinen an – Freude einfach Freude sein und Zorn einfach Zorn. Und jeder Affekt kann in Beziehung zu jedem beliebigen Reaktions- oder Lernmodus stehen (zum perzeptuell-handlungsbezogenen, zum zeichenbestimmten oder zum symbolischen Modus), der zu irgendeinem Zeitpunkt vorhanden ist. Wenn wir die These annehmen, daß die primäre Funktion von Affekten die Intensivierung von Dringlichkeit ist, dann haben Affekte von Geburt an und das ganze Leben hindurch Kontinuität – unabhängig davon, ob wir nun Baschs Gedanken, demzufolge sie als Emotion nur dann existieren, wenn es Reflexion gibt, folgen oder nicht. Die Auslösung von Achtsamkeit durch Gefühl – um es mit Tomkins' Worten zu sagen – diesen allgemeinen Vorgang gibt es immer, ob man nun weiß, daß man achtsam ist oder nicht. Das bedeutet meiner Ansicht nach, daß mehr begriffliche Klarheit gewonnen werden kann, wenn man annimmt, daß Emotionen im 1. Lebensjahr vorhanden sind, als wenn man eine definitorische Unterscheidung aufrechterhält, die auf der Grundlage des Lernmodus getroffen wird, der zur Erhöhung von Dringlichkeit affektiv intensiviert wird.

Antizipation

Im Zusammenhang mit der Antizipation taucht ebenfalls die Frage auf, wann sie als intrapsychische Operation auf Vorstellungsebene einsetzt. Was das Verhalten betrifft, so können Kinder in der 2. Hälfte des 1. Lebensjahres zu der Tür schauen, in der sie die zurückkehrende Mutter erwarten. Wenn sie zu einem bestimmten Zeitpunkt frei krabbeln wollen, dann können sie zu quengeln anfangen, wenn sie in einen Laufstall gesetzt werden. Aber sie hören üblicherweise gleich damit auf und greifen nach einer Minute zu einem Spielzeug. Man könnte sagen, daß sie den Verdruß antizipieren, den sie der Mutter bereiten würden, wenn sie quengeln würden. Man könnte daraus schließen, daß dieses Zeichen des "Aufschubs" auf eine Vorstellungsorganisation verweist, in der ein Affekt (Angst), der mit einer Handlung (dem Quengeln im Laufstall) verknüpft ist, eine Erinnerung an frühere Unlust signalisiert. Eine sorgfältige Beobachtung vieler solcher Verhaltensstichproben zeigt allerdings andeutungsweise, daß das Baby, wenn es zu quengeln anfängt, kurz das Gesicht der Mutter anschaut und einen "Nein"-Blick mitbekommt. Das läßt vermuten, daß die Antizipation in der 2. Hälfte des 1. Lebensjahres darauf beruht, daß eine Handlung wiedererkannt wird. Dieses Wiedererkennen wird durch einen zunehmend sensitiveren affektiven Signalaustausch gesteuert. Wenn man, im Gegensatz dazu, Antizipation als eine intrapsychische Vorstellungsoperation ansieht, dann impliziert das, daß ein Affekt (den das Kleinkind natürlich hat) eine Signalfunktion innerhalb einer internal kodierten Handlungssequenz bekommen hat (Basch 1975).

Im 1. Lebensjahr verstärken Affekte einerseits die Art der Erfahrungen, die das Kleinkind macht, und sie stellen andererseits einen wesentlichen Bestandteil der Mutter-Kind-Interaktion dar. Die besondere Entdeckung der Psychoanalyse war, daß Affekte als internalisiertes antizipatorisches Steuerungssystem eine Signalfunktion haben. Die Säuglingsforschung scheint nahezulegen, daß beim *Neugeborenen* die affektiven und handlungsbezogenen Reaktionen auf Reize die Antizipationsfähigkeit nicht beinhalten. Wahrscheinlich vom 3. Lebensmonat an werden Affekt und Handlung mit dem Wiedererkennen gekoppelt, was eine eingeschränkte Form der Antizipation auf der Verhaltensebene ermöglicht. Zwischen dem 6. und 12. Monat schaffen die Zeichen- und Signalfunktionen der Interkommunikation (das Affektlesen) eine zusätzliche Informationsgrundlage für die Antizipationsfähigkeit. Aber scheinbar werden Affekte erst im 2. Lebensjahr in ein symbolisches Repräsentationssystem integriert, innerhalb dessen sie als Signale wirken, die zu intrapsychischer Antizipation ohne äußere Steuerung befähigen.

Wenn Psychoanalytiker davon sprechen, daß Angst, Depression und Schuld komplexe Affekte sind, dann ist damit meiner Ansicht nach gemeint, daß die Affekte gemeinsam mit kognitiven Einheiten in komplexe Konfigurationen eingebettet werden. In diesen Situationen vermitteln Affekte die ihnen eigenen internal verstärkenden Informationselemente. Eine Bedrohung erweckt Furcht und die Neigung zur Flucht; wenn eine liebevolle und notwendige Person abwesend ist, erweckt das Traurigkeit und die Neigung, zu weinen; ein fauliger "Geschmack" erweckt Ekel und die Neigung, sich zu übergeben; Frustration der eigenen Selbstbehauptung erweckt Zorn und die Neigung zu schlagen, zu beißen und etwas wegzustoßen; etwas Neues erweckt Interesse und die Neigung, aufmerksam und explorativ zu sein, usw. (s. Jones 1981). Wenn diese Affekte im Laufe der 2. Hälfte des 2. Lebensjahres Teil einer vollständigen Erlebniseinheit[2] werden, kann ihr Informationsgehalt im Laufe der Verhaltensüberprüfung "gelesen" werden. Erst dann wird Antizipation auch in Abwesenheit von Wahrnehmungshinweisen möglich.

Gedächtnis

Die Behauptung der Ich-Psychologie, daß das Gedächtnis als autonome Funktion existiert, ist tatsächlich von der Säuglingsforschung bestätigt worden. Die Handlungsantworten der Neugeborenen auf die Stimme, das Gesicht und den Geruch der Mutter sprechen dafür, daß es ein Kurzzeitgedächtnis gibt. Dieses Gedächtnis wird durch einen Wahrnehmungshinweis abgerufen – es werden keine inneren Repräsentanzen ohne äußere Hinweisreize evoziert. Man spricht daher von einem Wiedererkennungsgedächtnis [recognition memory] im Gegensatz zu einem evokativen Gedächtnis [evocative memory] (Fraiberg 1969).

Ein Experiment aus jüngerer Zeit hat uns geholfen herauszufinden, wie lange das Wiedererkennungsgedächtnis anhält und wie es verlängert werden kann. Rovee-Collier et al. (1980) legten 3 Monate alte Säuglinge in ein Bettchen, über dem ein Mobile hing. Dieses ließ sich mit einer Schnur bewegen, die an den Füßen der Kinder angebracht war. Die Säuglinge beherrschten schnell die Strampeltechnik, die nötig war, um das Mobile in Bewegung zu versetzen, und sie zeigten, daß sie sich an ihrer Leistung freuten. Wenn die Säuglinge bis zu 8 Tage später in das gleiche Bettchen mit dem gleichen Mobile zurückgebracht wurden, fingen sie an, schnell zu strampeln, obwohl es keine Schnur gab und das Mobile sich nicht bewegte. Das Gedächtnis, das diese Handlungsantwort auslöste, konnte bis weit über den Löschungszeitraum von 8 Tagen hinaus ausgedehnt werden, wenn man den Säuglingen das Mobile in Bewegung zeigte, bevor das Experiment wiederholt wurde. Also konnte das Gedächtnis bis auf einige Wochen verlängert werden, wenn

---

[2] Damit ist eine psychische Konstellation gemeint, die sich aus dem Selbst- und Objektbild und damit verbundenen kognitiven und affektiven Aspekten zusammensetzt. An anderer Stelle (z. B. S. 40, 57) wird das von Lichtenberg erläutert (Anm. d. Übers.).

es durch den Hinweisreiz des in Bewegung befindlichen Mobiles verstärkt wurde.

Stern (1982) berichtet von einem Experiment, das zeigt, wie die Emotion auf das Gedächtnis wirkt. Man zeigte 6 Monate alten Säuglingen 2 Handpuppen: einen Frosch und einen Hasen. Keiner der Säuglinge lächelte, bis "Kuckuck-da-da" entweder mit dem Frosch oder mit dem Hasen gespielt wurde. Eine Woche später zeigte man den Säuglingen erneut die Puppen. Diejenigen, die in der Woche zuvor gelächelt hatten, lächelten den nunmehr bewegungslosen Frosch oder Hasen an und betrachteten diejenige Puppe länger, die zum Spielen benutzt worden war. Diejenigen Säuglinge, die während des "Kukuck-da-da"-Spiels nicht gelächelt hatten, lächelten auch eine Woche später nicht und sahen die Puppe länger an, die nicht zum Spielen benutzt worden war. Die Experimentatoren glauben, daß Lächler und Nichtlächler ihre affektive Reaktion erinnerten, so daß ihre Präferenzen beeinflußt wurden, allerdings in unterschiedlicher Richtung.

Dieses Experiment wirft eine Frage auf: Lächelten die Säuglinge, die während des Spiels gelächelt hatten, eine Woche später, weil sie sich an das Lächeln erinnerten oder weil sie eine lustige Puppe sahen? Ich meine, daß keine der beiden Erklärungen die beste ist. Ich glaube, daß das Lächeln der Säuglinge gegenüber der bewegungslosen Puppe, die zuvor zum Spielen benutzt worden war, den gleichen Grund hatte wie das Strampeln der Säuglinge mit dem Mobile über dem Bettchen: sie antizipierten, daß sich die erinnerte perzeptuell-affektive Handlungssequenz wiederholen würde.

Die Frage, die zum gegenwärtigen Zeitpunkt unbeantwortet bleibt, ist folgende: In welcher Beziehung stehen die Gedächtnissysteme des Säuglings – die durch perzeptuelle Stimuli abgerufen werden – zu den Gedächtnisaktivitäten des älteren Kindes und des Erwachsenen? Werden Gedächtnisinhalte, die als affektiv-handlungsbezogene Musterreaktionen kodiert sind, später durch Erinnerungen auf der Vorstellungsebene ersetzt? Werden alle oder einige wiedererkennende und enaktive Gedächnisinhalte zu evokativen Gedächtnisinhalten umgeformt? Oder verbleiben einige Gedächtnisinhalte in der Form perzeptuell-affektiver Handlungsantworten, ohne eine entsprechende symbolische Repräsentanz? Diese Fragen sind klinisch und theoretisch bedeutsam. Psychoanalytiker glauben im allgemeinen, daß die Erfahrungen der ersten Lebenswochen und -monate die spätere Entwicklung entscheidend beeinflussen, aber es bleibt unklar, auf welche Weise diese Erfahrungen registriert werden und wie das Registrierte organisiert wird. Die Annahme, die ich anbieten möchte, ist, daß Affekte als das grundlegende Enkodierungsmedium dienen – wenngleich sie nie isoliert von dem Wahrnehmungs- und Handlungsmodus sind, in dem sie erlebt werden (s. Kap. 11, 12 und 13).

Die Abwehrorganisation

Die Psychoanalyse hat ein reichhaltiges, komplexes Verständnis für die Mittel geschaffen, mit deren Hilfe ein Individuum den gesamten Stimulusbereich bewältigt, der sich von positiven und orientierenden bis zu negativen und dystonischen Stimuli erstreckt. Die Begrifflichkeiten der Abwehrorganisation und besonders der Abwehrmechanismen haben unser Wissen über mentale Funktionen immens erweitert (Lichtenberg u. Slap 1971, 1972). Wenn man das Wirken der Abwehr bei Erwachsenen als Maßstab nimmt, dann erscheint es natürlich sinnvoll, anzunehmen, daß das Kind auf eine irgendwie archaische Weise ähnlich funktioniert. Tatsächlich wurden zahlreiche Versuche unternommen, einen Zeitplan und eine Abfolge für die Entwicklung der einzelnen Abwehrmechanismen zu entwerfen (A. Freud 1936; Lichtenberg u. Slap 1972). Lustman (1957) hat darüber hinaus versucht, einige Abwehrmechanismen mit Vorläufern im Verhalten in Verbindung zu bringen. Er postuliert einen angeborenen primären Abwehrmechanismus, der darin besteht, daß äußere Stimuli nicht wahrgenommen werden.

In Kap. 4 habe ich die Mittel beschrieben, die dem Säugling beim Umgang mit dystonischen Stimuli zur Verfügung stehen. Darunter waren der Moro-Reflex, Schreien, Rückzug in den Schlaf, aktives Wegstoßen, Habituation, Blickvermeidung und Signale, die ein "Nein" vermitteln sollen. Sind diese Operationen, zu denen es auf der biologischen, neurophysiologischen und verhaltensbezogenen Organisationsstufe kommt, die einzigen Mittel, die im 1. Lebensjahr zur Verfügung stehen? Oder ist es so, wie man immer gedacht hat, daß nämlich auch Abwehrmechanismen zu den funktionalen Fähigkeiten des Säuglings gehören? Diese Frage betrifft besonders solche Abwehrmechanismen, die sich früh entwickeln, wie Verleugnung, Projektion, Introjektion, Inkorporation und Spaltung.

Ich glaube, daß die einzelnen Abwehrmechanismus sich nicht als getrennte Einheiten entwickeln, sondern als Komponenten der allgemeinen Regulierung, für welche die wahrnehmungsbezogenen, kognitiven und emotionalen Kontrollstrukturen sorgen (Lichtenberg u. Slap 1971, 1972). Allerdings scheinen sogar die frühesten Abwehrmechanismen mit irgendeiner Art von Repräsentationsfähigkeit verknüpft zu sein. Die Frage nach dem Beginn ihrer Entwicklung hängt daher eng mit der ungelösten Frage zusammen, ab wann Wahrnehmung und Handlung im Verbund mit Selbst und Objekt internal repräsentiert werden. So beschreiben z. B. Beebe u. Stern (1977) einen Säugling, der in großen Nöten ist, ständig den Anblick der Mutter vermeidet und "paranoid" schaut – d. h. sein Gesichtsausdruck erscheint zornig und furchtsam. Ich glaube, daß es plausibel ist anzunehmen, daß der Säugling Affekte erlebt – Zorn und Furchtsamkeit –, die auch die paranoide Wut und das Mißtrauen eines älteren Kindes oder eines Erwachsenen kennzeichnen. Aber können wir annehmen, daß der Abwehrmechanismus der Projektion wirkt? Projektion beinhaltet, daß ein Aspekt des Selbst (das psychisch in irgendeiner Form von Repräsentanz symbolisiert ist) einer anderen Person (die psychisch in Form einer Repräsentanz symbolisiert ist) zugeschrieben wird. Daher gehört die Projektion so lange nicht zum zornigen und furchtsamen Affektzustand, bis dieser Austausch der "Zugehörigkeit" des abgelehnten (projizierten) Selbstaspektes in der Vorstellung stattfinden kann. Um den zornigen und furchtsamen Zustand des Säuglings zu erklären, braucht man nur zu erkennen, daß Bedürfnisse und Antizipationen bei diesem Bezugsperson-Säugling-Paar ständig aneinander vorbeiliefen. Ähnliche Gedankengänge könnten erklären, warum der Säugling einer depressiven, zurückgezogenen Mutter ein trauriges Gesicht macht und hypoaktiv und uninteressiert ist. Die Annahme, daß hier jenseits der Imitation auf der Verhaltensstufe (Spiegelung, s. Greenacre 1941) Introjektion und Inkorporation vorkommen, ist als Erklärung nicht notwendig und paßt auch nicht zum Grad der Organisation, den die Funktionen des Säuglings im 1. Lebensjahr aufweisen.

Ein letztes Beispiel ist vielleicht etwas weniger eindeutig. In diesem Fall hat das Mutter-Kind-Paar eine mehr als ausreichende Bindung geformt. Die Mutter kehrt nach 2wöchiger Abwesenheit zurück und entdeckt zu ihrer Überraschung, daß ihre 8 Monate alte Tochter sie für einige Zeit ignoriert – sie schaut statt dessen zur Ersatzbezugsperson. Verweist das nicht auf den Abwehrmechanismus der Verleugnung? Sagt das Kind: "Ich bin so verletzt dadurch, daß du mich verlassen hast, ich schau dich nicht an. Ich achte gar nicht darauf, daß du da bist, damit ich nicht an meine Verletzung erinnert werde"? Oder dient die Verleugnung dem Schutz: "Ich bin so zornig darüber, daß du mich verlassen hast, ich würde dich umbringen, wenn ich dich bemerken würde"? Jede dieser Formulierungen nimmt an, daß es intrapsychische symbolische Repräsentanzen von Selbst und Objekt gibt. Gibt es eine Alternativerklärung? Man könnte sagen, daß die Kleine in dem Zeitraum von 2 Wochen ein neues Interaktionsmuster aufgebaut hat, wodurch ihr die Aktivitäten mit der Ersatzbezugsperson vertraut geworden sind – es besteht eine Übereinstimmung zwischen Bedürfnis und Erwartung, die Sicherheit vermittelt. Ihre Mutter ist also zum Zeitpunkt ihrer Rückkehr eine Bedrohung für das spontane Verhaltensmuster des Kleinkinds, und sie wird als außenstehend und unvertraut behandelt. Das Beispiel ist allerdings nicht so eindeutig, denn wenn die Mutter einfach jenseits des Vertrauten wäre, dann wäre sie etwas Neues und könnte Interesse wecken, und durch Gedächtnishinweise würde dann ihre vorherige Position als zentrale Bindungsfigur erkannt.

Ich glaube, daß es zum gegenwärtigen Zeitpunkt schwierig ist, diesen Knoten zu entwirren, aber man kann eine Menge von den Untersuchungen über das Bindungsverhalten bei Trennung und Wiedervereinigung lernen (Ainsworth 1979; Sroufe 1979). In Experimenten, die 3 kurze Trennungsszenen in einer unvertrauten Spielumgebung beinhalteten, ergaben sich für die Reaktionen von 12 Monate alten, gebundenen Kindern bei der Wiedervereinigung 3 Gruppierungen. Bei der 2. oder 3. Wiedervereinigung nach der kurzen Trennung suchten 65% der Kinder aktiv die Nähe der Mutter und wehrten sich dagegen, allzu schnell wieder auf den Boden gesetzt zu werden. Weitere 20–25% zeigten während der Trennung keinen Kummer und neigten dazu, die rückkehrende Mutter zu meiden. Es ist besonders interessant, daß die gleichen Kleinkinder bei Beobachtungen im heimischen Umfeld nachweisbar ängstlich reagierten, wenn die Mutter Anstalten machte, aufzubrechen. In der experimentellen Situation, wo die ängstliche, quengelige Reaktion ausblieb, lenkten sich die Kleinkinder von der Wahrnehmung des Aufbruchs oder der Rückkehr der Mutter ab, indem sie hyperaufmerksam auf einen Gegenstand im Spielzimmer wurden. Die letzten 10% der Gesamtstichprobe waren beim Aufbruch und während der Trennung heftig bekümmert. Sie reagierten dann bei der Wiedervereinigung mit stark ambitendentem Verhalten auf die Mutter – sie verlangten danach, hochgenommen zu werden, stemmten sich aber gleichzeitig zornig weg.

Meiner Ansicht nach zeigen diese Experimente, daß die Erlebnisformen, die gebundene Säuglinge bei Trennung und Wiedervereinigung zeigen, komplexe Aspekte der verhaltensbezogenen und affektiven Interaktionsmuster sind. Der Säugling hat ein Repertoire möglicher Verhaltensweisen, mit denen er reagieren kann. Ein sicher gebundenes Kleinkind kann nach einer kurzen (üblichen) Trennung auf die Wiedervereinigung so reagieren, daß es seinen Wunsch ausdrückt, so lange in engem Kontakt gehalten zu werden, bis es wieder völlig beruhigt und sicher ist. Aber nach einer längeren (unüblichen) Trennung – in unserem Beispiel waren es 2 Wochen – mag sogar ein sicher gebundenes Kind auf die Mittel zurückgreifen, welche im Experiment die ängstlichen und vermeidenden Kleinkinder verwendeten, die ihre Aufmerksamkeit von der zurückkehrenden Mutter auf einem Gegenstand im Spielzimmer umlenkten. Die Hinwendung zu der abgesicherteren Erwartungshaltung gegenüber der Ersatzbezugsperson ist meiner Ansicht nach das Mittel, mit dem das sicher gebundene 8 Monate alte Mädchen versuchte, mit der Rückkehr der Mutter fertigzuwerden, nachdem es durch die 2wöchige Abwesenheit einen für sie außergewöhnlichen Einbruch in ihren Erwartungen gegeben hatte.

Meine Erklärung schließt nicht aus, daß es beim Kleinkind möglicherweise einen Abwehrmechanismus, wie etwa die Verleugnung, geben könnte. Solange, bis man sicher davon ausgehen kann, daß das Kleinkind auf symbolischer Ebene funktioniert, erscheint es allerdings eher angemessen, von Abwehr*maßnahmen* auf biologischer, neurophysiologischer und verhaltensbezogener Stufe zu sprechen, und Abwehr*mechanismen* als Komponenten zu betrachten, die Teil des allgemeinen Fortschreitens in Richtung auf eine symbolisch-repräsentationale psychische Welt sind. Mit anderen

Worten: man kann die Vorstellungen von den Abwehrmechanismen und von einer Abwehrorganisation nicht unabhängig von den ungelösten Problemen der psychischen Repräsentation von Selbst und Objekt untersuchen und auch nicht unabhängig von der übergreifenden Entwicklung derjenigen Organisationen betrachten, die perzeptuelle, kognitive und affektive Regulierung auf symbolischer Ebene ermöglichen.

6. Gedanken über das Ich und das Es im 1. Lebensjahr

Ich habe darauf hingewiesen, daß Säuglinge auf der Handlungsebene schon vorzüglich Initiative ergreifen und reagieren können, noch bevor sie in der Lage sind, eine psychische Repräsentanz des Handlungszwecks und der eigenen Person als Handlungsursprung zu bilden. Sie verstehen sich darauf, Stimulation zu suchen und Probleme zu lösen. Sie tun das, indem sie handlungsleitende Reaktionsmuster weiterentwickeln. Sie reagieren auf bedrängende innere Kräfte und ebenso auf jede Gelegenheit, bei der sie ihre vielfältigen Funktionen und Fähigkeiten in Übung halten können. In all diesen Handlungen, so scheint es, verspüren sie den Drang, sich in Richtung Kompetenz zu bewegen (Brazelton u. Als 1979; Broucek 1979). Besonders bedeutsam ist es, daß sie ihre Reaktionsmuster im Rahmen der Interaktionsmatrix mit der jeweiligen Bezugsperson gestalten. Ein Bild vom handelnden Selbst jedoch kann sich der Handelnde nur allmählich erarbeiten, und diese Entwicklung setzt möglicherweise erst nach dem Ende des 1. Lebensjahres ein. Ich glaube, daß dieser außerordentlich bedeutsame Vorgang dann erfolgt, wenn das Kind zu bestimmten affektiv-kognitiven Leistungen im Bereich der Abbildungsfähigkeit[1] in der Lage ist. Ich werde diesen Prozeß beschreiben, wenn ich das 2. Lebensjahr bespreche. Die Vorstellungsfähigkeit führt zu einem Fortschritt bei der Objektivierung der äußeren Umwelt. Verkettungen von Zusammenhängen werden nun in größerem Ausmaß berücksichtigt, und daher bringt die Vorstellungsfähigkeit ein intensiveres Selbstempfinden mit sich. Dieser Vorgang wird durch den Erwerb der Protosprache noch unterstützt. Aber, um es zu wiederholen, all dies findet im 2. Lebensjahr statt.

Dieser epigenetische Zeitplan hat nun ganz direkt mit dem zu tun, was wir uns unter den Begriffen "Es" und "Ich" vorzustellen haben, wenn wir sie für das 1. Lebensjahr verwenden wollen. Es gibt verschiedene Versuche, Es und Ich zu definieren (Gill 1963; Moore u. Fine 1967; Laplanche u. Pontalis 1967), zeitgenössische wie traditionelle. Auf Forschungsergebnisse über das 1. Lebensjahr ist am ehesten derjenige Ansatz anwendbar, der 2 psychische Organisationen annimmt, die sich nach dem vorherrschenden Modus der Spannungsregulierung unterscheiden lassen. Rapaport (1959) schreibt die

---

[1] Der Begriff "Abbildungsfähigkeit" (imaging capacity), der an dieser Stelle eingeführt wird, bedeutet nicht dasselbe wie "Fähigkeit zur symbolischen Repräsentation" (= capacity for symbolic representation). Wie Lichtenberg später, in Kap. 7, erläutert, ist mit der "Abbildungsfähigkeit" lediglich gemeint, daß das Kleinkind ein visuelles Bild von Vorgängen in der Außenwelt im Gedächtnis aufrechterhalten kann (Anm. d. Übers.).

Tendenz zur unmittelbaren Triebabfuhr (Dringlichkeit) dem Es zu und die Tendenz zum Triebaufschub dem Ich. Prozesse, die man dem Es zuordnet, haben eine drängende Qualität, das heißt, sie zwingen druckvoll zu autoplastischem Verhalten. Das Ich ist als Organisation charakterisierbar, die aus vielen komplexen Fähigkeiten besteht, welche die bedrängende Es-Aktivierung umsetzen und in Schranken halten, zugleich aber auf die mehr oder weniger intensiven Anforderungen der Umwelt reagieren. Die Reaktion des Ich auf das Es und auf die Umwelt geschieht eher in Form motivierten Verhaltens, sie ist weniger dringliche Abfuhr. Aus diesen Definitionen ergeben sich logisch einige Fragen. Von welchen Dingen kann man behaupten, daß Neugeborene und ältere Kleinkinder sie dranghaft tun? Welche funktionalen Fähgkeiten, die eine Reaktion auf diesen autoplastischen Druck und zugleich auf Umweltanforderungen ermöglichen, besitzen Kinder im 1. Lebensjahr? Kann der Druck, der zur Handlung antreibt, hinreichend genau von den funktionalen Fähigkeiten unterschieden werden, die in diesen Säuglingshandlungen enthalten sind, so daß unsere Rede von Ich und Es als 2 getrennten Organisationen gerechtfertigt ist?

Wie wir gesehen haben, wird die traditionelle psychoanalytische Ansicht, derzufolge das Streben nach Befriedigung eine bedrängende Qualität hat, durch Beobachtungen gestützt, bei denen Säuglinge dazu neigen, den Körpererfahrungen durch Hunger, Ausscheidung, Sinnenlust und Schlaf nachzugehen und solche Erfahrungen zu suchen. Aber bei den Beobachtungen scheint der Säugling ebenso dranghaft und differenziert auf menschliche und unbelebte Stimuli zu reagieren und diese Stimuli zu suchen. Die Stärke der Reaktion des Neugeborenen auf ein Spielzeug, das im Sichtfeld auftaucht, und die verblüffend unterschiedliche Reaktion, wenn die Mutter sich zeigt, all das verweist auf eine druckvolle biologische Prägung. Von der Dringlichkeit her ist das Es-artig. Wenn wir aber alle dranghaften Verhaltensweisen des Säuglings als Äußerungen des Es betrachten wollten, dann würden wir erheblich von der traditionellen Definition des Es abweichen und so zur Verwirrung beitragen, anstatt eine sinnvolle Erweiterung des Begriffs zu erreichen.

Die Mundaktivitäten des Säuglings können als Beispiel dienen. Saugen und Speicheln zeigen, daß die Befriedigung des Hungers dranghaft angestrebt wird. Nichtnutritives Saugen und die Sensationen, die von der Lippenschleimhaut ausgehen, sind mächtige Lustquellen. Diese oralen Strebungen nehmen schnell ihren Platz als Verhaltensmotivatoren ein, und sie helfen, das Problem der Koordination von Hand-zu-Mund-Bewegungen zu lösen. Aber der Mund wird, im Rahmen des Gesamtmusters des Aufmerksamkeitsfixierungsverhaltens gegenüber Spielzeug oder der Mutter, als Sinnesorgan auf ebenso eindrucksvolle Weise aktiviert. Ein besonders interessantes Experiment wurde mit 3 Wochen alten Säuglingen durchgeführt. Den Säuglingen wurden die Augen verbunden, und sie bekamen einen Schnuller in den

Mund. Die Hälfte der Säuglinge bekam einen normalen Schnuller; bei der anderen Hälfte hatte der Schnuller viele Knubbel, die aus der Oberfläche ragten. Nachdem der Säugling Zeit hatte, den runden oder den knubbeligen Schnuller mit Mund und Zunge zu spüren, wurde der Schnuller herausgenommen und die Augenbinde entfernt. Man zeigte jedem Säugling die 2 Schnuller, denjenigen, den er im Mund gehabt hatte, und auch den anderen. Die Säuglinge schauten mehr zu dem Schnuller, den sie mit Mund und Zunge untersucht hatten (Meltzoff u. Borton, 1979). Dieses Ergebnis zeigt, daß die eindrucksvollen sensorischen Wahrnehmungen im Mundbereich mit der Musterverarbeitung des Gehirns verschaltet werden, was zu einer Verbindung zwischen den Modalitäten führt (oral-taktil und visuell).

Es scheint, daß die dranghafte Qualität der Reizsuche die Grenzen sprengt, die man traditionellerweise um die sinnliche Befriedigung des libidinösen oralen Triebs zieht. Es gibt ebenfalls kaum eine schlüssige Bestätigung für den Begriff des aggressiven Triebes als solchen, es sei denn, man stellt sich diesen Trieb einfach als eine allgemeine starke Neigung zur Selbstbehauptung vor. Bis zum Alter von 3 Monaten oder noch später wird nicht durchgängig über Zorn als einen beobachtbaren Affekt berichtet. Auf irgendeine Weise deutet sich Aggression vielleicht im Schreien und in der Quengeligkeit des Säuglings an. Aber das Schreien ist oft unspezifisch, und das Quengeln verschwindet normalerweise, wenn die Lächelreaktion sich mit 3 Monaten konsolidiert, so daß diese Verhaltensweisen nicht schlüssig die These stützen, daß Schreien oder Quengeln einem Drang zu aggressivem Handeln entspringt, der sich von der Handlung selbst oder vom generell affektiven neuronalen Feuern abgrenzen läßt.

Für die traditionelle Ansicht, daß Abfuhr das Ziel des Es ist, lassen sich allerdings Belege finden. Die Phase des Absackens während des 4mal pro Minute ablaufenden Musters, in dessen Rahmen Augen-, Mund-, Finger-, Zehen- und Schulterreaktionen gegenüber menschlichen und nichtmenschlichen Objekten aufgebaut werden, diese Phase kann man als unausweichliches Abfuhrphänomen betrachten. Das Schreien mag ebenfalls Teil eines regelmäßigen, dranghaften Musters der Reizabfuhr sein. Die Beobachtung, daß nach einer Zeit des Schreiens das Ausmaß an Verhaltensintegration in anderen Bereichen höher sein kann, scheint diese Ansicht zu stützen. Darüber hinaus kann man die ausgedehnte REM-Schlafaktivität und das stimulusunabhängige Lächeln als Abfuhraktivitäten ansehen, die allerdings einem neurophysiologischen Verständnis von neuronalem Feuern eher entgegenkommen als dem, was man üblicherweise unter dem Es versteht. Die massiven Reaktionen auf Unlust, wie schrilles Schreien, Ganzkörperreaktionen (Moro-Reflex) und schwere Rückzugsreaktionen, scheinen eindrucksvolle Abfuhrmethoden darzustellen. Dennoch kann man die Ansicht, daß diese Verhaltensweisen einheitlich einfach als Abfuhrphänomene erklärbar sind, nicht unterstützen. Bei jedem beobachtbaren

Muster des Säuglingsverhaltens ist die Stimulus*suche* eine so zwingende Kraft, daß man Stimulussuche und Abfuhr als komplementäre regulierende Prinzipien betrachten muß. Alle Versuche, das Säuglingsverhalten mit der ein oder anderen traditionellen Vorstellung vom Es zu verbinden, scheinen mir daher den Begriff bis an den Rand des Brauchbaren oder darüber hinaus auszudehnen.

Funktionen, die an Ich-Aktivitäten denken lassen, können recht einfach aus den Ergebnissen über die Säuglinge abgeleitet werden. Auf eine organisierende Tendenz (auch wenn sie in engem Bezug zu biologischen Mustern steht) kann man schließen, weil die Säuglinge fähig sind, die 24 Stunden des Tages durch organisierte Verhaltensstates zu regulieren, wobei es innerhalb der States zunehmend komplexere Verhaltensmodalitäten gibt und die Übergänge zwischen den States zunehmend steuerbar werden. Die Fähigkeit des Säuglings, durch Handlungsantworten organisiert auf den Wahrnehmungsinput zu reagieren und an verhaltensbezogener Kommunikation teilzunehmen, kann weiter aufgegliedert werden. Als Funktionen gibt es das Vergleichen von Mustern, die Unterscheidung nach Präferenzen und elementares Lernen und Problemlösen (wenn etwa der Daumen in den Mund gebracht wird). Geschlechtsspezifische Muster, imitative Reaktionen und die Bildung zunehmend komplexer Verhaltensautomatismen, all das paßt zur der Vorstellung, daß eine primitive Ich-Organisation am Werk ist. Auf ähnliche Weise lassen viele Verhaltensweisen, wie die Blickvermeidung und das Abschalten der Aufmerksamkeit gegenüber redundanten und dystonischen Stimuli, an regulierende und der Abwehr dienende Funktionen denken, die man mit dem Begriff des Ich verbindet. Mein Eindruck ist, daß diese und andere leicht erschließbare funktionale Fähigkeiten recht gut zu der traditionellen Definition des Ich passen – viel besser als diejenigen, die ich für das Es ableiten konnte.

Aber es gibt Schwierigkeiten, und die haben mit dem Verbindungsglied zwischen den angeborenen biologischen, neurophysiologischen und verhaltensbezogenen Organisationen einerseits und einer psychischen Organisation andererseits zu tun. Werden z. B. die klar nachweisbaren Lernvorgänge, die es 3–4 Monate alten Säuglingen erlauben, am Schau- und Lächelspiel teilzunehmen, und die es ihnen ermöglichen, Arme und Beine im jeweiligen Metrum der Lautabfolge der Mutter zu bewegen, werden also diese Lernvorgänge in einer Form registriert, die man als psychisches "Denken" beschreiben kann? Wenn wir den Ausdruck "Ich" verwenden wollten, um eine ununterbrochene Entwicklungssequenz zu bezeichnen, die z. B. von den genetisch strukturierten Wahrnehmungs- und Verhaltensfunktionen des Neugeborenen über das signalorientierte Konsequenzlernen des Kleinkinds bis zu den symbolisch organisierten kognitiven Funktionen des älteren Kleinkinds führt (Basch 1975; Blum 1978), dann wäre es egal, an welchem Punkt der Entwicklung wir psychisches Funktionieren – im Gegensatz zu biologischem, neurophysiologischem und verhaltensbezogenem Funktionieren – ansetzen würden. Aber wenn wir das täten, dann würden wir wiederum einen vertrauten Begriff, den Begriff des "Ich", hernehmen und zumindest für die Säuglingsperiode seinen traditionellen Bezug zu psychischem Funktionieren verändern. Kernpunkte, die für den Beginn eines psychischen Ich (im Gegensatz zu einem verhaltensbezogenen "Prä-Ich") von Bedeutung sind, stehen in Verbindung zu Fragen nach dem Beginn der Selbst- und Objektrepräsentation, der Antizipation, der Phantasiebildung, und des intrapsychischen Konflikts (s. Kap. 4 und 5). Die Schlußfolgerung, die mir am besten zu den Daten zu passen scheint, ist, daß es bis jetzt kein endgültiges Kriterium gibt, das es erlaubt, den Zeitraum zu bestimmen, in dem eine wirklich psychische Ich-Organisation erstmals auftaucht und anschließend ausreift.

Auch wenn wir die druckvollen Antriebe anerkennen, die man dem Säuglings-Es zuordnen könnte, und die funktionalen Fähigkeiten würdigen, die man dem Säuglings-Ich zuschreiben könnte: kann man denn überhaupt so weit zwischen beiden unterscheiden, daß eine Vorstellung von 2 Organisationen angemessen erscheint? Der Großteil der Ergebnisse stützt meines Erachtens die Vorstellung von einer "undifferenzierten Phase" (Hartmann et al. 1946). Jedes einzelne Verhalten enthält zusammen mit einer Komponente, die mehr zu den Ich-Funktionen paßt, in gewissem Maße eine dranghafte Komponente.[2] Zu einem Zeitpunkt z. B. kann sich das Baby zu hungrigem Saugen gedrängt fühlen, und zu einem anderen Zeitpunkt kann die Suche nach Augenkontakt ähnlich intensiv und zwingend sein. Also kann die Intensität von beidem, von Hunger und sozialer Kontaktsuche, ansteigen und absinken, und beide können abwechselnd den Säugling zum Handeln drängen. Als Beobachter können wir das, was dranghaft oder triebartig ist, dem gegenüberstellen, was eher in den Bereich des "Aufschubs" gehört, aber es ist schwer, eine konsistente organisatorische oder strukturelle Einheit abzugrenzen, die diesen Unterschieden zugrundeliegt.

Ein weiteres Beispiel verdeutlicht die Paradoxie dieser bedrängenden (Es-) und funktionalen (Ich-)Verhaltensqualitäten. Kleinkinder sind nicht nur vom Gesicht und der Stimme der Mutter fasziniert, sondern sie untersuchen Gesichts- und Stimmkonfigurationen, weil sie ein "Wahrnehmungspuzzle" und eine Quelle neuartiger Stimulation darstellen. Die Intensität, mit der sie das tun, und der hingerissene Gesichtsausdruck dabei zeigen die dranghafte Qualität dieser Lernaktivität. Deren Ich-Anteil wird in einer Vermutung von Call (1980) angesprochen: "Die Beschäftigung des Kindes mit dem Entzif-

---

[2] Loewald (1978) kritisiert die Vorstellung, daß Ich-Apparate primäre Autonomie haben: "Die primitiven Konfigurationen von Wahrnehmung und Gedächtnis, die auch die Grundbestandteile von deren späteren Umformungen bleiben, ... sind ... unbewußte Triebaktivitäten, Aspekte libidinöser Prozesse, die erst später einen vergleichsweise autonomen Status erlangen."

fern des menschlichen Gesichts ist das Vorbild dessen, was das Entziffern gesprochener und geschriebener Symbole ausmacht." Hartmann et al. (1946) haben diese Doppelbedeutung erkannt: "Das Kind erlebt nicht nur dann Deprivation wenn eines seiner Bedürfnisse übergangen wird – das Bedürfnis nach Nahrung, Fürsorge oder Aufmerksamkeit –, sondern auch dann, wenn ein Erwachsener seine spontanen Aktivitäten unterbricht, unabhängig davon, ob sie nun der Triebbefriedigung oder dem Problemlösen dienen" (S. 41). Ich glaube, daß Hartmanns (1933) Untersuchungen zum Zeigarnik-Effekt frühe Versuche waren, einen Aspekt dieser Fragestellungen in den Mittelpunkt zu stellen. Die recht dranghafte Qualität des Strebens nach Aufgabenbeendigung könnte ihre Wurzeln in dem genetisch vorgezeichneten, durch die Bezugsperson unterstützten Streben nach Kompetenz oder Wirksamkeit haben, das man beim Säugling nachweisen kann. Broucek (1982) hat dargelegt, daß der Sog, den das Begehren nach Kompetenz ausübt, noch durch die Scham vergrößert wird, die auftritt, wenn eine lustvolle Handlung plötzlich abbricht. Der erfolgreiche Abschluß einer Problemlösehandlung wäre dann der Prototyp für Kompetenzlust. Eine Unterbrechung vor dem Abschluß einer Problemlösehandlung wäre dementsprechend der Prototyp für Schamgefühl. (Diese Sichtweise könnte die Kontroverse lösen helfen, die sich um den von Hendricks [1942] vorgeschlagenen Bewältigungstrieb entspann. Diese Kontroverse konnte innerhalb der Metapsychologie der damaligen Zeit nicht zufriedenstellend gelöst werden.)

Schauen wir uns unter diesem Gesichtspunkt einmal die Experimente von Papousek u. Papousek (1975) an (s. dazu auch Broucek 1979). Man zeigte 4 Monate alten Säuglingen 5 Sekunden lang vielfarbige Lichtblitze. Sie wandten sich dem Reiz interessiert zu, und dann nahm ihre Orientierungsreaktion bei Wiederholungen ab – eine typische Reaktion auf gleichbleibende Reize. Das Experiment war so ausgelegt, daß das Lichtspiel in Gang gesetzt wurde, wenn die Säuglinge bei ihren Bewegungen den Kopf 3mal in eine vorher festgelegte Richtung drehten. Sobald die Säuglinge das Lichtspiel durch ihre eigene Aktivität ausgelöst hatten, veränderte sich ihr Verhalten dramatisch. Ihre Orientierungsreaktionen nahmen an Intensität zu, und sie machten bei ihren Versuchen, die visuelle Stimulation wieder anzuschalten, alle möglichen Bewegungen. Wenn sie Erfolg hatten, wiederholten sie die Kopfdrehungen mit freudigen Gesten und Vokalisationen wieder und wieder. Aber das Verblüffendste ist, daß die Säuglinge zwar eifrig ihre Bewegungen wiederholten, aber weniger und weniger auf das sichtbare Schauspiel achteten. Der Impetus zur Wiederholung der Kopfbewegungen und die Lust daran entsprangen offenbar mehr der Wirksamkeit der Handlung (Wirksamkeits- oder Kompetenzlust) als dem visuellen Reiz selbst.

Meine Schlußfolgerung ist, daß wir den unterschiedlichen strukturellen Organisationen weniger Gewicht beimessen sollten. Wir sollten mit um so größerem Nachdruck ein Verständnis dafür aufbauen, wie sich das, was man im einzelnen über die Entwicklung herausfindet, in ein Anpassungsmuster einfügt. Im Zentrum steht dann nicht mehr die Frage, ob eine bestimmte Form des Problemlösens triebbestimmt oder Ich-bestimmt ist, und falls sie Ich-bestimmt ist, ob das Ich eine eigene unabhängige Energiequelle hat. Zu Fragen, die es zu beantworten gilt, werden statt dessen die folgenden: Wie fügt sich die jeweilige Form des Problemlösens in die interaktionale Matrix des Säuglings ein? Wie kann der Säugling zu einer Ablösung von der interaktionalen Matrix fortschreiten? Und welche Art des relativ unabhängigen "Nebeneinanderherfunktionierens" von Eltern und Kind erleichtert beim Kleinkind die Entwicklung des intrapsychischen Lebens auf symbolischer Ebene?

Wenn es um die Differenzierung geht, ist die internale Erregung ein wichtiger Punkt. Natürlich hat in vielen Beispielen, die ich gegeben habe, die Erregung einen inneren Ursprung, wie etwa das Bedürfnis nach Nahrung, Saugen und Schlaf. In anderen Fällen hat sie allerdings einen äußeren Ursprung, wie das Gesicht der Mutter oder ein Spielzeug im Wahrnehmungsfeld des Säuglings. Traditionsgemäß nähert man sich diesem Problem in der psychoanalytischen Theorie durch entwicklungsbezogene Erklärungen an und stellt sich dabei vor, daß auf symbiotische Nähe die Differenzierung von Selbst und Objekt folgt. Man meint, daß das Erleben internaler Erregung dabei hilft, sich der Abgegrenztheit des Selbst kognitiv bewußt zu werden und daß es für die weitere Differenzierung der internalen Erregung hilfreich ist, wenn sich das Selbst als abgegrenzt empfindet. Wir haben gesehen, daß auf der Verhaltensebene von Geburt an ein gewisses Maß an Differenzierung besteht, es gibt komplexe Unterschiede in den Reaktionen der Säuglinge auf eine Vielzahl von Reizen. Natürlich kommt es bei einigen dieser Erlebnisweisen zu hoher internaler Erregung, aber bei vielen – sogar bei den meisten – ist das nicht der Fall. Es ist also möglich, daß man die Bedeutung internaler Erregung für die Differenzierung überschätzt hat. Ich glaube, daß die bestehenden psychoanalytischen Vorstellungen über das 1. Lebensjahr ganz sicher unterschätzen, wie bedeutsam das Zusammenpassen des Mutter-Kind-Paares über einen weiten Erlebnisbereich – von niedriger bis zu hoher Erregung – ist, und ich meine, daß das Gewicht synchroner, biologisch geprägter Verhaltenssysteme nicht genügend berücksichtigt wird. Wenn man erst einmal die Kraft der interaktionalen Matrix begriffen hat, die das 1. Lebensjahr beherrscht, dann rückt notwendigerweise die Untersuchung der schrittweisen Bewegung, die das Kind aus diesem grundlegenden dyadischen Modus herauswachsen läßt, in den Brennpunkt der Überlegungen zur späteren Entwicklung. Das, was wir üblicherweise unter Es- oder Triebdruck verstehen (nämlich das Erleben internaler, aus einer kohärenten TriebOrganisation aufsteigender Erregung), kann man nur dann hypostasieren, wenn sich das Kind von der beherrschenden interaktionalen Reaktionsbereitschaft einigermaßen durchgängig als losgelöst empfindet.

Also müssen wir, um die Kraft des (positiven oder negativen) Mutter-Kind-Synchronismus zu würdigen, nach Anzeichen für das Herauswachsen aus diesem Modus schauen, die im 1. Lebensjahr auftauchen. Synchronismen und Bindungsverhalten dominieren das Wachleben des Säuglings. Das Füttern (Call 1980), das visuell-vokale Zusammenspiel (Stern 1977) und Spiele, bei denen es ums alternierende Husten, Lächeln und Prusten geht (Call 1980), all das sind Beispiele, bei denen die Gegenseitigkeit zwischen Mutter und Kind durch Reaktionsbereitschaft im Millisekundenbereich aufrechterhalten wird. "Einige der Mutter-Kind- oder Kind-Mutter-Sequenzen laufen beinahe synchron ab, andere überlappen sich (insofern, als einer anfängt, bevor das vorhergehende Verhalten des Partners abgeschlossen ist) und in wieder anderen Fällen gibt es eine kleine Lücke zwischen dem Ende des Verhaltens eines Partners und dem Beginn der 'Antwort' des anderen" (Beebe u. Stern 1977, S. 41). Dieses "Aufeinander-Einsteigen", das Zusammenwachsen von Mutter und Säugling, entwickelt sich so schnell, daß um die 3. Lebenswoche herum ein Regelmaß der Erwartungen innerhalb der Rund-um-die-Uhr-Organisation der States und während des aktiven, wachen Austausches gegeben ist. Zu diesem Zeitpunkt sagen Mütter oft, daß sie ihre Babys "kennen" und daß sie spüren, daß ihre Babys sie kennen oder erkennen. Das Gespür für diese Bindung, das darauf beruht, daß gegenseitige Reaktionen relativ verläßlich sind, schafft eine Grundlage für die sichere und vertrauensvolle Stimmung, von der erfolgreiche Anpassung abhängt. Wir finden ein leistungsfähiges und ökonomisches System vor, das es Mutter und Kind erlaubt, sich für relativ lange Zeiträume ineinander zu verschränken und aufeinander zu achten (Brazelton 1980 a, b).

Im gleichen Zeitraum, innerhalb von einigen Wochen, kann der Säugling einige Kontingenzen entdecken (er kann seinen Daumen finden), was bedeutet, daß Lernvorgänge auf der Handlungsstufe beginnen. Ein Großteil dieser Lernvorgänge findet statt, wenn der Säugling weder durch Bedürfnisdruck noch durch aktives Drängen von seiten der Mutter zu irgendetwas gezwungen ist. Ein wichtiger Meilenstein auf dem Weg zum Herauswachsen ist erreicht, wenn der Säugling Reaktionen unterdrücken kann, die bis dahin innerhalb des interaktionalen Synchronismus zwingend waren. Durch die neurophysiologische Veränderung, zu der es mit 6 Monaten kommt, lächelt der Säugling nicht mehr mit völlig strahlendem Gesichtsausdruck, sondern er beginnt auf eine abgestuftere Weise zu lächeln (Fraiberg 1974). Der Säugling kann von nun an mit größerer Bestimmtheit wechselseitige Austauschprozesse einleiten und beenden. Andere Verhaltensweisen, die mit dem Lächeln verknüpft waren, können davon abgelöst werden, wie etwa Vokalisationen, oder sie können ihren Bezug dazu lockern, wie Konzentration oder Überraschung. Dadurch kommt dem Kind ein erweiterter Initiativbereich zu.

Diesem Fortschritt folgt in der 2. Hälfte des 1. Lebensjahres eine Reihe von Entwicklungen, welche die Spannweite des affektiv kontingenten Spiels erweitern, das dem Kleinkind allein und mit den Beziehungspersonen möglich ist. Ihren Beziehungspersonen gegenüber können Kleinkinder Zorn ebenso äußern wie Freude, Verhaltenheit oder Furcht, sie können das klar mitteilen. Wenn sie mit ungefähr 10 Monaten alleine sind, plappern sie sie in einer Art echolalischer Sprache vor sich hin, in einem spontanen Dialog mit sich selbst, wodurch sie sich imitierend auf den Weg zum aktiven Gebrauch verbaler Zeichen und Symbole bringen. Also festigen sich bei den Kleinkindern im 1. Lebensjahr verschiedene Trends, die zu einem Herauswachsen führen (Call 1980). Aber ich möchte betonen, daß die Kinder eine Ablösung sowohl auf der Verhaltens- als auch auf der Vorstellungsebene erst erheblich später erreichen. In Wirklichkeit besteht die Bewegung des Kleinkinds gegen Ende des 1. Lebensjahres darin, daß es seine Forderungen auf die Mutter fokussiert, die es anderen – auch dem Vater – vorzieht (Sander 1980). Während der freien Spielaktivität, die nun beginnt, entfalten sich die Funktionen des Kleinkinds im Umkreis der Mutter, die ganz in der Nähe ist. Die epochemachenden Ereignisse – Selbstbehauptung und vom Selbst kognitiv repräsentierte Intentionalität –, welche diese relative Harmonie des 1jährigen beeinträchtigen, kommen erst noch.

Die Unsicherheiten, auf die ich hingewiesen habe, und die vorsichtigen Schlußfolgerungen, zu denen ich im Laufe dieser Überlegungen gelangt bin, lassen mich eine Position einnehmen, die vom "Mainstream" der psychoanalytischen Theorien über diesen Zeitraum etwas abweicht. Dennoch glaube ich, daß ich in der Nähe der Tradition von Hartmann, Erikson, Spitz und Winnicott bleibe, wenn ich mich dem übergreifenden Gesichtspunkt der Anpassung verpflichte. Durch diesen Begriff lassen sich die neuen Beobachtungen über das 1. Lebensjahr und die psychoanalytischen, klinisch fundierten Beobachtungen über das spätere Leben integrieren. Sander (1980 c) hat darauf hingewiesen, daß die genannten Theoretiker und Beobachter schon vor 1960 eine "Vorstellung von interaktiven Prozessen innerhalb der Persönlichkeitsorganisation" entwickelt haben.

> [Dieser Vorstellung] könnte man ein Modell unterlegen, das Anpassung als tatsächliches Zusammenwachsen zwischen Individuum und Umwelt auf der Verhaltensebene auffaßt. Dabei wird die Charakterorganisation auf der Grundlage individueller Strategien geformt, die sich bei der Bewältigung eines Grundplans für die Abfolge adaptiver Aufgaben einspielen. Dieser Grundplan ist für alle Säugling-Umwelt-Systeme gleich, aber er wird jedesmal anders bewältigt. Bei der aktiven Bewältigung der adaptiven Aufgaben formt nacheinander jede einzelne einen Teil der individuellen interpersonalen Wahrnehmungswelt aus, und eine Aufgabe nach der anderen wird synthetisiert und in Handlungen integriert, die neue Verhaltensanpassungen auslösen. Diese Anpassungen wachsen sich später zu breit generalisierten Verhaltensstrategien aus, wie wir sie als "Übertragungsdispositionen" kennen.

Um als vereinheitlichendes Konstrukt zu dienen, muß der Begriff "Anpassung" in seinen Bezügen zum biologischen, neurophysiologischen, verhaltensbezogenen und interaktionalen Zusammenwachsen im 1. Lebensjahr begriffen werden, und er muß ebenso mit dem Zusammenwachsen in Verbindung gebracht werden, das mit dem symbolisch organisierten Funktionieren und der Sozialmoral des älteren Kindes und des Erwachsenen zusammenhängt.

Teil III: Das zweite Lebensjahr

7. Anfänge der Abbildungsfähigkeit und der Informationsaustausch durch Zeichen und Signale

Am Anfang des 2. Lebensjahres halten sich die relativ große Abhängigkeit innerhalb der Kleinkind-Bezugsperson-Einheit und die relative Unabhängigkeit der Verhaltensinitiativen des Kleinkinds die Waage. Die Mutter steht immer noch im Mittelpunkt, aber die Aktivitäten des Kindes, während es "allein" (in Gegenwart der Mutter) ist, bereiten den Boden für eine Reihe von Entwicklungsfortschritten. Von besonderer Wichtigkeit ist das Auftauchen eines Selbstempfindens im 2. Lebensjahr. Wie ich bereits angedeutet habe, hängt dieses Selbstempfinden mit bestimmten kognitiven Entwicklungen zusammen. Mit diesen Gedanken im Hinterkopf möchte ich Überlegungen zur Bedeutung der Abbildungsfähigkeit des Kleinkinds anstellen.

Ich gehe von der Annahme aus, daß die Art, in der das Kind ein Bild wahrnimmt, eine Reihe von Veränderungen durchläuft. Bevor ein Kleinkind das erlangt, was ich als Abbildungsfähigkeit bezeichne, nimmt es ein Objektbild als Teil einer Handlungssequenz wahr, in der das Objekt eine Rolle spielt. Die Abbildungsfähigkeit hebt die Wahrnehmung auf eine neue Stufe. Nun wird wahrgenommen, daß das Objekt eine bildhafte Gestalt (und andere Eigenschaften) hat, auch wenn es nicht Quelle des unmittelbaren Wahrnehmungsinput ist. Durch die Abbildungsfähigkeit wird ein Objekt (auch das Selbst) zu einer abgrenzbaren, beständigen Einheit zusammengesetzt, deren Erscheinen als Zeichen wirkt, das Information vermittelt. Wenn Kleinkinder z. B. das Gesicht der Mutter anschauen, dann wirkt ihr Gesichtsausdruck als Zeichen, das affektive Übereinstimmung oder Mißstimmung signalisiert, und diese Information ist wichtig für die Regulierung. Das Abbild des Zeichens samt der Information, die daraus gewonnen wird, ist zunächst ein Objekt der Kontemplation; später wird es vom Kleinkind für das deduktive, schlußfolgernde Denken dieser Periode benutzt. Die Abbildungsfähigkeit der 1. Hälfte des 2. Lebensjahres stellt daher einen Übergang zwischen dem handlungsorientierten Lernen des 1. Lebensjahres und dem Lernen durch zunehmend wortgestützte symbolische Repräsentation dar, das in der 2. Hälfte des 2. Lebensjahres einsetzt.

Der Übergang zur Abbildungsfähigkeit

Die Entwicklungen, die ich ins Auge fasse, erstrecken sich über den Zeitraum von 8 bis 21 Monaten, und sie lassen sich aus einer Reihe leicht beobachtbarer Verhaltensweisen erschließen. Die Beobachtungen sind natürlich verifizierbar; dagegen sind die Spekulationen, die ich über die Bedeutung dieser Verhaltensweisen für das Erleben und die psychische Struktur anstellen werde, entweder nicht verifiziert oder, in einigen Fällen, nicht verifizierbar (obwohl man versuchen könnte, sie durch Schlußfolgerungen zu stützen).

Für den Anfang könnten wir uns einige Entwicklungen im Zeitraum zwischen dem 9. und dem 12. Lebensmonat anschauen. Kleinkinder benutzen jetzt einen Finger zum Zeigen (Call 1980). Was die Erfüllung ihrer Bedürfnisse betrifft, fokussieren sie ihre Aufmerksamkeit zunehmend auf die Mutter (Sander 1980). Sie haben oft Furcht vor anderen und antizipieren, wann die Mutter weggehen wird. Darüber hinaus verwenden sie ein zunehmend differenzierteres Signalrepertoire, um auf ihre Wünsche aufmerksam zu machen; sie machen deutlich, ob man sie nun hochnehmen, füttern, herunterlassen, mit ihnen spielen oder ihnen dieses oder jenes Spielzeug geben soll (Greenspan 1979). Ich meine, alle diese Verhaltensweisen deuten darauf hin, daß sich die Beziehung zwischen dem Kleinkind und dem "Draußen" verändert. Das Zeigen mit dem Finger kommt kurz nach einem physischen Reifungsvorgang zustande (es entsteht die Fähigkeit, den Daumen auf eine zum Greifen[1] geeignete Weise zu bewegen) und stellt wahrscheinlich lediglich eine Weiterentwicklung der globalen Ausrichtung des Neugeborenen mit Fingern, Zehen, Kopf, Schultern und Mund dar, zu der es als Reaktion auf einen anziehenden Stimulus kommt. Es kommen allerdings 2 Kennzeichen hinzu: Die räumliche Position eines Objekts wird durch das Verhalten wirkungsvoll bestimmt, und die Grenze der Körperreichweite sowie der Raum zwischen Körper und Objekt werden festgelegt.

Das Fokussieren auf die Mutter ergänzt die biologischen, neurophysiologischen und verhaltensbezogenen Interaktionen mit ihr um eine neue Dimension. Vom frühesten Säuglingsalter an zeigen Säuglinge eine Vorliebe für die Mutter (die Bezugsperson). Binnen einer Woche sprechen sie stärker auf ihr Gesicht und ihre Stimme an als auf den Vater oder eine andere Frau (Brazelton 1980 a). Eine Verfremdung der üblichen Verhaltensweisen der Mutter (wenn die Kinder ihr Gesicht sehen, während sie eine andere Stimme hören, wenn sie ihr Gesicht völlig bewegungslos sehen usw.) ist eine "Verletzung" der interaktionalen Ordnung, die zwischen beiden existiert, und führt zu kummervollen Reaktionen. Ich meine, daß das Fokussieren auf die Mutter im letzten Trimester des 1. Lebensjahres diese sich langfristig entfaltenden Präferenzen und Unterscheidungen um eine neue Dimension ergänzt. Die neue Dimension äußert sich auf zweierlei Weise:

---

[1] Gemeint ist wohl, daß das Kind in diesem Alter den "Pinzettengriff" (mit Daumen und Zeigefinger) erlernt. Darauf nimmt jedenfalls der zitierte Artikel von Call (1980) Bezug. Seiner Ansicht nach ensteht das Zeigen aus dem (Pinzetten-)greifen (Anm. d. Übers.).

1) Der emotionale Austausch ist genauer. Das Kleinkind kann auf die Handlungen der Mutter (dabei besonders auf ihren emotionalen Zustand) mit dem recht vollständigen Repertoire seiner Affektspannweite reagieren – diese Entwicklung hat ihren Höhepunkt im letzten Trimester (Sroufe 1982).
2) Die Handlungen der Mutter sind Gegenstand intensiver Nachforschungen, weil infolge der Entwicklung des Kindes im (sensomotorischen) Verhaltensbereich diese Handlungen jetzt als Indikatoren mehr wertvolle Information über das vermitteln, was kommen wird.

Kurz gesagt ist die Mutter eine Person, die emotional mehr bedeutet als irgendeine andere Person, und ihre Handlungen sind bedeutsamer (bezeichnender). Wenn sie nach dem Mantel greift, dann weist das darauf hin, daß *sie* gehen wird; wenn sie nach dem Mantel des Kindes und nach ihrem Mantel greift, dann bedeutet es, daß *sie beide* gehen werden. Die wachsende Fähigkeit zur Antizipation und zur Vorhersage macht ihre Bewegungen, ihre Gesichtsausdrücke und ihren Seinszustand zu einer fokalen Quelle, die in schnell zunehmendem Maße dem gut eingespielten Präferenzsystem "Bedeutung" hinzufügt. Ein elementares linguistisches Zeichenverständnis seitens des Kleinkinds erweitert die Reichhaltigkeit des Informationsaustausches.

Ein weiteres Bindeglied innerhalb der veränderten Beziehung ist das zunehmend komplexere Signalrepertoire des Säuglings – das offenbar die Mutter besonders gut "lesen" kann. Die Signale umfassen Gesten, Gesichtsausdrücke, Vokalisationen und die gesamte Körperhaltung (ein weniger abgrenzbarer Indikator, der aber möglicherweise um so bedeutsamer ist). Die Bewußtheit des Kindes auf der Körperebene ist vielleicht viel ganzheitlicher als das, was für einen Beobachter sichtbar ist. Was ein Beobachter für Zeigen hält, mag für das Kleinkind Ruhelosigkeit am ganzen Körper sein. Die Perfektionierung der eigenen Signale seitens des/der Kleinen und der Glaube daran, daß diese Signale in die eigene Welt der Vorhersagen und Antizipationen passen, sind das Gegenstück zu der auf die Signale der Mutter fokussierten Reaktionsbereitschaft des Kleinkinds. Dies ist der Höhepunkt der Entwicklung des Signals oder der Geste als *verhaltensbezogener* Transaktion.

Auf diese Entwicklung des Signals als *verhaltensbezogener* Transaktion folgt im 2. Lebensjahr ein System von Zeichen, die (Signal)reaktionen auf der kognitiven Ebene der Deduktion und Inferenz nötig machen. Meiner Ansicht nach spielt die Abbildungsfähigkeit bei diesem Übergang eine bedeutende Rolle. Die Abbildungsfähigkeit schafft dabei das, was Werner u. Kaplan (1963) als "Anschauungsgegenstände" bezeichnen, "womit Objekte gemeint sind, die man dort draußen betrachtet, anstatt nur an ihnen zu handeln" (S. 67). Die Eigenschaften des Abbildes (seine Erscheinung, seine Kennzeichen und die Information, die es übermittelt) werden als etwas aufgefaßt, das unabhängig von der Anwesenheit des Wahrnehmenden existiert: "Meine Mutter ist da, ob ich sie sehe oder nicht." "Mein Zimmer ist da, ob ich darin bin oder nicht." (Natürlich paßt die mit der Sprache verbundene symbolische Repräsentation, die ich zu Zwecken der Illustration verwende, nicht zum anfänglichen Erleben der Abbildungsfähigkeit.)

Vor der Entwicklung der Abbildungsfähigkeit werden die gleichen unmittelbaren sensorischen Wahrnehmungsdaten, die später als Anschauungsgegenstände behandelt werden, als handlungsauslösende Reize aufgefaßt. Wenn z. B. etwas als Neuigkeit bewertet wird, erregt das Interesse und Annäherung, später vielleicht Habituation und Abwendung. Oder, wenn etwas als bedrohlich bewertet wird, erregt es Scheu, Abneigung und Flucht. Mit anderen Worten, vor der Entstehung der Abbildungsfähigkeit unterscheiden Kleinkinder nicht zwischen einem Objekt (einem Spielzeug, der Mutter, einem Zeh) und ihren Aktivitäten mit diesem Objekt – das Objekt ist nichts als eine Verlängerung der Aktivitäten des Kleinkinds (Piaget 1937). Mit dem Erscheinen der Abbildungsfähigkeit wird das Objekt zu etwas zusammengesetzt, das eine bestimmte Erscheinung (ein Bild) hat, die mit anderen sensorischen Eigenschaften (Klang, Textur, Geruch, Aktivitätsmuster) zusammenhängt, unabhängig davon, ob das Objekt gerade Quelle des unmittelbaren Wahrnehmungsinput ist.

Die frühesten Hinweise auf die Abbildungsfähigkeit fallen in Piagets 4. Stadium (8–13 Monate), in dem Kleinkinder einem Objekt, das von ihrer Wahrnehmung abgeschirmt wird, bis zu einem gewissen Grad Objektivität zuschreiben. In diesem Stadium lassen sich Kleinkinder vom Problem der Größen- und Formkonstanz faszinieren. Während des 4. Stadiums fangen Säuglinge an, den Raum anders zu begreifen. Zuvor wurden ihnen Verschiebungen von Objekten bewußt, wenn sie in der Nähe ihres Körpers geschahen. Der Bereich des Raumverständnisses erweitert sich nun, und den vom Körper entfernten Raum, auf den sie vorher wie auf eine einzige Ebene reagiert haben, behandeln sie nun als etwas, das Tiefe hat (Flavell 1963; Greenspan 1979). Klarere Anzeichen für die Existenz der Abbildungsfähigkeit findet man in Piagets 5. Stadium (13–18 Monate), wenn Kleinkinder hinter 2 oder mehr Schirmen nach einem Objekt suchen, vorausgesetzt, sie haben das Objekt jedesmal verschwinden sehen. Dies ist das Alter, in dem Kinder einen Kamm nehmen und ihr Haar berühren oder ein Telephon ans Ohr halten. Diese Aktivitäten zeigen, daß auf Objekte ihrer Funktion entsprechend reagiert wird – obwohl dies auf einer nachahmenden, gestischen Ebene geschieht und nicht auf einer symbolischen oder Rollenspielebene (Piaget 1945; Nicolich 1977).

Die Entwicklung der Abbildungsfähigeit ist vollständig abgeschlossen, wenn das erreicht ist, was Piaget Objektpermanenz nennt (s. Décarie 1962). Nach dem 18. Lebensmonat wird ein Kleinkind fortfahren, nach einem Objekt zu suchen, das hinter einem Schirm verschwunden ist, auch wenn das

Objekt abhanden gekommen ist, ohne daß das Kleinkind gesehen hat, wie es entfernt wurde. In diesem Stadium beginnt das Kind auch, im Umgang mit Gebrauchsgegenständen Dinge zum Schein zu tun. Wenn das Kind so tut, als ob es es aus einer Babyflasche tränke, dann gibt es sich spielerisch, so als ob ihm bewußt wäre, daß es das nicht wirklich tut. Von der direkten Beschäftigung mit dem eigenen Körper des Kindes ausgehend, erweitern sich die Spielaktivitäten des Kindes um die Beteiligung anderer Mitspieler und Handlungsadressaten: Ein Kind wird dann der Mutter, einer Puppe und sich selbst eine leere Tasse an den Mund halten (Piaget 1945; Nicolich 1977).

Die Bedeutung der Abbildungsfähigkeit

Die Abbildungsfähigkeit schafft zunächst eine Datengrundlage für ein von der Handlung unabhängiges Wiedererkennungsgedächtnis und später für ein evokatives Gedächtnis. Bevor es die Abbildungsfähigkeit gibt, ist das Wiedererkennen hoch entwickelt, aber handlungsgebunden; das heißt, das was wiedererkannt wird, ist nicht das Objekt per se, sondern die gesamte Handlungsabfolge, die sich mit dem Objekt verbindet – eine Flasche ist das In-den-Mund-Stecken, ein Ring das Danach-Greifen, eine lächelnde Mutter ist das Zurücklächeln. Mit der Handlung löst sich wahrscheinlich auch das Abbild auf. Die Eigenschaften des Objekts sind nicht aus der Handlungssequenz herausabstrahiert worden. Das Objekt (die Flasche, die Mutter, das Selbst) ist noch kein "Anschauungsobjekt" im eigenen Recht geworden (Werner u. Kaplan 1963). Wenn sich die Abbildungsfähigkeit erst einmal entwickelt, dann kann das Kleinkind das mentale Abbild des abwesenden Objekts aufrechterhalten, auch wenn es mehrmals hintereinander verschwindet. Während des Zeitraums von 13–18 Monaten muß das Objekt bei mehrfachem Verstecken jedesmal zwischendurch entdeckt und geprüft werden, sonst bleibt das Abbild im Gedächtnis nicht erhalten. Mit mehr als 18 Monaten ist für das Wiedererkennen der unmittelbare Wahrnehmungshinweis nicht nötig; das Kleinkind kann das Abbild des abwesenden Objekts evozieren und es dann aufspüren (Fraiberg 1969).

Die Abbildungsfähigkeit steht in direkter Beziehung zum Lernen (geistigen Erfassen) durch das Erkennen von Zeichen. Das wahrgenommene Objekt vermittelt nicht nur seine Erscheinung, die ein Erkennen erlaubt, sondern auch Information, die sich für die deduktiven Prozesse verwenden läßt, die im frühen Kleinkindalter zweckmäßig sind. Das Kleinkind kann das Abbild des Schirms und die Handlung des Untersuchers, der ein Objekt hinter dem Schirm plaziert, als ein Zeichen dafür verstehen, daß der Schirm dazu da ist, etwas dahinter zu verbergen, daß das Spiel "Verstecken" ist und daß das Signal für das Kind auf "Suchen" steht. Mit anderen Worten: das Abbild, das geformt wird, steht in Beziehung zu der spezifischen Problemlöseorientierung dieses Zeitraums; Probleme, die das Kind vorher mit unmittelbar reaktiven Handlungsmustern anging, geht es nun durch deduktives Schlußfolgern an.

Dieser Übergang – weg von einer direkten Reaktion auf einen Stimulus in Form einer Handlungsabfolge, hin zu einer kontemplativen Reaktion – steht unter dem Zeichen eines affektiven Wandels. Im allgemeinen führt dieser Wandel von einer freudigen Reaktion auf Neues zu einer nachdenklicheren, ja vorsichtigen Reaktion auf das Problem, das nun ein identischer Wahrnehmungsgegenstand darstellt. Die Reaktion des 9 oder 10 Monate alten Kleinkinds auf den "Fremden" kann man in diesem Licht untersuchen. Ich möchte darauf hinweisen, daß die entwicklungsentsprechend normalste Reaktion auf eine "Nicht-Mutter-Person" (die oft kein "Fremder" ist) vorsichtiges, exploratives Interesse ist; das heißt, die nahende Person wird, mit Werner u. Kaplans (1963) Worten, zu einem Anschauungobjekt – zu einem Problem, das verwirrt. Meine These ist, daß die nahende "Nicht-Mutter-Person" vielleicht das erste in einer Reihe von Objekten ist, auf die als objektiviertes Abbild reagiert wird. Anders gesagt: die Reaktion auf den Fremden könnte das erste Beispiel für die Funktion der Abbildungsfähigkeit sein.

Ich glaube, es ist von Bedeutung, daß die kontemplative Reaktion auf den langsam nahenden, freundlichen Fremden, welche 8–10 Monate alte Kleinkinder zeigen, die sicher auf Mutters Schoß sitzen, zeitlich mit Piagets 4. Stadium zusammenfällt, in dem die Berücksichtigung der Tiefe des Raums auftaucht und Konsistenz, Größe und Form von Objekten zu einer Quelle der Faszination werden. Allerdings ist die Reaktion auf den Fremden so komplex, daß es schwer sein wird, die Facette herauszulösen, auf die ich jetzt eingehen möchte. Bis jetzt hielt man die Reaktion auf den Fremden für eine Folge von 2 Entwicklungen: des kognitiven Fortschritts einerseits, mit dessen Hilfe die Mutter von anderen unterscheidbar wurde, und andererseits der Reifung des Furchtaffekts. Wir wollen einmal die kognitive Seite dieser Erklärung überprüfen. Wie wir festgestellt haben, kann ein Neugeborenes das Gesicht, die Stimme und den Geruch der Mutter von anderen unterscheiden. Es scheint von daher unwahrscheinlich, daß die Reaktion auf einen Fremden eine Frage der Unterscheidungsfähigkeit ist; es ist mehr eine Frage der Bedeutung. Zuvor bedeutete der Fremde eine weitere Neuigkeit, mit der man lächeln und kichern konnte. In der Tat erhöhte das "Nichtmuttersein" eigentlich den Neuigkeitswert der Tante, die zu Besuch kam. Der Wandel entspringt der zunehmend selektiven Bindung an die Mutter, die sich in der 2. Hälfte des 1. Lebensjahres einstellt, und bedeutet nicht, daß die Unterscheidungsfähigkeit einsetzt. Mit anderen Worten, es ist nicht so, daß das 8–10 Monate alte Kleinkind nun zur Unterscheidung *fähig wird*; es ist eher so, daß es das Kind jetzt *nötig* hat, die schon vorher existierende Fähigkeit mit Hilfe dessen, was ich als Abbildungsfähigkeit bezeichne, *einzusetzen*. Das hat zur Folge, daß das Kleinkind die "Nicht-Mutter-Person" mit etwas ernüchterter Neugier sowie optischer und visueller Exploration würdigt, wie es Mahler et al. (1975) beschreiben.

Welche Grundlage hat die Notwendigkeit, diese Fähigkeit jetzt einzusetzen? In dem Maß, in dem sich die Bindung an die Mutter vertieft, wird jede nahende Person überprüft, um herauszufinden, ob diese Person das Sicherheitsempfinden des Kleinkinds erhöht oder abschwächt; dessen hauptsächliche Stütze ist die Anwesenheit der Mutter. Weder die Anwesenheit der recht vertrauten Großmutter noch die der völlig unbekannten Tante auf Besuch bestimmt die Reaktion. Statt dessen wird der Stellenwert der Sicherheit gewährenden mütterlichen Unterstützung gegen andere Faktoren abgewogen, etwa gegen die von der Fremden hervorgerufene Schreckhaftigkeit. Also werden Kleinkinder zu Hause, wo ihre Mütter für körperlichen Kontakt verfügbar sind, auf die Nicht-Mutter-Person in einer Weise reagieren, die verdeutlicht, daß es von Bedeutung ist, daß sie nicht die Mutter ist. Diese Person hebt sich von der Umgebung ab und wird als Objekt im eigenen Recht angesehen. Entsprechende Erlebnisse haben wir, wenn wir plötzlich ein vertrautes Objekt anschauen – etwa ein Gemälde, das uns schon seit Jahren gehört – und sagen: "Oh, die Symmetrie zwischen diesem Baum und dem dahinterliegenden Haus ist mir noch nie aufgefallen." Wenn das Kind ein Objekt aus seiner vertrauten Umgebung herauslöst und einzelne Aspekte des Objekts spezifiziert (Mutter = Sicherheit; Nicht-Mutter = jemand jenseits der Sicherheit, den man anders erkunden sollte), dann ist das ein wichtiges Mittel, mit dessen Hilfe das Kind zu einem Selbstempfinden kommt – was ich hoffentlich noch veranschaulichen kann. Die Abbildungsfähigkeit ist das Mittel zur Objektivierung des Selbst.

Der Spiegel und das Selbst

Im Gegensatz zum Fremden, dessen Erscheinen eine Reaktion der ernüchterten Verwirrung auslöst, ruft ein Spiegel bei Kleinkindern zwischen 9 und 12 Monaten eine begeisterte Reaktion hervor. Sie pflegen zu lachen, zu gurren und zu kichern, was auf eine handlungsgebundene Reaktion verweist. Wenn in diesem Alter das Spiegelbild verzerrt wird, zeigt sich in der Reaktion keine Veränderung, und wenn man auf der Stirn der Kleinkinder eine Markierung anbringt, scheinen sie das nicht zu bemerken. Die Reaktion des Kleinkinds gegenüber dem Spiegel baut auf dem Reaktionsmuster für jede neue Erfahrung auf; nur ein Element kommt hinzu. Der Spiegel ruft eine handlungsbezogene Reaktion hervor – aber eine, die das Kleinkind selbst gemacht hat. Jede Bewegung des Kleinkinds beeinflußt sofort den Wahrnehmungsgegenstand. Der Spiegel hat die gleichen unterhaltenden Eigenschaften wie ein Mobile oder ein Zeichentrickfilm, aber das Kleinkind ist hier kreativer Regisseur.[2]

Zwischen 13 und 15 Monaten reagieren Kleinkinder allerdings völlig anders auf den Spiegel. Wenn sie mit ihrem Spiegelbild konfrontiert sind, werden die Kleinen ernst, nachdenklich und weniger aktiv. Wenn das Spiegelbild verzerrt wird, konzentrieren sie sich bewußt darauf, ohne Vergnügen. Sie bemerken eine heimlich auf ihrer Stirn angebrachte Markierung und können sogar *im Spiegel* danach greifen, aber sie berühren diese nicht auf ihrem eigenen Gesicht. Sie werden absichtlich durch ihre Bewegungen eine "Show" im Spiegel zustandebringen, ohne daß sie eindeutig erkennen, daß der Spiegel Information über sie selbst (die Markierung auf der Stirn) enthält. Diese Ergebnisse lassen vermuten, daß das Bild im Spiegel durch die Abbildungsfähigkeit zu einer abgrenzbaren Einheit "da draußen", zu einem Anschauungsobjekt geworden ist, aber noch keine wirkliche Spiegelung des Selbst darstellt (Modaressi 1980).

Zwischen 15 und 21 Monaten kommt es zu einer dramatischen Veränderung. Kleinkinder, denen man heimlich einen Fleck auf die Nase macht (Brooks u. Lewis 1976; Lewis u. Brooks-Gunn 1979) oder bei denen man eine Markierung auf der Stirn anbringt (Modaressi 1980; Modaressi u. Kenny 1977), werden, wenn sie vor einem Spiegel sind, nach *ihren* Nasen und Stirnen greifen (Amsterdam u. Levitt [1980] können diese Reaktion erst zwischen 18 und 22 Monaten reliabel auffinden). Dieses interessante Verhaltenssegment legt nahe, daß Kinder in diesem Alter entdeckt haben, daß der Spiegel nicht nur visuelle Information über ein Bild "auffängt" und abspiegelt, sondern daß er von "dort draußen" Information über *sie selbst* vermittelt.

Welche früheren Entwicklungen machen die Entdeckung möglich, daß der Spiegel Information über das Selbst enthält? Daß Objekte Information vermitteln, wird zur Tatsache, sobald das erste Objekt im fokalen visuellen Bereich eines Neugeborenen auftaucht. Daß Objekte außerdem verschiedene Information vermitteln, wird durch die unterschiedlichen Reaktionen des Säuglings auf ein Spielzeug und auf ein menschliches Gesicht zur Tatsache. Weiterhin löst das Gesicht "da draußen" nachahmende Reaktionen aus, wie man innerhalb der 1. Lebenswoche an den veränderlichen Gesichtsausdrücken des Babys beobachten kann. Neugeborene strecken sogar ihre Zungen heraus, wenn die Mutter es tut (Meltzoff u. Moore1977). In diesem Alter wird das wohl keine gelernte Reaktion sein. Der Säugling scheint vielmehr darauf vorprogrammiert zu sein, auf einen visuellen Stimulus so zu reagieren, daß eine spiegelbildliche Reaktion entsteht – das Gesicht des Säuglings nimmt die physiognomische Gestalt dessen an, was der Säugling

---

[2] In einem Experiment sahen sich Kleinkinder in einem Videomonitor. Sobald man das Monitorbild einfror, hörten die Kleinkinder auf, begeistert und hochaktiv zu sein (T. Modaressi, persönliche Mitteilung).

sieht. Es ist ganz natürlich, daß man diese Beobachtung mit dem Ausdruck "Spiegeln" belegt hat, daß man sie also ebenso bezeichnet wie den Prozeß, den Psychoanalytiker hypothetisch angenommen haben, um die geheimnisvolle Verbindung zu erklären, die zwischen geteilten gestörten Gemütszuständen von Müttern und Kleinkindern besteht. Greenacres (1941) Beschreibung ist ein früher Versuch, eine Vorstellung von diesem Prozeß zu gewinnen:

> "Spiegeln" ist eine Art visuelle und kinästhetische Introjektion derjenigen, die um das Kleinkind sind. Das Kind reagiert mit gerunzelter Stirn, mit einem verstörten oder angespannten Gesichtsausdruck, wenn die Menschen um es herum mürrisch oder gedrückt sind. Das mag durch eine Assoziation zwischen mäßigem Unbehagen (die einschränkenden, frustrierenden Empfindungen, wenn man von einer angespannten oder verkrampften Mutter oder Amme gehalten oder angefaßt wird) und dem bedrückten Gesichtsausdruck, welchen man sieht, zustande kommen; dennoch scheint das Kleinkind die Verbindung bald direkt vorzunehmen, so daß sich in der Angst des Babys die Angst der Amme spiegelt, ohne daß die kinästhetische Verbindung dazwischentritt. Dies ist eine Beobachtung, deren sich sensible Ammen sehr bewußt sind. Es ist eine Art zentripetale Empathie (S. 49-50).

Also hat sogar vor den Erfahrungen mit einem wirklichen Spiegel schon lange die Erfahrung des emotionalen "Spiegelns" bestanden. Während solcher Feedbacks zwischen Sender und Empfänger führt der Blick des Säuglings auf den Gesichtsausdruck der Bezugsperson – besonders durch das Fixieren der Augen – zum Aufbau eines Kommunikationssystems von erstaunlicher, synchroner Unmittelbarkeit (Stern 1977; Beebe u. Sloate 1982).

Wenn das Kleinkind erkennt, daß der Spiegel Information über das Selbst vermittelt, dann schließt das einerseits an eine seit langem heranreifende Verhaltenssequenz an, und andererseits kommt eine neue Entdeckung hinzu. Wenn man die Erfahrung in Worten ausdrückt (die das Kind natürlich nicht gebrauchen könnte), dann entdeckt das Kleinkind folgendes: "Dieses Objekt da draußen – der Spiegel – enthält ein Bild, das anders ist als alle anderen Bilder, denn es stellt mich dar. Außerdem ist das Bild von mir verändert – normalerweise habe ich keine Markierung auf der Stirn und keinen Fleck auf der Nase." Das Objekt (der Spiegel) ist sowohl konkret – es existiert selbst – als auch abstrakt – es kann etwas anderes abspiegeln. Das Bild im Spiegel hat ebenfalls konkrete Eigenschaften – es existiert und übermittelt Information ("es zeigt mir, wie ich aussehe, daß ich eine Markierung auf der Stirne oder einen Fleck auf der Nase habe, wovon ich nichts wußte"). Auf einer abstakteren Ebene existiert der Zuschauer (das implizite, nicht reflektierte "Ich" ["I"]) als ein Abbild mit einer bekannten, erwarteten Erscheinung ("Ich kann mein Abbild ebenso sehen wie die anderen, die um mich herum sind").

Auf diese Weise wird die Fähigkeit, eine objektivierte visuelle Unterscheidung zu treffen, auf das Abbild des Selbst angewandt. Der Spiegel macht Kleinkinder mit einem wirklichen Bild ihrer selbst bekannt. Die Reaktionen der Kleinkinder machen deutlich, daß sie nicht nur ein Bild von den Körperteilen haben, die sie ohne Spiegel sehen können, sondern vom ganzen Körper als einer Einheit. Das wahrgenommene Spiegelbild "steht für" das Abbild ihrer selbst. Es kann ein Zeichen vermitteln ("Ein Fleck ist auf deiner Nase, eine Markierung ist auf deiner Stirn"), welches eine Reaktion auslöst oder signalisiert, ebenso wie ein Fahrrad auf einem Verkehrszeichen die gleiche Information vermittelt wie ein Radfahrer, den man auf der Straße sieht; beide Male wird das gleiche signalisiert: Fahr vorsichtig!

Die affektiven Reaktionen, welche die Erfahrung mit dem Spiegel auslöst, sind ebenfalls aufschlußreich. Während 9–12 Monate alte Kinder von dem Spiegel begeistert sind, der ein aufregendes Spektakel vorführt, das sie selbst gemacht haben, zeigen Kleinkinder das gesamte 2. Lebensjahr hindurch vielfältige Reaktionen: gebremstes Interesse, nachdenkliche Vorsicht, scheue Befangenheit, nachdrückliche Blickvermeidung. Ich meine, daß diese affektive Veränderung den Wandel verdeutlicht, der von einer Reaktion auf den Spiegel als Quelle neuer, selbst hervorgerufener Stimulation wegführt. Jetzt stellt sich eine neue Herausforderung, wenn das Bild im Spiegel als Informationsquelle aufgefaßt wird, die für die entstehende Selbstbewußtheit von Bedeutung ist. Doch die Fähigkeit, das Spiegelbild als Zeichen zu benutzen, welches eine Veränderung signalisiert (den Fleck oder die Markierung), verbindet sich erst im 3. Lebensjahr mit einer entspannteren, lustvolleren Reaktionsweise. Ich glaube, daß es noch eine weitere Aufgabe gibt, an der im 2. Lebensjahr gearbeitet wird – nämlich die immer schärfer faßbare Bewußtheit für das "ganzheitliche Selbst". Amsterdam u. Levitts (1980) Beobachtung, daß 18–24 Monate alte Kinder häufig schmerzlich befangen reagieren, wenn sie mit dem Spiegel konfrontiert sind, stützt diese Annahme.

Im Gegensatz dazu reagieren Kinder, die älter als 2 Jahre sind, ganz anders (Moldaressi 1981). Wie nicht anders zu erwarten, bemerken alle Kinder mit über 2 Jahren die Markierung oder den Fleck, und mit Hilfe des Spiegels orten sie ihn auf ihrem Gesicht. Diese Kinder entfernen die Markierung, untersuchen sie und können sie sogar mit Hilfe des Spiegels wieder auf ihrer Stirn anbringen. Die Erkenntnis, daß das Bild im Spiegel ihres ist, spiegelt sich im bewußten Wiedererkennen, das meist mit einem Lächeln verbunden ist. Zeitweise spürt man die Überraschung, ja sogar Scheu. Wenn man die Oberfläche des Spiegels verändert, so daß er ein verzerrtes Bild liefert, verändert sich die Reaktion dieser älteren Kinder schlagartig, sie geht von lustvollem Interesse zu starker Beunruhigung und Mißtrauen über. Es ist so, als ob sich das konkrete, scharf gefaßte Abbild des Selbst, eine Vorstellung, an deren Festigung sie so hart gearbeitet haben, sich vor ihren Augen aufgelöst hätte.

Weitere Aspekte der Abbildungsfähigkeit

Ich glaube, daß sich diese Schlußfolgerungen durch andere Verhaltensweisen absichern lassen, die zeitlich mit der Entdeckung des Spiegels einhergehen. In der 1. Hälfte des 2. Lebensjahres reagieren Kleinkinder auf Photographien ihrer Eltern: sie stoßen Laute aus und zeigen auf den Vater, wenn er auf einem Photo ist, und etwa einen Monat später auf die Mutter, wenn sie auf einem zu sehen ist (Brooks u. Lewis 1974; Brooks-Gunn u. Lewis 1979). Das Abbild existiert (es ist objektiviert), und es steht für die Person. In diesem Alter kann ein Kleinkind die Mutter bei der Hand nehmen und sie zum Kühlschrank führen. Ich nehme an, daß der Kühlschrank jetzt als Abbild existiert, welches für den Inhalt steht (es ist ein Zeichen für den Inhalt), der zum Vorschein kommt, wenn die Tür offen ist (es ist wie bei einem Spielzeug hinter einem Schirm). Der Inhalt des Kühlschranks signalisiert seinerseits die Wirkung, die sich einstellt, wenn man davon ißt. Mit anderen Worten, das Kleinkind kann ein Abbild oder eine Abfolge von Abbildern formen, die "da draußen" in Zeit und Raum ihren Platz haben (sie sind dort ortbar). Das Wichtige an diesen Abbildern ist nicht ihr Wahrnehmungsinput als solcher, sondern ihre Bedeutung für motivationale Abfolgen im Leben des Kindes. Der Kühlschrank ist ein solches Abbild, die Bewegung des Selbst in seine Richtung und die Mutter, die den Kühlschrank öffnet, das ist wieder eines, und das Selbst, das Nahrungsmittel daraus bekommt, ist ein drittes Abbild. Gemeinsam ermöglichen es diese Bilder dem Kind, die Mutter vor den Kühlschrank zu führen und Nahrung zu bekommen.

Des weiteren läßt sich die These von der Abbildungsfähigkeit durch das "verzögert" nachahmende Spiel des Kleinkinds stützen. Der Säugling macht Gesichtsausdrücke und Gesten nur in Gegenwart der Person nach, die kopiert wird. Nach etwa 13 Monaten ist das Kleinkind in der Lage, eine Handlung zu wiederholen, nachdem die imitierte Person aus dem Gesichtsfeld verschwunden ist. Piaget u. Inhelder (1966) beschreiben ein 16 Monate altes Mädchen, "das sieht, wie ein Spielkamerad zornig wird, schreit und mit den Füßen stampft (etwas, was es noch nie gesehen hat), und das ein oder zwei Stunden nach dem Weggehen des Spielkameraden die Szene lachend nachahmt" (S. 62). Die Autoren behaupten, daß eine solche aufgeschobene Nachahmung den Anfang der Repräsentation darstellt und daß die nachahmende Geste den Ursprung eines differenzierten Bezeichnenden [signifier] bildet. In diesem Alter ahmt das Kind nicht nur andere nach, deren Abbilder und Handlungen es behalten hat, sondern es macht auch nach, was es selbst in einem anderen Kontext getan hat. Die Kleine kann spielen, daß sie schläft, ißt oder mit dem Auto wegfährt (sie kann "so tun als ob"). Piaget glaubt, daß die Nachahmung und die damit verbundenen Handlungen für die vollständige Entwicklung des mentalen Abbildes wichtiger sind als das wahrnehmungsmäßige Aufnehmen selbst (s. Greenspan 1979, S. 155-160). Diese

Meinung unterstreicht, daß die Abbildungsfähigkeit nichts Statisches ist – sie taucht *in* einer dynamischen Situation auf, weniger *als* photographische, unbewegte Momentaufnahme.

Die Abbildungsfähigkeit führt allerdings in dieser Zeit noch nicht zur Bildung eines vollständigen Symbols (Blum 1978; Greenspan 1982). Der Kühlschrank ist ein Zeichen, welches ein Abbild des vom Kühlschrankinhalt essenden Selbst signalisiert; er kennzeichnet eine affektbesetzte *Handlung*. Folgt man Basch (1975), dann wird ein solches zeichenbestimmtes Verhalten "durchgeführt, indem enkodierte Muster auftauchenden Wahrnehmungsgegenständen gegenübergestellt werden. Eine solche Organisation macht es einerseits möglich, daß sehr komplexe Verhaltensweisen ausgelöst werden können, wenn ein Aspekt früherer Erfahrung wieder auftaucht; andererseits kann das Wiedererkennen eines Teils einer vertrauten Handlungsroutine sensorische Erwartungen aufsteigen lassen, welche die Handlung oder Reaktion so lange verzögern, bis der nächste Aspekt eines vertrauten Musters registriert wird. ... An komplexem zeichenbestimmtem Verhalten ist immer die Fähigkeit zur Abstraktion von Wahrnehmungsinhalt und -form beteiligt" (S. 507). Unabhängig davon, wie komplex die Verhaltensantwort auf das Zeichen ist, dient allerdings das Zeichen nicht als Symbol. Der Wahrnehmungsgegenstand, der zum Zeichen wird, kann extrem subtil und abstrakt sein (Vaters hochgezogene Augenbrauen bedeuten, daß ein Wutausbruch bevorsteht), oder es kann zahlreiche Verschiebungen in der assoziativen Kette zwischen dem Zeichen und dem Ziel der Wünsche geben (vom Kühlschrank über das Aufsuchen der Mutter, das In-die-Küche-Holen, das Türöffnen und das Herausnehmen der Eiskrem bis zum Eisessen). Basch macht trotz allem geltend, daß das Zeichen "eine Situation nicht so repräsentiert oder darstellt, daß es selbst anstelle der Erfahrung, die es repräsentiert, intrazerebral und interpersonal manipuliert wird. Wie Susan Langer (1951) sagte, "ruft ein Zeichen die Handlung hervor, die gegenüber dem bezeichneten Objekt angemessen ist, aber ein Symbol erweckt die begriffliche Vorstellung [conception] des symbolisierten Objekts" (S. 508). Erst später im 2. Lebensjahr, im Verlauf von Entwicklungen, die ich noch beschreiben werde, kommen Prozesse in Gang, die zu einem Abbild führen, das die "begriffliche Vorstellung" vom Objekt erweckt – Nahrungsmittel werden dann zu einer Klasse generalisiert, und die Elemente innerhalb dieser Klasse werden spezifiziert. Die *Vorstellung* [idea] von Nahrungsmitteln kann von der pragmatischen Verwendung von Nahrung abgegrenzt werden; sie kann in ein Spiel eingebaut werden und von Person zu Person herumgereicht werden (Piaget 1945; Nicolich 1977). Gegen Ende des 2. Jahres ist das Kind vielleicht in der Lage, im Kopf mit Entscheidungen zu spielen: "Ich hätte lieber Haferflocken als Toast" – auch wenn weder das eine noch das andere da ist.

Spezielle Überlegungen

Mein Gebrauch des Ausdrucks "Abbildungsfähigkeit" sollte von der Begrifflichkeit der "Einbildungen" [imaging] während schwerer sensorischer Deprivationszustände unterschieden werden (Rubinfine 1961). Die Abbildungsfähigkeit ist ein Mittel zur *Reaktion auf einen Wahrnehmungsgegenstand*; die "Einbildungen", auf die sich Rubinfine bezieht, *ersetzen fehlende Wahrnehmungserfahrung oder nehmen ihren Platz ein.* Die beiden Begriffe haben vielleicht insofern miteinander zu tun, als ein Individuum nach der Entwicklung der Abbildungsfähigkeit und auch der Fähigkeit zur symbolischen Repräsentation auf eine schwere Reizverarmung reagieren kann, indem es die fehlende Wahrnehmungserfahrung durch die innenweltliche Imagination ersetzt. Verinnerlichte visuelle und andere sensorische Repräsentanzen (einschließlich ganzer Szenen), die mit der Abbildungsfähigkeit aufgebaut worden sind, werden nach außen projiziert, um die gestörte Balance wiederherzustellen.

In meiner Vorstellung von einer Fähgkeit, die es ermöglicht, optische Wahrnehmungen als Anschauungsobjekte, als abgegrenzte Bilder "da draußen" zu behandeln, betone ich das visuelle Funktionieren, obwohl ich glaube, daß sich das Abbild nur selten auf das Visuelle beschränkt.

Schlußfolgerung

Meine Vermutung ist, daß die Abbildungsfähigkeit zu verschiedenen Zeitpunkten für verschiedene Objektklassen nutzbar wird. Meine Überlegung dabei ist, daß die nüchterne, nachdenkliche Stimmung des Kleinkinds darauf verweist, daß es nun eine bestimmte Gruppe von Objekten zu abgegrenzten Entitäten "entwirrt", die von den Handlungen unabhängig sind, die zum Kontakt des Kleinkinds mit ihnen gehören. Wenn das so ist, ergibt sich folgender Zeitplan: Personen, die nicht aus dem täglichen Umgang vertraut sind (8–13 Monate), das Bild im Spiegel (13–15 Monate), das Spiegelbild als Abspiegelung des Selbst (15–24 Monate) und die Mutter in Momenten der "Wiederannäherungskrise" (18–24 Monate). Es ist bezeichnend, daß das Kleinkind die Mutter auf einer Photographie später als andere erkennt, sogar ein wenig später als den Vater (Brooks u. Lewis 1974; Brooks-Gunn u. Lewis 1979). Ich glaube, das verweist darauf, wie wichtig die stützende Gegenwart der Mutter ist, was das Kleinkind dazu bringt, sie am längsten *im Handlungsmodus zu halten* – die Mutter muß man nah bei sich haben. Wenn ihre Abgegrenztheit als Entität formal klargestellt würde, dann würde das Schmerzliche an ihrem Verschwinden Gestalt annehmen – durch das Andenken an ein Abbild von jemandem, der nicht da ist und nicht gefunden werden kann. Mit anderen Worten: die Mutter hat als Objekt *unmittelbaren*

Interesses und auch als konkrete Grundlage für ein Empfinden von dauerhafter Unterstützung eine Funktion; daher könnte das Kleinkind sie hintenan stellen, wenn es darum geht, ihre Abgegrenztheit in einem Bild auszuarbeiten, das im Gedächtnis gehalten wird, um in ihrer Abwesenheit benutzt zu werden.

Ich versuche hier zu beschreiben, wie eine affektiv-kognitive Fähigkeit, die bereits gegeben ist, einer innengesteuerten Reihenfolge entsprechend für eine Anzahl aufeinander bezogener Probleme nutzbar gemacht wird. Von der klinischen Analyse her sind wir mit dem innengesteuerten Zeitplan vertraut, nach dem der Patient bestimmte erwägenswerte Problembereiche auswählt. Zum Kleinkind zurückkehrend können wir vermuten, daß auf affektiver Seite die Frühformen der Versuche, ein Abbild der Mutter zu objektivieren, zu einer Quelle der Panik werden, weil auf kognitiver Seite die Mutter im Rahmen der Abbildungsfähigkeit ebenso behandelt wird wie ein verschwindendes Spielzeug. Das bekümmerte Kleinkind verliert die abwesende Mutter zwar nicht mehr aus dem Gedächtnis, wenn Wahrnehmungshinweise fehlen, aber es hat noch kein Abbild geschaffen, das über das Stadium des Wiedererkennens hinausführt, in dem 1 oder 2 Ortswechsel berücksichtigt werden. Scheinbar muß ein verläßliches evokatives Gedächtnis von der Mutter für die Milderung der nachdenklichen, ängstlichen Reaktion des Säuglings sorgen.

Mahler et al. (1975) beschreiben, daß Kleinkinder in der Übungsphase meist Freude am Spiel erleben, wenn die Mutter da ist, daß sie aber einen "Stimmungsabfall" erleiden, wenn ihnen die Abwesenheit der Mutter bewußt wird: "Bei solchen Gelegenheiten verlangsamte sich ihre gestische und Leistungsmotilität, ihr Interesse an der Umgebung verringerte sich, sie schienen von inneren Vorgängen in Anspruch genommen, sie beschäftigten sich mit 'Einbildungen' ('imaging'), wie Rubinfine (1961) es nannte" (S. 98). Lassen Sie mich noch einmal den hier gebrauchten Begriff der "Einbildungen" von der "Abbildungsfähigkeit" unterscheiden, die mit einer Reaktion auf einen äußeren Wahrnehmungsgegenstand zu tun hat – nämlich mit der Objektivierung und der Kontemplation der anwesenden Mutter. Die "Einbildungen", die Mahler et al. (1975) beschreiben, haben zur Folge, daß ein fehlender Wahrnehmungsgegenstand durch eine Wendung nach innen ersetzt wird. Wenn das Kleinkind die Abwesenheit der Mutter erkennt, bringt das anfangs einen Verlust libidinöser Besetzung und einen "Stimmungsabfall" mit sich. Es ist allerdings schwer einzuschätzen, ob das kontemplative Kleinkind anfangs tatsächlich Abbilder abrufen kann. In dem genannten kontemplativen Zustand spiegeln sich vielleicht die anfänglichen Versuche, ein Abbild der Mutter im Gedächtnis zu evozieren, um so das Gefühl von Sicherheit wiederherzustellen, das in ihrer Abwesenheit verlorengegangen ist. Beim älteren Kleinkind kann sich in Gegenwart *und* Abwesenheit der Mutter ein Zustand der Verunsicherung einstellen. In dieser Zeit kann das Kleinkind versuchsweise auf "Einbildungen", denen die "Abbildungsfähigkeit" zugrundeliegt, zurückgreifen, ob die Mutter nun da ist oder nicht, weil es sich nun körperlich und *emotional* entfernt. Objektivierung und Kontemplation werden von der symbolischen Repräsentation vervollständigt, auch wenn diese noch nicht ganz zuverlässig ist.

Das 2. Lebensjahr ist also bestimmt von einer Reihe von Entwicklungsschritten, die das Kleinkind beschäftigen (ja sogar absorbieren). In der Reaktion des Kleinkinds auf den Spiegel können wir eine besondere adaptive Abfolge erkennen. Zuerst wird eine äußere Welt, das "Draußen", errichtet (der Spiegel wird zur objektivierten Entität, die ihre eigenen Eigenschaften hat); dann entwickelt sich ein Lernmodus, bei dem das "Draußen" (das Spiegelbild) Informationen in Form von Zeichen übermittelt, die als Signale für Reaktionen dienen, an denen sich das entstehende Selbst orientieren kann. Noch später sehen wir ein Empfinden für die Fähigkeit des Selbst auftauchen, eine Handlung zu aktivieren oder zu initiieren. Schließlich findet ein Übergang von dem mit Zeichen verbundenen affektiv-kognitiven Modus zur symbolischen Stufe statt, wo 2 ineinander verwobene Modi (der Primär- und der Sekundärprozeß) Phantasie, Metaphorik, kontingente und kausale Verbindungen sowie eine auf höherer Stufe organisierte Spielaktivität ermöglichen.

8. Spekulationen über das ganzheitliche Selbst als "auftauchendes Merkmal"

Der Begriff "auftauchendes Merkmal" bedeutet, daß eine solches Merkmal erscheint, wenn sich ein veränderter Gesamtzustand entwickelt, dessen Kennzeichen sich vom vorhergehenden Gesamtzustand qualitativ unterscheiden. Der veränderte Gesamtzustand, der auftauchen soll, ist schemenhaft schon in der genetischen Grundanlage für die individuelle Entwicklung vorgezeichnet. Wann die Auftauchbewegung einsetzt und wie sie verläuft, das wird von neurophysiologischen Reifungsvorgängen und psychologischen Entwicklungen bestimmt. Genauer gesagt, versuche ich mit dem Ausdruck "auftauchendes Merkmal" eine Brücke zu schlagen zwischen dem begrifflichen Bereich der Zeit (innerhalb dessen es darum geht, wann eine Entwicklung einsetzt und was deren Vorläufer sind) und dem Bereich des Erlebens (innerhalb dessen es darum geht, ob es sich nur um eine Erscheinung auf neurophysiologischen Niveau handelt oder ob auch ein gewisses Maß an Gewahrsein oder Bewußtsein gegeben ist). Das "Merkmal" eines ganzheitlichen Selbsterlebens, das im 2. Lebensjahr auftaucht, kennzeichnet ein Selbst, dessen charakteristische Erfahrungsweisen sich qualitativ von denen des vorhergehenden handlungsgebundenen Selbst unterscheiden.

Das ganzheitliche Selbst [self-as-a-whole] entsteht als Ergebnis von 2 qualitativ unterscheidbaren Entfaltungsbewegungen: die eine beginnt nach der Geburt, die andere während des 2. Lebensjahres, nach dem Erwerb der Abbildungsfähigkeit. Von Geburt an (oder möglicherweise schon während des intrauterinen Lebens) spielt sich auf der Basis von Wahrnehmungs- und Reaktionsbereitschaften ein leistungsfähiges System des Selbst-Objekt-Austausches ein (Stern 1983). Zum Beispiel reagiert das Neugeborene mit einem wachen, fixierten Blick, wenn das Gesicht der Mutter 20 cm entfernt ist. Jedesmal, wenn Neugeborene in Ausübung einer ihrer zahlreichen Fähigkeiten ganz bestimmte Präferenzen (z. B. für ein Geräusch oder einen Rhythmus) zeigen, differenziert sich das (reagierende) Selbst innerhalb eines Gesamtsystems heraus, das Integration in die Umwelt sichert. Die Integration in die Umwelt variiert mit den Qualitäten des Selbst-Objekt-Austauschsystems. Die Qualität der Getrenntheit des Selbst kann verschieden ausfallen. Der Austausch kann zu stärkerer oder schwächerer Beschäftigung mit dem Unmittelbaren und der Quelle des Wahrnehmungsinput führen. Das Objekt kann in einem engeren Sinne eine Person sein (die wirkliche Mutter, die das wache Kind hält) oder auch etwas Umfassenderes (das Schlafzimmer mit Bett und Mutter als haltende Umwelt, wenn der Säugling einschläft).

Wenn mit 10–12 Wochen und mit 6 Monaten jeweils ein bedeutender neurophysiologischer Reifungsvorgang zustande kommt, wird der Säugling auf die Interaktion intensiver und klarer aufmerksam, und es wird wahrscheinlicher, daß es Bewußtheit (Bewußtsein) gibt – also eine Ebene, die über die rein neurophysiologische Reaktivität hinausgeht.

Meine These ist, daß das ganze 1. Lebensjahr hindurch die Konzentration auf den *Austausch* zwischen Selbst und anderem die Bewußtheit für das Selbst als Entität und für das Objekt als Entität überdeckt. Die unendlich vielen kleinen Interaktionen, während derer sich Säugling und Bezugsperson ähnlich oder komplementär verhalten, und die relative Synchronizität des Austausches stellen die Interaktion eindeutig in den Mittelpunkt. Obwohl diejenigen Verhaltensweisen des Säuglings, bei denen es um Kontingenzen geht, den Unterschied zwischen Selbst und Objekt stärker betonen, werden sie vor dem Einsetzen der Abbildungsfähigeit in erster Linie innerhalb der regulierenden Matrix des Austausches zwischen Säugling und Bezugsperson erlebt.

Ich meine, *daß die Abbildungsfähigkeit für die Etablierung der Abgegrenztheit und Objektivität des äußeren Objekts und auch des Selbst von entscheidender Wichtigkeit ist.* Zunächst verbleibt diese höhere Stufe der Differenzierung von Selbst und Objekt innerhalb eines Beziehungskontexts, aber die Konzentration auf den Austausch selbst nimmt ab und geht auf die intrapsychische Informationsverarbeitung über. Die Abbildungsfähigkeit macht Kleinkinder zu absichtsvollen Zeichenlesern. Sie tasten ihre unmittelbare Umgebung nach orientierenden Hinweisreizen ab, suchen dabei im Gesicht der Eltern nach Hinweisen auf die momentane Reaktionsbereitschaft (eine "Klimaprobe") und hören mit zunehmendem Verständnis – für Ton und Inhalt – auf das gesprochene Wort. Gleichzeitig werden Kleinkinder – durch ihre Gesten, Gesichtsausdrücke und Lautäußerungen – immer geschicktere Signalaussender.[1] Wenn sie physiologische Bedürfnisse und Vorlieben gegenüber der menschlichen und nichtmenschlichen Objektwelt signalisieren, zeigen sie eine schärfer umgrenzte Bewußtheit dafür, wie sie mit ihrer besonderen Umwelt umgehen können.

---

[1] Wahrscheinlich liegt die wichtigste Information, die aufgenommen und beantwortet wird, im Affektbereich. Eine Untersuchung entsprechender Austauschprozesse der ersten Hälfte des 2. Lebensjahres kann vielleicht erklären helfen, wie gewisse Affekte ausdifferenziert, verbalisiert und entsomatisiert werden - oder auch nicht (Krystal 1974). Die Abbildungsfähigkeit erlaubt es dem Kind, die affektive Expressivität der Eltern zu lesen; sie ist eine Fähigkeit, die die Eltern willkommen heißen oder scheuen können. Die nachahmende oder entgegengesetzte Reaktion des Kleinkinds und die Reaktion der Eltern darauf setzen komplexe Signale in Gang, die zur endgültigen Selbsterkenntnis und Affekttoleranz beitragen, oder aber das "Lesen" und Tolerieren von eigenen und fremden Emotionen einschränken.

Die Fähigkeit, das Selbst als Objekt der Kontemplation und als Ursprung der Kontemplation zu behandeln, kommt zu der subjektiven Bewußtheit hinzu, die dem in Erfahrungszusammenhängen handelnden Selbst und dem Selbst als Sender und Empfänger von Zeichen entspringt. Anders als das Selbst, das reagierend in eine Handlung eingebunden ist, schafft das Selbst als Ursprung der Kontemplation eine vorstellungsbezogene Distanz, die das Selbstempfinden weiter ausdifferenziert. Meiner Hypothese zufolge schafft die Objektivierung, die aus der Abbildungsfähigkeit und dem Übergang zur Stufe des signal- und zeichenbezogenen Austausches entspringt, in der Mitte des 2. Lebensjahres das neu auftauchende Merkmal eines ganzheitlichen Selbst. Die qualitative Veränderung des Selbst ermöglicht dann weitere Entwicklungen; das Selbst wird später seinerseits durch das Einsetzen symbolisch-repräsentationaler Kognition in der 2. Hälfte des 2. Lebensjahres spürbar verändert.

Aber was meine ich mit dem ganzheitlichen Selbst? Ich benutze diesen unhandlichen Ausdruck, um eine Zusammenstellung von Persönlichkeitsmerkmal'en zu benennen, die in dem Spiegelexperiment mit dem Fleck auf der Nase deutlich werden. Hinter dem wahrnehmenden Auge ist ein wahrnehmendes "Ich" ["I"] und ein "Selbst", das im Spiegel gesehen wird. Es gibt einen Teil des Selbst (die Nase), den ein anderer Teil des Selbst (der Finger) ganz wie ein Objekt berührt. Es gibt einen "Nichtteil" des Selbst (den Fleck) – ein fremdes Objekt, das am Selbst haftet, sich aber außerhalb von dessen Körpergrenze befindet, die als Abbild bekannt ist. Die Abbildungsfähigkeit, meine ich, umfaßt und umgrenzt alle diese Selbstaspekte (ebenso umfaßt und umgrenzt sie auch ein Objekt, das nicht zum Selbst gehört). Wenn das ganzheitliche Selbst als Merkmal auftaucht, kommt zu diesen Abbildungen das erlebende, geistige Selbst hinzu, das eine neuerliche Erweiterung des wahrnehmenden "Ich" ["I"] ist.

Das Empfinden für das Selbst als Leitfigur

Das Merkmal des Selbst, das in der Mitte des 2. Lebensjahres auftaucht, ist das ganzheitliche Selbst als geistige "Leitfigur" ["director"]. Um das auszudrücken, was ich mit "geistigem Selbst" meine, kann man auch sagen, daß das Selbst, das tätig im Sinne von *handelnd* ist, in ein Selbst übergeht, dessen Sein und Tun *subjektiv* sind. Wenn wir uns die Situation mit der Bezugsperson anschauen, setzt ein Übergang von *Interaktion* zu *Intersubjektivität* ein.

Das ganzheitliche Selbst kommt bei Kindern zum Vorschein, die bereits komplex funktionieren. Ihnen fehlt allerdings eine Möglichkeit, ihr Funktionieren psychisch durchgängig im Umkreis einer "Leitfigur" zu positionieren, um sich so ihre erlebnishafte Welt anzueignen und gleichzeitig ihre Intentionen stärker zur Privatsache zu machen. Drei Analogien können vielleicht klären helfen, was ich meine.

Eine Schiffsgemeinschaft ohne Kapitän führt alle ihre Aktivitäten, Gewohnheiten und Rituale aus. An Bord befinden sich Befehle darüber, wo man auf welche Weise vorzugehen hat. Der Kapitän trifft ein und alles verändert sich. Zuerst spürt lediglich jeder, daß er da ist. Später laufen aufgrund seiner tatsächlichen Organisationsfähigkeiten alle Aktivitäten auf dem Schiff in seinem Umkreis zusammen.

Eine Person erwacht am Morgen. Nach und nach nimmt sie ihren Körper, ihre Bewegungen und Empfindungen "in Besitz". Dann besinnt sie sich und fügt Stück für Stück zusammen, was sie am Tag zu tun beabsichtigt.

Ein Patient, der im Rahmen einer Behandlung im Insulinkoma war, kommt langsam zu sich. Zuerst zwinkert er, rollt mit den Augen und macht rhythmische Mundbewegungen. Wenn er dann ein Glas mit gezuckertem Saft sieht, ist er in der Lage, robotergleich auf die Aufforderung zu reagieren, daraus zu trinken. Nach einer Weile drückt er - oft in Babyspache - aus, daß er "haben will" - er übernimmt im Prozeß des Zu-sich-Kommens die Kontrolle.

Der Anstoß für das Auftauchen des ganzheitlichen Selbst als Leitfigur entspringt aus 2 Quellen: 1) werden sequentielle Vorgänge zunehmend gewürdigt, auch in Form von Vohersagen, und 2) können Handlungen in Form von Gegensätzen, Umkehrungen und Alternativen begriffen werden. Wenn wir die interaktionale Matrix zwischen Kleinkind und Bezugsperson als den dominanten Faktor infantilen Lebens eingehend würdigen, dann können wir klarer abschätzen, welchen anteiligen Einfluß das Erleben von Beinahesynchronismen im Vergleich zu klar abgegrenzten sequentiellen Vorgängen hat. Das Zusammenspiel zwischen Mutter und Kleinkind mag einem flüchtigen Beobachter als kontingente Abfolge erscheinen, aber Aufnahmen der Mikrokinese können sichtbar machen, das es ebenso synchron ist wie der Tanz von guttrainierten Künstlern (Condon u. Sander 1974; Stern 1977). Für Säuglinge schafft dieses unentwegt wiederholte gegenseitige Eintrainieren eine Erlebnisform, welche sie die Einbindung ihrer Initiativen und Reaktionen in die Matrix der Interaktionen mit der Mutter spüren läßt. Sequentielle und kausale Beziehungen können leichter isoliert und eingeschätzt werden, wenn der Säugling mit einem unbelebten Objekt spielt – "Hand schiebt, es rollt". Den Affekt, der diese vom Säugling initiierten Handlungen begleitet, hat man als Funktionslust bezeichnet (Bühler 1930), im Fall des Gelingens dieser Handlungen als Wirksamkeits- oder Kompetenzlust (Broucek [1979] hält das Wirksamkeitsempfinden für eine Grundlage des Selbstempfindens). Sander (1983) vertritt die Ansicht, daß das Erleben von Initiative während relativ kurzer Zeitspannen im sogenannten "Spielraum" beginnt, wo weder die Mutter noch physiologische Bedürfnisse eine interaktive Regulierung notwendig machen. Diese "Spielräume" für das aktive Explorieren von Stimuli und das handelnde Ausüben von Initiative weiten sich aus, wenn die Mutter sensibel genug ist, die sich entwickelnde Aufmerksamkeit des Säuglings nicht zu stören oder mitzubeeinflussen.

Die Fortschritte, die das Kind während der Spielraumintervalle macht, wenn die Mutter nur als stützender Hintergrund existiert, sind die Grunderfahrungen, in deren Umkreis das auftauchende ganzheitliche Selbst des Kleinkinds ein Gespür dafür aufbaut, daß die eigenen Bilder und Reaktionen ihm gehören. Gleichzeitig baut es ein Empfinden für die Privatheit des eigenen geistigen Innenraums auf (Goldberg 1983). Piagets Werk legt nahe, daß für die kognitiven Operationen, die das Empfinden willentlichen Handelns möglich machen, nicht nur eine einzelne Kausalsequenz nötig ist, sondern eine Gruppierung, die aus einer Reihe sequentieller Handlungen besteht (Inhelder u. Piaget 1955). Erst dann werden die Handlungen und geistigen Operationen des Kindes "reversibel". Reversibilität impliziert, daß das Kind eine Operation zunächst handelnd und später in Gedanken erfinden kann und daß man eine Aufgabe von zwei einander entgegengesetzten Gesichtspunkten aus untersuchen kann. Da die Kleinkinder ihre unvollkommenen Versuche durch das Feedback aus vorhergegangenen Handlungen modifizieren, werden sie nach einer Weile zu einer Regulierung fähig, in deren Rahmen Handlungen halb reversibel sind. Wenn sich später eine funktionsfähigere Raumvorstellung entwickelt, kann ein Kleinkind ebensogut wahrnehmen, daß ein Objekt hinter einem Schirm sein muß, wie es wahrnehmen kann, daß es in Frontalansicht vor dem Schirm steht. Wenn es versucht, Aufgaben zu lösen, z. B. ein verschwundenes Objekt orten will, dann kann das Kind "seine Kräfte nun verteilen, es kann Mittel und Zweck koordinieren, es kann sie lenken und ihre Stärke einem bestimmten Zweck anpassen. Daher ist es auch fähig, sein Handeln zeitlich zu bestimmmen, es kann Mittel und Zweck koordinieren. Kurz gesagt, sein Handeln wird *rational* statt *impulsiv*" (Cobliner 1968, S. 320).

Diese Fähigkeiten zur Regulierung komplexer Handlungssequenzen festigt das Kind hauptsächlich im Umgang mit unbelebten Objekten. Sie sorgen für die Leistungsfähigkeit, die das Kleinkind einsetzt, um die schwierigeren Aufgaben zu lösen, die sich beim Ordnen der Beziehung zur Mutter stellen. Die Befriedigungen der Abhängigkeit – sowohl die offensichtlichen, während freudiger synchroner Austauschprozesse als auch die tiefen, die auf der Ebene hypothetischer primitiver Verschmelzung in regressiven Momenten des Übergangs in den Schlaf zustande kommen – diese Befriedigungen also wetteifern mit Kompetenz- und Wirklust (Lewin 1950; Jacobson 1964; Pine 1981). Die Reaktionsbereitschaft der Mutter auf die Bedürfnisäußerungen des Kleinkinds, die auf einem Kontinuum zwischen Progression und Regression liegen, stellt für die entsprechenden Austauschprozesse den regulierenden Kern zur Verfügung. Zwischen begrenzendem Eingebundenbleiben in Interaktionssequenzen mit der Bezugsperson und dem Herauswachsen daraus schwankt während des 2., 3., ja sogar während des 4. Lebensjahres die Balance hin und her.

Für sein Herauswachsen ist das Kleinkind darauf angewiesen, daß kontingente Handlungen innerhalb der Dyade beachtet werden und daß das Selbst handelnd die Möglichkeit hat, in mehrere verschiedene, ja sogar entgegengesetzte (umgekehrte) Richtungen zu wirken. Dieser Prozeß wird durch die Neigung zur Selbstbehauptung innerhalb des 2. Lebensjahres angeheizt. Damit das Selbst wirklich aus der Interaktionsmatrix aussteigen kann, ist es nötig, daß das Kleinkind in Reaktion auf ein Begehren einer Intention nachgehen kann (Lichtenberg u. Pao 1974) und gleichzeitig fähig ist, diese Ereignisabfolge in bezug auf Mutters Ermutigungen und Verbote zu überprüfen. Stechler u. Kaplan (1980) sagen: "Wenn ein Kind sich verhält und sein eigenes Verhalten im Kontext einer zwischenmenschlichen Beziehung überprüft, wenn es beobachtet und zur Kenntnis nimmt, wie die andere Person auf das reagiert, was es tut, und wenn es dann von seinen Wahrnehmungen so beeinflußt wird, daß es die eigenen Handlungen mit sozialen Hinweisreizen in Einklang bringt, dann ziehen wir die Schlußfolgerung, daß Selbstbewußtheit gegeben ist" (S. 99). Was Stechler u. Kaplan (1980) als Selbstbewußtheit bezeichnen, deckt sich wohl mit dem, was ich unter dem Namen geistiges Selbst als Aspekt des auftauchenden ganzheitlichen Selbst erfasse.

Wie ich ausgeführt habe, läßt sich diese Art der Überprüfung des eigenen Verhaltens seitens des Kindes als Folge der Abbildungsfähigkeit verstehen. Sie beinhaltet ein Erkennen der voneinander abgegrenzten Eigenschaften von Selbst und Objekt und ein gewisses Maß an Objektivität gegenüber der Information, die durch Zeichen und Signale ausgetauscht wird. Noch einmal: dieser Wechsel von einer Stufe zur anderen läßt sich als Übergang von Inter*aktion* zu Inter*subjektivität* kennzeichnen. Dieser Übergang geht mit der wachsenden Fähigkeit zur Planung von intentionalen Sequenzen einher, wobei der/die Kleine die Möglichkeit mütterlicher Zustimmung oder Ablehnung zu seinem/ihrem Plan abschätzt (oder zu bestätigen versucht). Das Kleinkind kann einen Rührlöffel finden, ihn hinlegen, nach einer Rührschüssel suchen, mit einem Blick die Zustimmung der Mutter einholen, und dann kann es spielen, daß es Essen durchrührt. Ebensogut kann das Kind ihm angebotenes Spielzeug beiseite schieben und absichtlich eine Schublade öffnen, um einen verbotenen Gegenstand herauszuziehen, mit durchtriebenem Blick auf die Mutter, deren Ablehnung es dadurch hervorruft oder herausfordert.

Während der 1. Hälfte des 2. Lebensjahres herrscht weiterhin der aktive, organisierende Einfluß der Mutter vor. Kognitive Fortschritte, die sich im Entstehen von Sequenzen außerhalb der synchronen Interaktionen und im Ausarbeiten von Alternativen äußern, sind also trotz alledem kein Anstoß, der für die Festigung des ganzheitlichen Selbst ausreicht.

Die auftauchende Objektivierung des ganzheitlichen Selbst, das als Leitfigur für intentionale Handlungen wirkt, ist eine organisierende Erfahrung mit großen

Möglichkeiten, aber wie alle neuen Entwicklungen ist das Empfinden für die Tatkraft des Selbst anfällig für Erschöpfungs- und Schwächreaktionen. Die stabile Grundlage des ganzheitlichen Selbst des Kleinkinds – das stark genug ist, aus den begrenzenden Aspekten der interaktionalen Matrix herauszuwachsen, und das kraftvoll genug ist, eine stützende Beziehung mit der Bezugsperson umzustrukturieren – diese Grundlage entspringt, wie ich meine, dem Anstoß durch eine Reihe reifungs- und entwicklungsbedingter Fortschritte, die das Leben des Kleinkinds um den 18. Lebensmonat herum anreichern.

Wie ich nun besprechen werde, beinhalten diese Fortschritte 1) Aufwallungen der Selbstbehauptung, mit dem entsprechenden Potential zur Widersetzlichkeit, 2) Aufwallungen der Bewußtheit für Blasen-, Darm- und Genitalempfindungen, wodurch das Körperinnere, das Perineum und besonders die Genitalien stärker in den Brennpunkt rücken, was das Abbild des Körperselbst weiter festigt, und 3) den allgemeinen, breit angelegten Übergang von einer Form der Kognition, die noch etwas an Handlungen und an den Signalaustausch durch Zeichen und Signale gebunden ist, zu einer stärkeren Verwendung von symbolisch-repräsentationalem Denken.

9. Die Auswirkungen von Selbstbehauptung und genitaler Bewußtheit auf das auftauchende Selbst

Die Aufwallungen der Selbstbehauptung

In seiner Untersuchung über die Bedeutung des durch Kopfschütteln geäußerten "Nein" legt Spitz (1957) dar, daß es dem Kind, das in irgendeiner Weise Widerstand ausfdrücken kann, möglich wird, das Selbst, das widerständige Objekt und das Widerstehen als Handlung zu objektivieren.[1] Die Selbstbehauptung des Kindes im 2. Lebensjahr verleiht dem Auftauchen des Selbst, das als Leitfigur aus der interaktionalen Matrix zwischen Mutter und Kind herauswächst, eine dranghafte Qualität. Wenn laufende und kletternde Kleinkinder schwungvoll ihren Untersuchungen nachgehen, werden sie durch die schützende Mutter mit unvermeidlichen Einschränkungen konfrontiert. Solche momentanen Frustrationen führen zu zornigen, oft kollerartigen Reaktionen, bei denen das Kind versucht, die Mutter wegzustoßen, um einen Zwischenraum zu schaffen – im wörtlichen wie im symbolischen Sinn. Irgendwann im 2. Lebensjahr erlebt ein Kind das, was Parens (1979 b) den ersten ambivalenten Konflikt nennt. Es ist, als ob das als Leitfigur auftauchende Selbst zwar einen Zustrom von Energetisierung hat, aber eine Zerreißprobe erlebt zwischen dem Wunsch, die frühere Nähe zur Mutter zu erhalten (oder wiederherzustellen), und dem Wunsch, den Explorationsbereich und die Spielkontakte mit Kindern und anderen Erwachsenen auszubauen. Dieser unversöhnliche Gegensatz führt zu etwas, was das Kleinkind möglicherweise als unerklärliche Frustration erlebt. Diese Frustration führt wahrscheinlich anfangs beim Kleinkind zum Rückfall in den Handlungsmodus, wobei oft zornige Angriffe gegen die Mutter gerichtet werden.

Die stärkere Selbstbehauptung und die reaktive Aggression des 2. Lebensjahres können sich als Konfliktquelle erweisen, die das Empfinden für

---

[1] Die Entwicklung der Aggression in der frühen Kindheit ist Gegenstand umfangreicher Untersuchungen und Auseinandersetzungen (s. besonders Parens 1979 a). Die biologische Grundlage der Aggression wurde mit der Einwirkung von Androgenverbindungen während der Schwangerschaft in Verbindung gebracht. Männliche und weibliche Kinder, die dieser Einwirkung ausgesetzt waren, zeigten eine signifikant höhere Neigung zu körperlicher Aggression als ihre nach Geschlecht parallelisierten und der Einwirkung nicht ausgesetzten Geschwister (Reinisch 1981).

die Einheitlichkeit des auftauchenden ganzheitlichen Selbst aufbrechen kann. Das ist für die Mutter ganz sicher eine Quelle der Verwirrung. Ihre Versuche, zu beruhigen oder die frühere Nähe wiederherzustellen, führen gerade zu weiteren zornigen Angriffen auf sie. Kleinkinder neigen dazu, ihr Erleben eines inneren, unversöhnlichen Gegensatzes als Scheitern mütterlicher Regulierung aufzufassen. Das ist eine große Belastung für die Beziehung zwischen Kleinkind und Mutter. Wenn die Eltern auf die reaktive Aggression ohne übermäßige Gegenaggression oder Rückzüge antworten, schafft die Selbstbehauptung allerdings eine Möglichkeit zur Differenzierung und zur Integration neuer Fähigkeiten, welche den Elastizitätsbereich des Selbst erweitern.

Parens (1979 b) beschreibt, wie Mary, ein 13 Monate altes Mädchen, reagierte, als ihre Mutter ihren Bewegungen Einhalt gebot. Zunächst versuchte Mary, ihren Körper herauszuwinden – sie schrie zornig, trat und schlug. Anschließend wies sie die Versuche ihrer Mutter ab, sie zu beruhigen. Statt dessen saß sie starr aufrecht auf dem Schoß der Mutter. Nach einer Weile schließlich entspannte sie sich und schmiegte sich passiv an den Körper der Mutter. Nach Parens (1979 b) legt diese Verhaltenssequenz nahe, daß ein interpersonaler Konflikt sich in einen intrapsychischen umgewandelt hat. Wenn man es vom Innenstandpunkt des kindlichen Erlebens aus betrachtet, ist es so, als ob Marys Kampf sich nicht länger zwischen ihrem zerrenden Körper und den Einhalt gebietenden Armen der Mutter abspielt oder zwischen dem auftauchenden Selbst, das zu gehen begehrt, und dem entgegengesetzten Willen der Mutter. Statt dessen ist es so, als ob der Kampf zwischen dem Wunsch, beruhigt zu werden und in jemandes Nähe zu sein um sich geliebt zu fühlen, und einem anderen Wunsch besteht, dem nach Selbstbehauptung und zorniger Reaktion. Parens legt nahe, daß Marys psychischer Zustand der Spannung zwischen ihrem Zorn und ihrer Zuneigung sich in ihrer körperlichen Bewegungslosigkeit spiegelte, als sie aufrecht auf dem Schoß ihrer Mutter saß. Dieses Ausmaß an Konflikt stellt eine Bedrohung für das Empfinden der Einheitlichkeit des Selbst dar.

Auf der Grundlage von pathologischen Erscheinungen, die wir später bei Borderlinepatienten (Lichtenberg u. Slap 1973; Kernberg 1976) bemerken, können wir annehmen, daß die intrapsychische Störung, die sich in Marys Verhalten abbildet, eine Beeinträchtigung der psychischen Synthese ist, die ich der Abbildungsfähgkeit zugeschrieben habe. Ich habe dargelegt, daß die Abbildungsfähgkeit in Situationen mit geringer Spannung so funktioniert, daß sie eine erhöhte Bewußtheit für Selbst und Objekt als abgegrenzte, einheitliche Entitäten schafft, welche Signale – auch Affekte – aussenden und empfangen. In Marys Fall mußte die Abbildungsfähigkeit in einer Situation funktionieren, in der Marys starke feindselige und liebevolle Gefühle miteinander im Kampf lagen. Dies brachte die entstehende Einheitlichkeit des Selbstabbilds (liebevoll oder zornig) und die Einheitlichkeit des Abbilds der

Mutter (liebenswert oder hassenswert) in Gefahr. Marys Mutter reagierte allerdings nicht feindselig auf das Treten und Schlagen; sie brachte ihre eigenen emotionalen Schwankungen nicht ein. Statt dessen wartete sie geduldig und einfühlsam, mit der starr aufgerichteten Mary auf ihrem Schoß, und gab ihr Zeit, sich ohne mütterliche Einmischung zu sammeln. So von ihrer Mutter unterstützt, gewann Marys Zuneigung die Oberhand. Besonders bemerkenswert ist, daß am gleichen Abend Mary zum ersten Mal "mit ihrer Mutter stimmlich zu kommunizieren begann, wobei sie präverbale Modulationen und Rhythmen benutzte, die wie Worte klangen" (Parens 1979 b, S. 404) – dies zeigt beispielhaft, wie sich neue Fähigkeiten zu einer Zeit entwickeln können, in der es Stress in Grenzen gibt, die eine Bewältigungsmöglichkeit lassen. Solche präverbalen Vokalisationen kann man als Komponente der Kommunikation durch Zeichen und Signale ansehen, wobei zu den Gesten Geräusche hinzukommen. Diese Entwicklung verdeutlicht einen weiteren imitativen Aspekt des Abbilds des (vokalisierenden) Leitfigurselbst; es wird nämlich nach dem Bild anderer Sprecher modelliert. Das Ergebnis von Marys Kampf war die weitere Entwicklung ihrer kommunikativen Fähigkeiten und damit eine deutliche Zunahme ihrer Reaktionsflexibilität.

Diese Beobachtungen stellen den Begriff der Spaltung in ein anderes Licht. Die allgemein akzeptierte Ansicht besagt, daß Spaltung dann erfolgt, wenn zwei getrennte Organisationen (deren Grundlage generalisierte Lust- und Unlustaffekte sind) nicht miteinander integriert werden können, oder daß Spaltung die Wiederherstellung dieser Trennung als Abwehrmaßnahme beinhaltet (s. Lichtenberg u. Slap 1973; Mahler et al. 1975; Kernberg 1976). Diese Ansicht paßt allerdings nicht zu den Daten, die ich hier dargestellt habe. Sogar im 1. Lebensjahr sind Affekte im Bereich der Lust (Funktionslust, Wirklust, Sinneslust, die alle von einfachem Interesse über das Lächeln bis hin zur Freude abgestuft sind) und der Unlust (vom Schreck über Furcht und Scham bis hin zu Zorn oder Trauer, Schreien und Rückzug) differenziert. Mit Hilfe der Abbildungsfähigkeit bildet das auftauchende Merkmal des Selbstseins, das auf früheren differenzierten Selbstfunktionen (Stern 1983) aufbaut, ein vereinheitlichtes Selbst als Leitfigur. Dieser Ansicht zufolge gibt es keine 2 Organisationen des Selbsterlebens, die vereinigt oder gespalten werden können, sondern *eine* generalisierte erlebnisbezogene Selbstentität zu allen gering bis mäßig intensiven Zeitpunkten. In Momenten hoher Intensität wird normalerweise die Einheitlichkeit des Selbstempfindens aufrechterhalten, wenn das übergreifende Empfinden von Unterstützung durch die Eltern intakt bleibt. Die organisierende Wirkung von hochintensiven Momenten kann sich in solchen Momenten in Phantasiebildungen ausdrücken, welche in enstehende Gedächtnissysteme aufgenommen werden. Ein anderer Prozeß kann einsetzen, wenn hoch intensive Momente sich mit solcher Häufigkeit wiederholen, daß die Integrationsfähigkeit überwältigt wird und das Empfinden basaler behütender Unterstützung untergraben ist. Die Einheit des Selbst kann dann gefährdet oder geopfert werden, was den Weg bereitet für getrenntes (gespaltenes) Organisieren des Erlebens nach Maßgaben, die deutlicher von starken Affektzuständen geprägt sind (zornig im Gegensatz zu liebevoll, exhibitionistisch erregt im Gegensatz zu erniedrigt und leblos usw.). In diesen Fällen bilden sich dauerhafte, dichotomisierte, pathologische Suborganisationen, welche die Integrität und Flexibilität des Selbst ernstlich einschränken (Lichtenberg u. Slap 1972, 1973).[2]

Cindy, ein 19 Monate altes Mädchen, das Parens (1979 b) beschreibt, hatte sich während früherer Spiel- und Explorationsperioden recht unbeschwert von der Mutter weg und später wieder zurück in ihre Nähe bewegt; sie beteiligte die Mutter an dem, was sie gerade interessierte. Am Tag von Parens' Beobachtung setzte Cindy dazu an, ihre Mutter zu verlassen, nur um den Versuch abzubrechen und zur Mutter zurückzukehren. Sie weinte und "schraubte ihren Körper von der Mutter weg, als ob sie plötzlich akute Schmerzen empfände. Als sie sanft abgesetzt wurde, plumpste sie auf den Boden, schrie, verdrehte sich und trat in mäßig anfallartiger Wut mit den Beinen, was für sie eine ungewöhnliche Reaktion war. ... Mutter und Tochter inszenierten die gleiche Abfolge 3mal, und Cindys ambivalentes Verhalten flaute mit der 6. 'Halt-mich-fest'-Kommunikation ab" (S. 411). Dieses Vorkommnis war der Vorbote einer Periode, in der Cindy in allen Lebensbereichen erhöht irritierbar war und sich gegenüber der Außenwelt aggressiver verhielt – eine Wendung, die sich nicht aus irgendeiner situativen Veränderung erklären ließ.

Die Herausforderung durch diese Aufwallungen der Irritabilität und Aggression führte eine Woche später zu einer innovativen Problemlösesequenz mit Schwerpunkt auf dem Selbst. Während sie noch durch das absorbiert war, was dem Beobachter als Zerreißprobe erschien – zwischen dem emotional fixierten Verbleiben im Umkreis der Mutter und dem Drang nach draußen in Richtung auf mehr Autonomie und Flexibilität –, schuf sich Cindy inmitten ihrer Turbulenzen eine Insel der Ruhe. Sie saß nah bei ihrer Mutter und beschäftigte sich sehr lustvoll mit einem Spiel, bei dem sie eine Puppe vom Sofa warf – sie stieß sie roh von sich und nahm sie mit offenbar

---

[2] Indem ich diese Ansicht vertrete, halte ich es wie Pine (1981) für wertvoll, sich das Leben des Kleinkinds in Form von momentgebundenen Erlebnisweisen vorzustellen. Ich stimme auch der Ansicht zu, daß spannungsreiche Erlebnisse die Quelle von Phantasien darstellen, die für die psychoanalytische Praxis bedeutsam sind. Ich bin allerdings, was die Bedeutung von Momenten hoher Intensität betrifft, anderer Ansicht als Pine (1981). Meiner Ansicht nach sind, wenn es um die Beschreibungen der allgemeinen Entwicklung im 2. Lebensjahr geht, Momente niedriger und mäßiger Intensität die wichtigere organisierende Quelle. Obwohl auch ich meine, daß unbewältigte hochintensive Momente bedeutsame Wurzeln der Spaltung und anderer pathologischer Folgen sind, werden sie in Formulierungen überbetont, die sie in den Mittelpunkt der normalen Entwicklung stellen.

zärtlicher Zufriedenheit wieder in Besitz. Wenn man sich das mit Augenmerk auf die Abbildungsfähigkeit und die entstehende Fähigkeit zur Bedeutungszuschreibung anschaut, kann man an Cindys Verhalten sehen, wie sie eine klare Vorstellung vom "Draußen" zur Herstellung einer Spielsequenz verwendete. Im Spiel stand die Puppe für sie selbst. Das "Puppe-Cindy-Selbst" erzwang mit rüder Selbstbehauptung den Aufbruch vom Sofa, hatte dabei aber immer die Sicherheit einer liebevoll erwarteten Rückkehr. Gleichzeitig konnte die bis dahin stürmisch irritierbare Cindy ruhiger neben ihrer Mutter sitzen.

6 Wochen nach dieser Spielsequenz mit der Puppe entfernte sich Cindy selbst in weiterem Bogen von der Mutter und ließ sich von anderen Personen helfen, wenn sie ängstlich wurde. Wenn sie allein war, benutzte sie wieder ihre entstehende Fähigkeit, zu spielen – jetzt auf die Stufe des symbolischen Spiels gebracht; sie schuf ein Abbild des Leitfigurselbst und ließ es eine Szene kontrollieren, in der die Entfernung aus dem Blickkontakt das vorherrschende Thema war. Cindy nahm ein Schleppspielzeug, verließ ihre Mutter und ging hinter einem vorher benutzten Sofa aus dem Blickkontakt. Sie nahm das Schleppspielzeug auseinander und ließ seine Teile in einer Schublade verschwinden. Sie öffnete und verschloß die Schublade und "schob dabei die Teile aus dem Blickfeld, wenn sie sichtbar wurden – was alles den Eindruck machte, daß sie die Trennung von dem emotional besetzten Spielzeug durcharbeitete. Nach einer 10minütigen Trennung kam Cindy zur Mutter zurück, und beide freuten sich über das Wiedersehen" (Parens 1979 b, S. 413). Diese Spielsequenz verdeutlicht eine weitere Bewegung – einerseits hin zu emotionaler Toleranz gegenüber fehlendem Blickkontakt, und andererseits hin zur Stufe vollständiger symbolischer Repräsentation, auf der ein permanentes Abbild oder eine Repräsentanz des Selbst und der Mutter unabhängig vom emotionalen Zustand bestehen bleibt.[3]

Zunehmende Genital- und Leibempfindungen

Neben den Gelegenheiten und Konflikten, die sich aus dem Ansteigen der Selbstbehauptung ergeben, führt noch ein anderer unausweichlicher Drang zum Verlangen nach einem ganzheitlichen Selbst, das eine solche innere Herausforderung aufnehmen kann – dieser Drang entspringt der Zunahme von Genital- und Leibempfindungen bei Jungen und Mädchen zwischen 18 und 24 Monaten (Roiphe 1968; Galenson u. Roiphe 1974; Kleeman 1975). Diese erhöhte Genitalbewußtheit geht mit erhöhten analen und urhetalen Empfindungen und einer stärkeren Fähigkeit zur Sphinkterkontrolle einher. Genitale und leibbezogene Exploration und Selbststimulation findet man

[3] Eine Abhandlung über die Rolle des Schleppspielzeugs bei Trennung und Individuation findet sich bei Shopper (1978).

daher regelmäßig während dieser Periode. Diese lustvolle Aktivität "ist normalerweise frei von jeder größeren emotionalen Erregung" (Kleeman 1975, S. 98), sie ist von körperlichem und genitalem Stolz begleitet und auch vom Drang, den Genitalbereich zu exhibitionieren. Das Ergebnis und die Langzeitfolgen dieser frühen genitalen Aktivität sind sehr unterschiedlich, je nachdem, wie die Eltern darauf reagieren. Amsterdam u. Levitt (1980) vermuten, daß der Austausch zwischen dem tastenden und exhibitionierenden Kind und dem reagierenden Elternteil die Kernerfahrung für die Entwicklung normaler und pathologischer Befangenheit [self-consciousness] ist. Sie postulieren, daß Zurückhaltung und Scheu entstehen, wenn man sich der Blicke anderer auf das Selbst bewußt wird, und daß sich schmerzvolle Befangenheit aus den mißbilligenden Blicken der Eltern ergibt. Tomkins' (1963) Annahme, daß eine plötzliche Abnahme steigender Lust von Geburt an Scham auslöst, erklärt ebenfalls die Reaktion von Kindern auf hemmende mütterliche Reaktionen gegenüber dem Streicheln und Exhibitionieren der Genitalien.

Wenn man sich das mit Blick auf das auftauchende ganzheitliche Selbst anschaut, dann machen die Aufwallungen der Genital- und Leibbewußtheit Entwicklungen in einer Anzahl wichtiger Bereiche möglich. Sie schärfen das Selbstempfinden durch die belebende Wirkung, welche die Erregung mit sich bringt. (Das ist ein erster Schritt zur Regulierung von Erregung. Sie mündet schließlich einerseits in das erhöhte Selbstempfinden beim Liebemachen und andererseits in das pathologische, zwanghafte Masturbieren des Psychotikers, der zu erreichen versucht, daß er zeitweise sein Körperselbst bewußt und vollständig erlebt.) Die erhöhte Genitalbewußtheit und -empfindung machen es den Kleinkindern möglich, sich Annehmlichkeiten und Beruhigung zu verschaffen, und zwar im Speziellen genau dann, wenn sie versuchen, sich aus der interaktionalen Matrix herauszubewegen. Sie erweitern den Bereich der Selbstabbildungen, indem sie diejenige Erlebnisweise intensivieren, in der ein Teil des Selbst den Status eines "Objekts" gewinnt, während ein anderer Teil des Selbst in einer Situation mäßig großer emotionaler Spannung den Status des "Handelnden" beibehält. Die Integration dieser beiden Aspekte des Selbst (erregt reagierend und streichelnd) zu einer Einheit trägt zum Erleben des ganzheitlichen Selbst als "Ort", als "Container" bei, in den sich sowohl das Selbst als Objekt als auch das handelnde Selbst einfügen.

Die möglicherweise wichtigste Auswirkung der erhöhten Genitalbewußtheit und -empfindung ist deren Einfluß auf die Geschlechtsdifferenzierung, obwohl dies bislang schwer zu spezifizieren ist. Es ist eine unbestreitbare empirische Tatsache, daß das Gechlecht des Kindes für jeden Elternteil viel bedeutet und daß jeder unterschiedlich auf Jungen und Mädchen reagiert. Bei 1jährigen sind Geschlechtsunterschiede nachweisbar. Jungen bewegen sich weiter von der Mutter weg und unternehmen aktivere problemlösende Anstrengungen, um zu ihr zurückzukehren, wenn man sie willkürlich entfernt. Mädchen bleiben näher bei der Mutter und bemühen sich direkt um Rettung, wenn man sie entfernt (Korner 1974). Diese Unterschiede kann man mit beobachtbaren mütterlichen Vehaltensweisen in Beziehung bringen. Im allgemeinen ermutigen Mütter die Mädchen, näher bei ihnen zu bleiben, und reagieren schneller auf ihre Hilferufe. Erstaunlich ist, in welchem Ausmaß das Selbst des Kleinkinds geschlechtsbezogen abgebildet wird. Zu der Zeit, in welcher der kleine Junge auf sein Spiegelbild reagiert und die Photographien seiner Mutter und seines Vaters unterscheidet, kann er zwar sein Photo nicht von dem anderer Jungen unterscheiden, aber er schaut Bilder von Jungen länger an und legt schneller alle Bilder von Mädchen beiseite. Mädchen zeigen die gleiche Präferenz für Photographien gleichgeschlechtlicher Kinder (Brooks u. Lewis 1974). Die erhöhte Genitalbewußtheit und -empfindung füllt wahrscheinlich das Abbild des Körperselbst aus und gibt dem entsprechenden Körperteil eine wertbesetzte Wichtigkeit. An welchem Punkt in der Entwicklung die Genitalien als solche völlig in die vorher bestehende Geschlechtskategorisierung integriert werden, müssen weitere Untersuchungen zeigen.

Die Rolle des Vaters in dieser Zeit muß auch noch weiter untersucht werden. Hat sie eine geschlechtsbezogene Bedeutung? Herzogs (1980) Untersuchung über 12 Jungen im Alter von 18–28 Monaten, deren Väter ihre Mütter verlassen hatten, ist sehr aufschlußreich. In jedem Einzelfall entwickelte das Kind nächtliche Ängste mit recht klaren symbolischen Darstellungen phobischer Art, die in den Worten, in den Träumen und im Spiel des Kindes auftauchten. Jeder "Junge erlebte die Gegenwart oder Rückkehr des Vaters als vitalen Bestandteil der Kontrolle oder des Kampfes gegen diese Angst" (S. 228).

Gary, das jüngste Kind aus dieser Gruppe, war 18 Monate alt, als er, einen Monat nachdem sein Vater weggegangen war, jede Nacht aufzuwachen begann und dann unkontrollierbar schrie, manchmal 20 Minuten lang. Mit furchtsamem Blick rief er nach dem Papa. Als sich Herzog ihn anschaute, verließ er sofort seine Mutter und setzte sich auf den Schoß des Therapeuten. Er begann mit Knete zu spielen, wobei er in ständigem körperlichem Kontakt zu Herzog blieb. Er rollte die Knete zu langen, stangenartigen Stücken aus und zerbrach diese in kleinere Teile. Herzog beteiligte sich an diesem Spiel mit einer Puppe, die eines der Stücke ergriff. Gary sah sehr erschreckt aus und sagte: "Papa weh." Herzog fragte: "Wer kann helfen?" Garys Gesicht erhellte sich, und er sagte: "Papa helf Gary – bitte." Dabei umklammerte er energisch den Therapeuten. In einer späteren Stunde schlief der kleine Puppenjunge im gleichen Bett wie die Mutter (wie es Gary mit seiner Mutter getan hatte, seit sein Vater fort war). Gary ließ den kleinen Puppenjungen aufspringen und sagen: "Hab Angst – Papa weh, schnell Papa holen – Papa helf Gary." Der Therapeut ließ die Mutter aufstehen und versuchen, den Puppenjungen zu trösten. "Nein, nein", kreischte Gary und schaute ängstlich: "Papa weh, hol Papa." Der Therapeut führte die Puppe eines erwachsenen Mannes in das Spiel ein. Er ließ den Mann den Jungen in ein getrenntes Bett legen und in das Bett der Mutter zurückkehren. "Alles besser jetzt", sagte Gary freudig (Herzog 1980, S. 224). In Herzogs Worten:

> Die Analyse des Traum- und Spielmaterials stützt die Aussage, daß die Abwesenheit des Vaters zu dieser Zeit die entstehende psychische Struktur des Jungen besonders belastet. ... Durch regressive und progressive Sogwirkungen im Schlaf taucht eine phobische Umformung auf, in der die eigenen aggressiven Impulse als etwas gesehen werden, das in Form von Monstern, Riesenvögeln usw. feindselig und mitleidlos das Selbst angreift. Die Mutter ist unfähig, diesen Prozeß zu unterbrechen, und kann ihn sogar verschärfen, wenn sie ihrem Sohn näherrückt (1980, S. 229).

Er weist darauf hin, daß der Vater"hunger", den diese Kleinkinder zeigen, Abelins (1977) Hypothese stützt, derzufolge der Junge biologisch durch Androgenisierung des fetalen Gehirns darauf programmiert ist, sich mit etwa 18 Monaten von der Mutter ab- und dem Vater zuzuwenden. Solnits (1972) Bericht über eine Schlafstörung, die ein 16 Monate altes Mädchen hatte, nachdem ihr geliebter Vater ihr gegenüber die Geduld verloren hatte, läßt vermuten, daß die geschlechtsbestimmte Position, die der Vater für das kleine Mädchen einnimmt, teilweise ähnlich ist.

Es ist interessant, daß Herzogs Beispiele, wie auch die einer Anzahl anderer psychoanalytischer Autoren, Kleinkinder zeigen, die mit 18 Monaten oder weniger auf symbolischer Ebene kommunizieren. In diesen Fälle werden vielleicht Kinder mit einer etwas untypischen, frühreifen Entwicklung dargestellt, die ausgewählt wurden, weil ihre Schöpfungen so klar den Einfluß konfliktuöser Störungen illustrieren. Möglicherweise ist bei diesen Kleinkindern der Entwicklungsfortschritt aufgrund von angeborenen und umweltbedingten Faktoren weiter als üblich gediehen, oder die Entwicklungsgeschwindigkeit wird in Reaktion auf eine umstandsbedingte Anforderung beschleunigt, wie sie Herzog beschreibt.

In der Mitte des 2. Lebensjahres stehen dem Selbst alle Fähigkeiten zur Verfügung, die in der gesamten bisherigen Lernzeit (Greenspan 1982) aufgebaut wurden. Das Lernen verlief im 1. Lebensjahr nach dem biologischen, neurophysiologischen und verhaltensbezogenen Modus und fand am Anfang des 2. Lebensjahres im abbildenden Zeichen- und Signalmodus statt. Décarie (1962) faßt das so zusammen:

> Die Entfernung, die in diesen 18 Monaten durchschritten wird, ist ungeheuer. ... Am Ende dieser Periode haben wir dank der Repräsentation und der Deduktion (die nichts anderes ist als der systematische Gebrauch dieser Repräsentation) eine Welt von Objekten, deren Permanenz, Substantialität, Identität und Externalität nicht länger eine Funktion des Subjekts sind. Die Festigung und die Objektivierung dieses Weltganzen erschließen von jetzt an Gebiete, die außerhalb des Bereiches von Wahrnehmung und unmittelbarer Handlung liegen. Als letzte wichtige Konsequenz wird nun der Körper des Kindes selbst zu einem Objekt unter anderen Objekten.

Tatsächlich erlangt das Kind nun - infolge von Imitation, die es mehr und mehr verinnerlicht - die Fähigkeit, eine Repräsentanz seines eigenen Körpers analog zu den Körpern der anderen zu haben. Es stellt sich nun diesen Körper als etwas vor, das Permanenz, Substanz, Identität mit sich selbst usw. hat.
Daher unterscheidet sich das 4 Wochen alte Baby vom 20 Monate alten Kind nicht nur durch eine Reihe eng miteinander verwobener neu erworbener Leistungen, sondern auch durch eine Art Umgestaltung seiner primitiven "Weltanschauung" (S. 61-62).

10. Symbolische Repräsentation und die Konsolidierung des Selbst

Die Sprache spielt in der 2. Hälfte des 2. Lebensjahres eine immer bedeutendere Rolle beim Umbau der *Weltanschauung.* Schon lange vor dem 18. Lebensmonat können Kinder ihr verbales Verständnis und ihre vokalen Kommunikationen einsetzen, zunächst, um sich besser in die interaktionale Matrix mit der Mutter einzupassen, und später, um zu versuchen, sich aus ihr zu lösen. Ungefähr von der Mitte des 2. Lebensjahres an verlassen sie sich so stark auf den selbstaktivierten Gebrauch von Worten, daß das sprechende und das wortgebunden denkende Selbst (fälschlicherweise) als gleichbedeutend mit dem gesamten Selbst, mit dem "Menschsein", erscheint. Sprache ist tatsächlich eine wichtige Kraft für das Kind, weil das entstehende Selbst sie zur Integration so vieler anderer Funktionen benutzen kann. Darüber hinaus weist Shapiro (1979) auf folgendes hin:

> Bei Kindern zwischen 18 Monaten und 3 Jahren kommt es zu einer Benennungsexplosion, die unabhängig von der jeweils gesprochenen Sprache und dem kulturellen Umfeld mit einer syntaktischen Explosion im gleichen Zeitraum einhergeht. Diese einfache Tatsache läßt auf einen universellen menschlichen Zeitplan schließen. Im Verbund mit diesen Vorgängen taucht die Fähigkeit auf, relationale Aspekte zwischen Dingen zu verstehen und auszudrücken. Die Fähigkeit, Subjekt, Handlung und Objekt in Worten aufeinander zu beziehen, erscheint in recht festgelegter sequentieller Form und entfaltet sich später zur Fähigkeit, aufeinander bezogene Relationen, untergeordnete Veränderungen und Aussagen über Zusammenhänge auszudrücken (S. 11).

Informationsverarbeitung in 2 kognitiv-affektiven Modi

Die Flexibilität, welche die Periode nach dem Auftauchen des "ganzen Selbst" kennzeichnet, baut allerdings nicht auf sprachlichen Fähigkeiten auf. Der Spracherwerb ist vielmehr ein Instrument, das beim Aufbau der 2 Modi symbolischen, repräsentationalen Denkens verwendet wird. Nicolich (1977) weist darauf hin, daß die Forscher bislang dazu neigten, sich eher auf "die linguistischen Aspekte der frühen Sprachentwicklung als auf den kognitiven Status der Kinder zu konzentrieren, die zu sprechen lernen" (S. 98). Der kognitive Status von Kindern, die mit dem symbolischen Spiel und dem Sprachgebrauch beginnen, ist komplexer und daher adaptierbarer als der beim jüngeren Kleinkind, das auf die Abbildungsfähigkeit und den Zeichen- und Signalmodus der Kommunikation angewiesen ist. Die neue Stufe der geistigen Organisation beinhaltet die parallele, ineinander verzahnte Entwicklung von 2 übergreifenden Modi der perzeptuell-kognitiv-affektiven Organisation, die symbolisches Spiel und Sprache ordnen. Diese beiden Organisationsmodi ähneln Freuds Vorstellung vom Primär- und Sekundärprozeß so sehr, daß die Analogie vom alten Wein in neuen Schläuchen nicht nur naheliegt, sondern genau stimmt, wenn man nur den Unterschied zwischen einer zeitgenössischen Beschreibung des Primärprozesses und der ursprünglichen Vorstellung akzeptiert (Holt 1967; Noy 1979).

Das wesentliche Kennzeichen der Beziehung zwischen den beiden übergreifenden Modi der perzeptuell-kognitiv-affektiven Organisation ist, daß sie als parallele Organisationen bestehen, deren Funktionen zu jeder Zeit aufeinander bezogen sind. Das heißt, sie sind nicht geschichtet, wie das die Ausdrücke "primär" und "sekundär" nahelegen. Die eine Organisation ist in erster Linie um sensorische Eindrücke herum aufgebaut (Anblicke, Geräusche, Berührungs- und Geschmacksempfindungen usw.), und die andere ist um die Regeln über Kombinationen und Abfolgen herum aufgebaut, welche für die Syntax, die Wortordnung und die Trennung von Bezeichnendem und Bezeichnetem gelten. Jede Organisation aber kann Worte benutzen, und jede kann zur Gestaltung ihrer Inhalte auf Verbildlichungen zurückgreifen. Ein Patient gab mit einem Erlebnis, das er mir beschrieb und das er in einer Kunstgalerie gehabt hatte, ein lebhaftes Bild von der Arbeit der 2 Organisationen. Als er einen Raum mit einem großen Gemälde betrat (*Das Nordlicht* von Frederic Church), schaltete er die Kopfhörer ein, welche die Galerie zur Verfügung stellte, und reagierte gleichzeitig auf das visuelle Erlebnis. Er nahm die Kälte der arktischen Szenerie wahr, empfand sich als isoliert inmitten der Größe der Natur. Die Mitteilung, die er gleichzeitig vernahm, war, daß dies ein Gemälde sei, das in einem bestimmten Jahr ein Künstler gemalt habe, der zu einer Künstlergruppe gehört habe, die man heute die "Luminaristen" nenne. Zu diesem Zeitpunkt bemerkte er ein winziges Detail an einem kleinen Schiff, das inmitten des Eisstroms gefangen war. Er spürte ein Angstgefühl, das mit einem Schauder am ganzen Körper einherging. Zu diesem Zeitpunkt beschrieb die Tonbandstimme gerade, wie der Künstler perspektivische Linien einsetzte, um nach und nach die Augen des Betrachters auf ein kleines Schiff mit einem einzigen Licht auf seiner Brücke zu lenken.

Obwohl sich jede Organisation gleichzeitig mit und unabhängig von der anderen entwickelt – d. h. der Sekundärprozeß erwächst nicht aus dem Primärprozeß –, wird zu verschiedenen Zeitpunkten die eine oder die andere Organisation im Leben des Kleinkinds vorherrschen. Bei hochintensiven Erlebnissen, wie bei der Sauberkeitserziehung oder beim genitalen Spiel, können Bedeutungsträger leicht die Distanz von Körperteilen verlieren, die sie in ruhigeren Momenten haben. Das Wort "A-Ah" kann z. B. in wenig intensiven Zeiten in einem Satz gebraucht werden, um auf objektive

Weise eine vollständige Handlung zu benennen. In Momenten, die für das Kind voller Spannung sind, kann sogar das Sprechen des Wortes "A-Ah" ein Quell selbstbezogener Erregung sein, wobei dann Wort, Handlung und Körperempfindung völlig ineinander verschwimmen. Wie bereits gesagt, tragen die perzeptuell-affektiven Handlungsantworten in Momenten mit geringer bis mäßiger Spannung zum inneren regulierenden Kern des Kleinkindlebens bei, und in psychoanalytischen Ansätzen, die eine zu enge Analogie zwischen normaler Entwicklung und pathologischen Störungen ziehen, besteht die Neigung, dieses entscheidende Ergebnis der Säuglingsforschung herunterzuspielen. Um ein ausgewogenes Bild zu erhalten, muß man noch einen weiteren Faktor berücksichtigen. Das Erleben des Kleinkinds ist viel stärker körperbetont als das des Erwachsenen (Lichtenberg 1975). Es ist daher vernünftig, anzunehmen, daß Momente des mäßig bis hochangespannten Körpererlebens die thematische Grundlage für einen ansehnlichen Teil des symbolischen Spiels bilden. Diese Erlebnisse sind für die Organisationsweise des Primärprozesses geeignet, so daß dieser perzeptuell-kognitiv-affektive Modus in der Kleinkindzeit oft die Oberhand hat. Darüber hinaus sind Worte, die mit der Zeit flexible "Bezeichnungsvehikel" [signifier vehicle] mit großer Distanz vom Bezugsgegenstand werden, in der Kleinkindphase im allgemeinen dem konkreten Erleben sehr nahe. "Bumm-bumm" für Hammer z. B. fällt mit der sensorischen Reaktion zusammen. Das Wort "Hammer" tut das nicht, obwohl "Hammer" von jeder der beiden Organisationen benutzt werden kann. Das ältere Kind, das zu der Bezeichung "Hammer" übergegangen ist, "gestaltet seine schematisierende Aktivität so, daß das neue stimmliche Material dynamisch und physiognomisch so organisiert wird, daß es zu dem Ereignis paßt, das es repräsentiert ... [aber] es *bildet* immer noch Aspekte des Bezugsgegenstands ab ... [und zwar] durch die Art, in der es innerlich vom Benutzer aufgefaßt wird" (Werner u. Kaplan 1963, S. 129).

Jede der beiden perzeptuell-kognitiv-affektiven Organisationen hat eigene formale Kennzeichen und entwickelt sich zeitlebens ständig weiter. Worte, die in der Abfolge eines Satzes verbunden sind, schaffen eine Möglichkeit, Zusammenhänge sowohl semantisch als auch operational zu ordnen. Wenn ein Kleinkind verständig auf die mütterliche Aussage "Gib mir den Löffel, dann füttere ich dich mit der Eiercreme" reagiert, dann hat das Kleinkind eine semantische Abfolge, eine Handlungsabfolge und eine lustvolle visuell-gustatorische Abfolge aufeinander abgestimmt. Die vertrauten Regeln der Logik sind auf jede dieser Abfolgen anwendbar, und die Regeln für kausale Verbindungen gelten für ihre Beziehungen untereinander. Wenn andererseits das Kleinkind mit einem Löffel auf den Tisch klopft, die Mutter den Cremetopf hochhält und "Nam! Nam!" sagt, dann faßt das Gesamtperzept Klang, Handlung, ein Nonsensewort und einen Geschmacksreiz in einem holistischen Abbild überschwenglicher Freude zusammen. Die Regeln, die diese Abfolge steuern, bestehen darin, daß sich Zeit zum

Synchronismus ballt, anstatt sich auf Zusammenhänge zu verteilen, und darin, daß sich assoziative Verbindungen schnell austauschen (verschieben) lassen und keine abgegrenzten, stabilen Bezugsgegenstände haben.

Das, was ich den sekundärpzozeßhaften perzeptuell-kognitiv-affektiven Organisationsmodus nenne, bezeichnet McKinnon (1979) als auditiv-sequentielle (AS) Form der Semantik, bei der psychologische Elemente so angeordnet werden, "als ob sie einzelne aufeinanderfolgende Klangeinheiten wären" (S. 54). Beim Erwachsenen halten wir üblicherweise die verbale Kommunikation mit ihren Regeln für die Satzabfolge und der formalen Dialektik während der entsprechenden Austauschprozesse für ein Paradebeispiel des Sekundärprozesses. Allerdings kann jede Sinnesmodalität dieser Form der Abfolge entsprechend angeordnet werden; die Organisiertheit einiger symbolischer Spielsequenzen des Kindes belegt das. McKinnon (1979) erklärt:

> Bildhafte Darstellungen, abstrakte Begriffe, nichtphonetische Klänge oder Geschmackseindrücke können alle auf verständliche Weise durch die Regeln geordnet werden, die dieser Form der Semantik eigen sind: Artikulationslose Klänge werden zu Melodien und Rhythmen, Haltungen werden zu Tanz, bildliche Darstellungen werden zu Schauspiel, Morpheme werden zu Worten, Worte werden zu Sätzen, Behauptungen werden zu logischer Beweisführung, Ereignisse werden zu Geschichte und mathematische Symbole werden zu bewiesenen Theoremen. Einige Regeln, die der AS-Form der Semantik untergeordnet sind, sind also Regeln für Rhythmus und Melodie, Choreographie, Schauspiel, Aussprache, linguistische Syntax, Logik, historische Chronologie und Mathematik (S. 55).

Ich würde der Liste McKinnons (1979) die Regeln hinzufügen, welche für diejenigen menschlichen Beziehungen gelten, die sich durch Abgegrenztheit und Objektivität, durch Trennschärfe, soziale Formen und Rituale sowie durch den zeitlichen Freiraum auszeichnen, der für den Aufbau von Sequenzen nötig ist, in denen zusammenhängende Beziehungen vorherrschen. Es handelt sich um die Regeln, welche die Beziehungen des individuierten Selbst (des "Ich" ["I"]) zu einer abgegrenzten anderen Person und die Beziehungen des Selbst ("Ich" ["I"]) zum eigenen Körper oder Geist regeln; dabei überprüft man "objektiv" den Zustand des eigenen Körpererlebens oder die eigenen Emotionen und die geistige Tätigkeit.

Den perzeptuell-kognitiv-affektiven Modus, der dem Primärprozeß entspricht, bezeichnet McKinnon (1979) als visuell-räumliche (VR) Form der Semantik, bei der psychologische Elemente so angeordnet werden, "als ob sie Teile einer bildlichen Darstellung wären, die sich simultan im Raum anordnen läßt" (S. 54). Bei dieser Form erhalten die Elemente ihre Bedeutung "durch Kontiguität oder dadurch, daß sie den gleichen Platz im wirklichen Raum einnehmen. Die Bedeutsamkeit einer solchen Anordnung ist nicht in den einzelnen Teilen enthalten, sondern eher in deren Integration zu einem komplexen Ganzen" (S. 56). Gleichzeitige Präsenz wird mit Hilfe der

Verschiebung bewerkstelligt, bei der ein Element das andere vertritt, und durch Verdichtung, bei der verschiedene Elemente räumlich zusammenfallen. Exemplarisch für die VR-Form ist die Metapher, eine Sprachfigur, bei der ein Ding einem anderen dadurch angeglichen wird, daß darüber gesprochen wird, als sei es dieses andere Ding. Ich würde McKinnons (1979) Formulierungen hinzufügen, daß dieser perzeptuell-kognitiv-affektive Modus Beziehungen zwischen dem Selbst und anderen organisiert, bei denen Qualitäten, Funktionen und Gefühle des Selbst und der anderen als etwas Gemeinsames behandelt werden können (sie sind leicht zu verschieben und zu verdichten) und bei denen Emotionen zu Stimmungen und globalen Gefühlszuständen generalisiert werden können. Diese Regeln können die Beziehung zwischen dem Selbst und dem eigenen Körper dann bestimmen, wenn Lust oder Schmerz in einem Körperteil die anderen perzeptuell-kognitiven Modalitäten überflutet (überdeckt). Diese Regeln legen auch fest, wie der "Geist" das Selbst bestimmt, wenn sich Ungereimtheiten auf faszinierende Weise auflösen. So etwas ist für das plötzliche integrative Verstehen beim "Aha"-Erlebnis bezeichnend.

Wenn ich McKinnons Entwurf einer visuell-räumlichen Organisationsform als Modell für Ersetzungen und Überlagerungen von Elementen übernehme, dann scheint das vielleicht meiner Behauptung zu widersprechen, daß eine schwerpunktmäßig visuelle Abbildungsfähigkeit Abgegrenztheit und Objektivität in die Welt des Kleinkinds einbringt. Dieser scheinbare Widerspruch läßt sich auflösen, wenn man die Eigenheiten der visuellen Wahrnehmung berücksichtigt. Das vertraute Experiment, bei dem man einen Finger vor die Augen hält, bestätigt, daß der Finger scharf im Sichtfeld erscheint, wenn man ihn fokussiert. Der entfernte Hintergrund ist sichtbar, aber unscharf. Wenn man allerdings den Hintergrund fokussiert, wird dieser scharf, während der Finger sich verdoppelt oder verblaßt. Während der ganzen Zeit sind die Bilder im peripheren Feld weitgehend undeutlich. Zum normalen Sehen gehört also das Zusammenfügen von Vordergrund, Hintergrund und Peripherie durch wechselndes Abtasten dazu. Dabei bietet sich ständig die Möglichkeit von Ersetzungen und Verdichtungen, besonders in bezug auf das, was emotional attraktiv oder abstoßend ist. Es ist bemerkenswert, daß Spiegel (1959) in seinen pionierhaften Bemühungen um ein Verständnis für das Selbstempfinden wechselnde visuelle Bezugsrahmen zur Grundlage für die Orientierung des Selbst erklärte. Des weiteren weisen in Verbindung mit kognitiven Vorgängen (nicht mit äußerer Wahrnehmung) "bildhafte Repräsentanzen von Beziehungen zwischen Gedanken typischerweise ... bestimmte Kennzeichen [auf], nämlich *Verdichtung der Inhalte, Auslassung von Inhalten, hinweisreiche Darstellung und anspielungsreiche Bezüge*" (Werner u. Kaplan 1963, S. 456). Der Zusammenhang zwischen Sehen und Hören ist von Shopper (1978) in seiner Arbeit über die Rolle des

Gehörs in der frühen psychischen Entwicklung beschrieben worden. Er sagt folgendes:

> Kleeman (1973) bringt mehrere Beispiele, bei denen das Kind nicht nur das "Kuckuck-da-da"-Spiel initiiert oder in neuer Form anwendet, sondern auch mit verhülltem Gesicht und Kopf im Haus umherläuft (im Alter von 16 Monaten). Ich würde das so verstehen, daß das Kind aktiv versucht, sich die Abhängigkeit vom Sehen, vom Blickkontakt abzugewöhnen. Kleeman erwähnt, daß das "Kuckuck-da-da"-Spiel in enger Beziehung zu der schwierigen Strukturierung der inneren Mutterrepräsentanz und zu den Problemen dabei steht. Das "Kuckuck-da-da"-Spiel verliert an Bedeutung und hört auf, wenn ein sehr stabiles inneres Abbild von der Mutter ausgebildet worden ist (S. 15). Ich würde dem hinzufügen, daß das "Kuckuck-da-da"-Spiel auch genau dann aufhört, wenn das Kind mehr Zutrauen in die auditive Kontaktmodalität gefaßt hat und sie akzeptiert. Damit geht eine größere Unabhängigkeit von der taktilen und visuellen Kontaktmodalität einher - eine Art "Entwöhnung vom Sehen" (S. 293).

Ich glaube, daß diese "Entwöhnung vom Sehen" einen Übergang sichtbar macht, welcher von der Vorherrschaft der Abbildungsfähigkeit und des Austausches durch Zeichen und Signale wegführt und auf ein zunehmendes Vertrauen in den verbalen Austausch und die Informationsverarbeitung auf symbolischer Ebene hinausläuft. Es ist nicht so, daß die visuelle Verarbeitung durch den auditiven Modus ersetzt wird, sondern beide werden auf eine neue Stufe interaktiver, integrierter Organisation gehoben.

Nach Noy (1979) sind Primär- und Sekundärprozeß, wenn sie erst einmal organisiert sind, "zwei Entwicklungslinien, deren Entwicklungsverläufe von den gleichen intrinsischen Reifungsfaktoren bestimmt werden. Jede neue kognitive Fähigkeit, die phasenentsprechend erscheint, beeinflußt beide Prozesse in gleichem Maße, und jedes neue Stadium, in dem sich wieder irgendeine Fähigkeit weiterentwickelt, schlägt sich in den Operationen beider Organisationen gleich stark nieder. Das bedeutet, daß jeder Prozeß in jeder Entwicklungsphase die gleiche Eignung zur Kategorisierung, zur inneren Repräsentation und die gleiche Operationsfähigkeit in allen anderen kognitiven Bereichen aufweist" (S. 177). Er fährt fort:

> Ein normales, reifes Selbstbild ... baut auf einer Kombination primärer und sekundärer Modi auf. Entsprechend dem primärprozeßhaften Modus nimmt sich eine Person gleichsam von innen wahr, als Kollage aus Empfindungen, Wünschen, Bedürfnissen und Erlebnissen. Im sekundärprozeßhaften Modus nimmt sich eine Person von außen wahr, als Gruppierung objektiver Phänomene, als Objekt unter anderen Objekten, als Zusammenstellung physischer Substanzen und Kräfte. ... Diese doppelte Wahrnehmung und Repräsentation gilt für jeden Teil des Körpers, für das Körperselbst als Gesamtabbild und für das nachgeordnete Selbst [subordinate self] in all seinen Dimensionen. Das alles umfassende Selbstbild ist eine innere Repräsentanz, die sich aus beiden Aspekten zusammensetzt, die ich das "erlebende Selbst" und das "begriffliche Selbst" nennen möchte. Ein gesundes Empfinden von Selbstheit ergibt sich aus einer vernünftigen Balance und einer optimalen Abstimmung zwischen beiden Aspekten (S. 188).

Die Balance kann sich in Richtung auf eine der beiden perzeptuell-kognitiv-affektiven Organisationsformen verschieben und dabei innerhalb der Grenzen adaptiver Persönlichkeitsqualitäten bleiben. Die Vorherrschaft der einen oder anderen der beiden Organisationen läßt sich am Kontrast zwischen zwei 6jährigen verdeutlichen – James und David. James ist eine fiktive Version des zukünftigen Analytikers Adrian Stephen, den seine hervorragend beobachtende Schwester Virginia Woolf in *Die Fahrt zum Leuchtturm* (1927) beschreibt:

> Da er, zwar erst sechsjährig, schon zur großen Sippe derer gehörte, die ein Gefühl nicht vom anderen getrennt halten können, sondern Zukunftsaussichten mit ihren Freuden und Leiden alles umwölken lassen müssen, was wirklich bereits gegenwärtig ist, und da für solche Menschen sogar schon in frühester Kindheit das Rad der Empfindungen mit jeder kleinen Drehung den Augenblick zu kristallisieren und zu durchdringen vermag, den es gerade düster beschattet oder strahlend erhellt, verlieh James Ramsey, der auf dem Fußboden daß und aus einem Katalog der Army & Navy Stores Abbildungen ausschnitt, bei den Worten seiner Mutter einem Kühlschrank himmlische Seligkeit. Der war nun von Freude umrandet. Der Schubkarren, der Rasenmäher, das Säuseln von Pappeln, das Aufblinken von Blättern vor einem Regen, das Krächzen von Krähen, das Tappen eines Besens, das Rascheln eines Kleids - das alles war in seinem Geist so getönt und unterschieden, daß er bereits seinen Privatkode besaß, seine Geheimsprache, obzwar er das Abbild schierer kompromißloser Strenge zu sein schien ... (S. 7).

David andererseits spielte häufig mit seinen Soldaten. Er baute Festungen für sie und hatte ausführliche und doch genaue Schlachtpläne. Obwohl er eine Reihe Freunde hatte, mit denen er im Freien spielte, machte ihm das Soldatenspiel nur mit Jack Spaß, weil von seinen Freunden nur Jack seine Leidenschaft für Genauigkeit teilte. David, der schon mit 6 Jahren lesen konnte wie ein Viertklässler, organisierte seine Soldaten in Einheiten – Fußsoldaten, Kavallerie und Artillerie. Er wußte, wie weit Kanonen und Gewehre schießen können; wie groß Abteilungen, Züge und Kompanien sind; wie schnell Kavallerie und Pferde ziehen können. Der Fußboden, auf dem er spielte, war in seiner Imagination sorgfältig eingeteilt, vom Fuß bis zur Meile. Wenn Jack und er über die Gültigkeit eines Plans stritten, sah er in einem seiner Bücher nach oder wartete, wenn nötig, auf seinen Vater, um die erforderliche Information zu erhalten. Obwohl er die phantasierten Sprengungen und die Schlachten insgesamt genoß, entsprang seine Befriedigung eigentlich der Kategorisierung von Information und der Simulation objektiver Wirklichkeit, die ihm durch sorgfältig vorgenommene Unterscheidungen möglich wurde. Wenn er aus einem Buch oder mit Hilfe seines Vaters seinem Wissensregister ein neues Faktum hinzufügte, dann erfreute ihn das ebenso wie der Siegesjubel, mit dem er bei einem erfolgreichen Angriff in die Mauern einer Festung einbrach.

Diese Vignetten machen deutlich, daß die herkömmliche Verknüpfung des Primärprozesses mit Imagination und des Sekundärprozesses mit lexikalischer Entwicklung zu restriktiv ist. Imagination und Sprache werden in jeder der perzeptuell-kognitiv-affektiven Organisationen benutzt, aber das integrative Produkt ist jeweils verschieden, wie ja auch James und David unterschiedliche Jungen waren. Es ist offensichtlich, daß David beim Aufbau seiner sekundärprozeßhaften perzeptuell-kognitiv-affektiven Organisation die Sprache einsetzt. Die Rolle, welche die Sprache in James' primärprozeßhafter Organisation spielt, ist allerdings weniger einsichtig, solange wir nicht eine wichtige Beobachtung von Bruner u. Sherwood (1980) in Betracht ziehen:

> ...die meisten frühen Äußerungen, die wir bei den von uns untersuchten Kindern beobachteten (und entsprechendes gilt für jeden Datenkorpus über frühe Sprache, den ich mir je angesehen habe), haben ein eindeutiges Kennzeichen: Meist reden Mutter und Kind nicht über den harten Kern der Realität. Es geht um Spiele, imaginäre Dinge, um scheinbar ganz sinnloses "so tun als ob". In Wirklichkeit ist das, was darin enthalten ist, für die begriffliche und kommunikative Entwicklung nützlich - Rollenspiel, Bezugnahme auf nichtgegenwärtige Ereignisse, Kombination von Elementen zur Ausnutzung ihrer Variabilität usw.

Eine weitere herkömmliche Formulierung, die ich in Frage stelle, verknüpft eine der beiden perzeptuell-kognitiv-affektiven Organisationen mit Reaktionen auf Triebe und die andere mit Reaktionen auf die äußere Realität. Jede Organisation arbeitet alleine und gemeinsam mit der anderen und reagiert so auf das, was von irgendeiner (inneren oder äußeren) Quelle her andrängt oder verstört. Sie aktiviert dabei irgendeine verfügbare Hilfsquelle, entweder eine innere oder eine äußere. Anna, ein 20monatiges Mädchen, begann gerade, sich zunehmend mit dem Entfernen von der Mutter anzufreunden, da leitete ihre Mutter einen Versuch der Sauberkeitserziehung in die Wege. Nach einem erfolglosen und gereizten Intermezzo schnappte sich Anna ihre Puppe und schleifte sie grob über den Fußboden. Sie staubte den verschmutzten Rock der Puppe heftig ab und nörgelte dabei ärgerlich an der "bösen Puppa" herum. Dann warf sie die Puppe durch das Zimmer und stand herum, mit traurigem Blick. Nach einer Weile holte sie die Puppe wieder und begann mit einem verträumten Gesichtsausdruck, sie zu schaukeln und zu trösten.

An Annas Verhalten kann man die jeweilige Arbeit beider Organisationen beobachten. Die Organisation der gesamten Spieleinheit – mit Anfang, Mitte und Ende – hat etwas von einer Szenenfolge und der "Einheitlichkeit" eines kleinen Dramas, entspricht also dem ordnenden Sekundärprozeß. Innerhalb der Gesamtorganisation kommen allerdings Verschiebung (der Schmutz steht für den Darminhalt) und Verdichtung vor (in der Stärke der Aggression ist die milde Mahnung der Mutter mit dem projizierten Zorn des Kindes vereint, und die Rollen sind umgekehrt). Zunächst ist das gescholtene "Kind" ziemlich für sich – es ist die Zielscheibe der Gefühle und der Handlungen der "Mutter". Die weitgehende psychologische Trennung spiegelt sich auch im physischen Wegwerfen wider. Ich glaube, daß die

Getrenntheit und das Abzielen auf Kausalabfolgen, wie "wenn du dich dreckig machst, bist du ungezogen und wirst geschimpft", für sekundärprozeßhafte Organisation sprechen. Die abschließende Handlung andererseits (das Schaukeln, das Trösten und der verträumte Blick) läßt an einen Grenzverlust denken, an ein räumliches und zeitliches Ineinanderfließen von Annamutter und Puppenbaby. Annas psychisches, physisches und emotionales Selbst verschmilzt mit der Puppe, wobei der kognitiv-affektive Zustand zu einer Gestalt des Tröstens und Beruhigens wird. Dieser Zustand, in dem die Funktion (der Trost) und der Funktionsträger (der Tröster) eins werden, wird eher nach den Gesetzen der primärprozeßhaften perzeptuell-kognitiv-affektiven Organisation gestaltet als derjenige Beziehungstyp, bei dem Getrenntheit und klare Unterscheidungen aufrechterhalten werden.

Um auf meinen übergreifenden Schwerpunkt zurückzukommen: Das ganzheitliche Selbst dieses 20monatigen Mädchens konnte zur Bewältigung eines Spannungszustandes überaus flexible Modi oder Organisationen verwenden. Anna organisierte eine Verhaltensabfolge so, daß in deren Zusammenhängen und Unterscheidungen eine sekundärprozeßhafte Regulierung deutlich wurde. In ihrem Spiel zeigten sich 2 Beziehungsmodi: einer, der die Unterscheidung zwischen einem Selbstbild und einem Objektbild vertiefte, und ein anderer, in dem sich eine verringerte Unterscheidung und Distanz, ja sogar eine Verschmelzung zeigte. Darüber hinaus baute Anna in die Abfolge den Gebrauch perzeptueller, kognitiver und affektiver Prozesse zu Abwehrzwecken ein: Identifikation mit dem Aggressor, Projektion von Zorn, Verschiebung, Verkehrung ins Gegenteil und Verdichtung. Bei einigen der spezifischen Abwehrmaßnahmen werden perzeptuelle, kognitive und affektive Regulierungen verwendet, die dem Primärprozeß entstammen, andere entstammen dem Sekundärprozeß (Lichtenberg u. Slap 1971, 1972).

Wenn ich darauf hinweise, welches Element welcher perzeptuell-kognitiv-affektiven Organisation entstammt, dann kann das allerdings den Nachteil haben, daß wir weniger würdigen, wie bemerkenswert das neu auftauchende ganzheitliche Selbst das Zusammenspiel beider Organisationen benutzt. Das Ausweisen zweier getrennter Organisationen entspricht dem Vorgehen eines äußeren Beobachters, der getrennte Komponenten sieht; vom persönlichen Erlebnisstandpunkt aus ist das Resultat der Arbeit beider Organisationen eine einzige Ganzheit. Selbst wenn – wie einige Forscher glauben – diese beiden Organisationsmodi von der verschiedenen Neurophysiologie der zerebralen Hemisphären herrühren, wird in ähnlicher Weise die resultierende Hirnfunktion niemals als zum rechten oder linken Gehirnteil gehörig erlebt (McKinnon 1979). Erlebt wird eine vereinheitlichte Ganzheit. Der Beobachter ist derjenige, der sagt, daß das Erleben den Kennzeichen oder den Mustern einer der beiden Hemisphären entspricht. Die Kennzeichen des Sekundärprozesses (Repräsentation durch ein abgegrenztes Bezeichnendes, logische zeitliche Abfolgen und Explizitheit von Bedeutungen) werden mit den Kennzeichen des Primärprozesses (generalisierte Bilder, Verschwimmen von Zeit und Raum, holistische Synthese von Elementen) integriert, so daß das Einzelwesen die resultierende Einheitlichkeit erlebt. Der Ursprung dieser Synthese läßt sich durch eine Analogie zu den Fähigkeiten illustrieren, welche Künstler im Laufe der Renaissance entwickelten. Verglichen mit den recht flachen und stilisierten Körperformen bei mittelalterlichen Malern sind die Körperformen bei Renaissancekünstlern vollkommen abgerundet, was die zunehmenden Kentnisse über anatomische Einzelheiten verdeutlicht. Wenn wir uns eine Madonna mit Kind anschauen, haben die Figuren das richtige Alter, und die Komposition stellt das Zusammenspiel von Mutter und Kind dar, während gleichzeitig die religiöse Bedeutung durch die bekannten Zeichen vermittelt wird. Passend zu den neuen ästhetischen Entwicklungen, welche die Künstler bei den Figuren im Vordergrund anwendeten, gab es andere Fähigkeiten, die man benutzte, um diese in einen Hintergrund einzubetten. Die Perspektive klärt die räumlichen Beziehungen und überbrückt jede scharfe Trennung. Weiterhin liegt bei späten Werken aus dieser Zeit eine schimmernd-räumliche Stimmung über sanft geschwungenen Hügeln, und so deutet die Technik des *Sfumato* das umfassende Wohlbefinden und den Rückhalt an, die von der Natur ausgehen. Bei einem Werk eines Meisters der Hochrenaissance hat das zur Folge, daß Vordergrund und Hintergrund so gut integriert werden, daß ein einziger ganzheitlicher Eindruck entsteht.

Die Auswirkungen auf das Kleinkind

Das "Vordergrund"erleben im 2. Lebensjahr kann zeitweise an die idyllischen Darstellung von Mutter und Kind in der Kunst der Renaissance erinnern; aber besonders in dessen Mitte und in der 2. Hälfte ist der Vordergrund öfter von erheblichem Aufruhr geprägt, von hochintensiven und sehr spannungsreichen Erlebnissen (Pine 1981). Die Kleinkinder stehen durch konkurrierende hochintensive Empfindungen unter Druck, die von Mund, Haut, Darm, Blase und Genitalien ausgehen. Sie stehen unter Druck durch die Aufwallungen der Selbstbehauptung, die mit dem entstehenden, aber brüchigen Empfinden für ihr Selbst als Leitfigur zu tun haben. Ihre Bereitschaft zu reaktiver Aggressivität und zu Widersetzlichkeit gegen jede Frustration und jeden Frustrierenden ist sichtbar erhöht. Die Belastung des elterlichen Unterstützungssystems, die von der Entwicklung zu größerer Autonomie, Körpererforschung, Intentionalität und Privatheit ausgeht, diese Belastung wirbelt Konfrontationen in den Vordergrund und bedroht manchmal auch das Hintergrundmilieu der basalen vertrauensvollen Unterstützung. Sogar in Momenten mäßiger Spannung arbeiten die Kleinkinder mit Hilfe der Abbildungsfähigkeit immer noch daran, ihre Mutter als vollständiges, abgegrenztes Anschauungsobjekt zu behandeln; sie versuchen, den vielgestaltigen Wahrnehmungsinput, den sie von ihrer Mutter erhalten, in einer geordneten, überdauernden, einheitlichen Repräsentanz zusammenzufassen. Die Gesamtwirkung dieser kurzfristigen Stimmungsschwankungen schafft die zähen, zerrenden dysphorischen Zustände, die Mahler als Wiederannäherungskrise bezeichnet (s. Mahler et al. 1975). Es kommt noch ein weiterer Übergang hinzu. Der kommunikative Dialog löst sich vom Austausch durch Zeichen und Signale der 1. Hälfte des 2. Lebensjahres, und geht auf zunehmende Vokalisationen mit zunehmender Wortzahl über.

Bei all diesen Vorgängen überlappen sich verschiedene Quellen sinnlicher Stimulation, sie greifen ineinander und verschmelzen. Kleinkinder achten auf Zeichen und Signale, daher reagieren sie zunehmend auf Zustimmung und Ablehnung, und sie erleben immer öfter Auflehnung und reaktive Verstimmung gegenüber der geliebten und benötigten Mutter. Im [englischen] Sprachgebrauch wird die polymorphe Vieldeutigkeit dieser Erfahrungen mit Worten wie "nasty" (was schmutzig und übelriechend, sexuell schlecht, ungezogen und schlechtgelaunt bedeuten kann) und "nice" vermittelt (was fein, köstlich, lustvoll sexuell und wohlerzogen bedeuten kann oder auch eine freundliche Wesensart bezeichnet). Um zu der genital und triangulär zentrierten Sexualität der ödipalen Phase vorzudringen, müssen die Kinder im Laufe der nächsten Jahre genitale Empfindungen einerseits und Darm-, Blasen- und Leibempfindungen andererseits auseinanderhalten. Sie müssen genitale Aktivität von der Ausscheidung mit ihren spezifisch kulturellen Untertönen der Verunreinigung und des Schmutzes unterscheiden, und sie müssen genitale Aktivität von Untertönen reaktiver Aggressivität trennen und trotzdem die Selbstbehauptung beibehalten. Das Mittel, auf welches die Kleinkinder zurückgreifen, um das zu erreichen, ist in erster Linie die Organisation der beiden kognitiv-affektiven Modi der symbolischen Ebene. Diese Organisation erlaubt es ihnen, einen empfindungsnahen Repräsentationsmodus aufrechtzuerhalten und gleichzeitig eine Organisation zur Verfügung zu haben, die eine diskursive Behandlung der Erlebnisse ermöglicht. Dabei werden die subtilen Unterscheidungen verwendet, welche die Sprache ermöglicht.

Die mit der Sprachentwicklung einhergehende neue symbolische Repräsentationsfähigkeit dient während der 2. Hälfte des 2. Lebensjahres in großem Ausmaß dazu, die polymorphen Erlebnisweisen dieser Zeit zu strukturieren. Es war die wirklich einzigartige Entdeckung der Psychoanalyse, daß die turbulenten, konfliktreichen, die "dämonischen" Aspekte der Kindheit (und des Lebens im allgemeinen) in Träumen, Versprechern, freien Assoziationen und im spontanen Spiel dauerhaft symbolisch repräsentiert werden. Traumatische Ereignisse können spätestens ab 18 Monaten in diesen Formen der symbolischen Repräsentation geordnet werden (Solnit 1972; Renik et al. 1978; Ablon u. Mack 1980; Herzog 1980).

Eine naturwissenschaftliche Beobachtung ist nützlich, weil sie für bestätigende Hinweise auf die Funktionsweise der beiden perzeptuell-kognitiven Organisationen sorgt. Dennoch sind die Daten, die sich durch die empathische Einstimmung des Analytikers auf die introspektive Bewußtheit des Analysanden gewinnen lassen, notwendig, um zu erfassen, wie subtil die beiden Organisationen in ihrem Zusammenspiel arbeiten. Jede hat dabei für ihre Operationen einen anderen Schwerpunkt (Noy 1979). Der Primärprozeß arbeitet, als käme sein Wahrnehmungsschwerpunkt aus dem Inneren, läßt Wünsche, Bedürfnisse und Empfindungen spüren; der Sekundärprozeß funktioniert, als ob er die Perspektive eines eher distanzierten "objektiven" Außenseiters einnähme. Die spezifische Erfahrungsweise des Dämonischen einer Person gewinnt ihr Potential aus beiden Organisationen. Verschiebung, Verdichtung und Symbolisierung lassen sich beobachten, wenn sich die Bildersprache weitverbreiteter Phantasien über wilde Männer und Hexen herausbildet, sie zeigen sich aber auch in eher überdauernden Repräsentanzen, in Symptomen und in den Charakterzügen des Mißtrauens und der Furchtsamkeit. Die "Objektivität" der Außensicht entwickelt sich in Abstimmung mit der Perspektive der Bezugsperson und hilft üblicherweise dabei, das Dämonische in einen normalen Kontext einzufügen. Die Art, in der die Bezugsperson reagiert und strukturiert, kann allerdings auch bewirken, daß für den notwendigen Rahmen, in den sich wilder Mann und Hexe einfügen lassen, nicht gesorgt ist. Sie kann sogar alles schwieriger machen, wenn sie dazu führt, daß hochintensive Erlebnisse überwältigend vorherrschen. Der Verlust der unmittelbaren Unterstützung durch einen Elternteil in dieser kritischen Zeit kann daher eine deutlich nachteilige Wirkung haben. Des weiteren kann der Sekundärprozeß zum Dämonischen beitragen, wenn er eine Form annimmt, die sich durch Kälte, Rigidität und "Rationalismus" (in einem kafkaesken Sinne) auszeichnet. Unter günstigen Umständen werden allerdings innere und äußere Erlebnisweisen synthetisiert und durch die beiden perzeptuell-kognitiv-affektiven Organisationen integriert. Das führt zu einer Konsolidierung des Selbst, das nun fähig wird, mit dem Dämonischen adaptiv umzugehen – d. h. es zu symbolisieren, davon fasziniert zu sein, es in kreativen Formen ohne bleibende pathologische Wirkung "auszuspielen".

Stechler u. Kaplan (1980) glauben, daß das Fortbestehen einer unerfüllten Absicht über längere Zeit das entscheidende "innere" Erlebnis ist. Die innere symbolische Repräsentanz wird zunächst ein Abbild des ganzheitlichen Selbst in einer Problemlösesituation enthalten. Wenn die Frustration anhält, wird sich das Abbild des Selbst mit einem Empfinden von Ausgeschaltetsein und Feindseligkeit (mit Zorn aus dem Inneren und Furcht vor der Außenwelt) verbinden. Dieses Empfinden muß symbolisch repräsentiert werden, um adaptiv angegangen zu werden. Das ebenso entscheidende "äußere" Erlebnis "umfaßt eine Reihe von Schritten: 1) Die Eltern müssen die Absicht des Kindes erkennen; 2) sie müssen darauf einigermaßen beständig reagieren; 3) sie müssen ausreichend klar zum Kind zurückkommunizieren, so daß das Kind weiß, wie ihre Reaktion ist; 4) sie müssen es ermöglichen, daß die Handlungssequenz weit genug vorangetrieben wird, so daß das Kind a) ein Empfinden für seine Absicht hat, b) die Handlung zum Fruchten bringt und c) irgendeine Mitteilung über die Folgen seiner Handlung erhält" (Stechler u. Kaplan 1980, S. 102).

Wenn die beiden perzeptuell-kognitiven-affektiven Organisationen günstige Erlebnisse organisieren, dann wird das Kind eher eine Handlung auswählen, die zur Bündnisbildung mit den Eltern führt, und kein Verhalten, das ein widersetzliches Begehren ausdrückt. Die innere Repräsentanz wird dann ein abgegrenztes ganzheitliches Selbst in einem Zustand der Vertrautheit (und der Funktion schaffenden Identifikation [Jacobson 1964]) mit dem Elternteil sein, und kein dämonisches, von Zwang gerittenes Selbst, das in Widersetzlichkeit, defensiver Unterwerfung oder in der Idealisierung eines unempathischen anderen gefangen ist.

Diese Sichtweise ergänzt unser Verständnis für die organisierende Wirkung von traumatischen Ereignissen, welche die Integrationsfähigkeit des Selbst erweitern (Schur 1966), um ein Verständnis für die kumulativen Auswirkungen der Ereignisse des täglichen Lebens. Diese "üblichen" Ereignisse geben Gelegenheit zur Selbstintegration und -erweiterung und auch zum pathologischen Festhalten an früheren Modi. Diese Ereignisse sind das, was die Beobachtungen der Kleinkindforscher mit den Rekonstruktionen verbindet, die bei der Analyse der Übertragungen Erwachsener möglich werden.

Um diese Entwicklungen vom Standpunkt des Selbst aus zu wiederholen: Im "ganzen Selbst" spiegelt sich, wenn es erst einmal erlebt wird, die Person in umfassender Ganzheit, so weit das zum jeweiligen Zeitpunkt möglich ist. Zum Zeitpunkt seiner Entstehung umfaßt es das "Ich" ["I"], das als handelnde Leitfigur die bestehenden zeichen- und signalbestimmten kognitiven, affektiven und handlungsbezogenen Muster ausführt, und es umfaßt das "Selbst", dem gegenüber andere (oder das "Ich" ["I"]) handeln. Wenn sich die symbolische Repräsentation und das Denken entwickeln, kommt ein "geistiges" Selbst hinzu. (Deutlich später als im 2. Lebensjahr geschehen weitere Entwicklungen, mit deren Hilfe das ganzheitliche Selbst reflexive Bewußtheit für jeden der anderen Aspekte des Selbst gewinnen kann) Das ganzheitliche Selbst, das sich im 2. Lebensjahr herausbildet, hat die Eigenschaft, daß es ständig versucht, Muster bedrängender Strebungen und funktionaler Fähigkeiten in Einklang zu bringen (wenigstens wird es so erlebt). Mit anderen Worten, die Funktion des ganzheitlichen Selbst besteht in erster Linie darin, alle bestehenden Funktionen in eine Organisation zu integrieren, die so flexibel wie möglich bleiben soll. Jeder nachfolgende Entwicklungsvorgang bringt neue bedrängende Antriebe und neue funktionsbezogene Herausforderungen und Fähigkeiten mit sich, die potentiell den

Flexibilitätsbereich des ganzheitlichen Selbst erweitern können. Andererseits kann man es auch so sehen, daß jeder Entwicklungsvorgang potentiell Einheitlichkeit gefährdet, daß er die Möglichkeit einer verminderten Flexibilität zum Schutz des ganzheitlichen Selbst in sich birgt.

Die Aufwallungen der Selbstbehauptung und der reaktiven Agression, die Zunahme der perinealen und genitalen Bewußtheit, die Übergänge bei der Kognition und den Spracherwerb des Kleinkinds, all das kann man im Lichte der Auswirkungen auf das ganzheitliche Selbst betrachten. Die Fehlanpassungen des Kleinkinds kann man als ungelöste Konflikte und auch als Regulierungsmängel betrachten. Aus meiner Perspektive läßt sich Konflikt als (bewußtes oder unbewußtes) ständig von Entzweiung bedrohtes Selbsterleben definieren. Zu so etwas kommt es, wenn eine Gruppierung bedrängender Antriebe und funktionaler Reaktionen im Gegensatz zu einer anderen steht. Solche konflikthaften Erlebnisweisen sind die unvermeidliche Folge von Entwicklungsdruck. Deren Wirkungen sind üblicherweise von der regulierenden Unterstützung abhängig, für die eine empatische und einfühlsame, angemessen strukturierte (disziplinierte) Umwelt (Erziehung) sorgt. Wenn die regulierende Unterstützung förderlich ist, kann sich aus einem Konflikt ergeben, daß eine neue Organisation oder ein Funktionsmuster entsteht, wobei sich dann das ganzheitliche Selbst erweitert. Wenn der Konflikt die Fähigkeit zur Integration und Organisation übersteigt und/oder wenn die regulierende Unterstützung nicht angemessen ist, muß etwas von dem flexiblen Expansionspotential des Selbst geopfert werden. Man kann dann Pathologie als überdauernde Einschränkung der alloplastischen und autoplastischen Flexibilität definieren. Sie umfaßt einen Bereich, der bei nur mäßig eingeschränkten Kleinkindern beginnt, deren Spiel mit ihren Gefährten stark beengt ist, und bis zu solchen Kleinkindern reicht, die so sehr in einer aversiven Reaktion auf eine ebenso eingeschränkte Mutter festgefahren sind, daß ihnen weder die freudige Verspieltheit, noch die Abgrenzung durch streitbare Selbstbehauptung vergönnt ist. Konflikte und unvollständige regulierende Unterstützung werden von Kleinkindern in Form von unlösbaren intrapsychischen Spannungen erlebt und erinnert. Das Scheitern der Eltern kann auf die Außenwelt zurückprojiziert werden. Dies sind die Situationen, welche die Übertragungsphänomene entstehen lassen, die man in Psychoanalysen beobachtet.

Teil IV: Anwendungen

11. Erogene Zonen und Alternativmodelle für die Organisation in der frühen Kindheit

In Kap. 1 habe ich darauf hingewiesen, daß man die Ergebnisse der Säuglingsforschung außerhalb des Geltungsbereichs der Psychoanalyse ansiedeln könnte. Man könnte argumentieren, daß die psychische Repräsentation ein Grundpfeiler der Psychoanalyse ist und daß, egal wie komplex die Aktivität des Säuglings auch sein mag, psychische Repräsentation beim Säugling nicht nachweisbar ist. Bislang habe ich das ganze Buch hindurch den Vorsatz verfolgt, dieses Ausschlußargument zurückzuweisen. Jetzt möchte ich die Sache vom entgegengesetzten Ende angehen – es geht jetzt darum, daß Hypothesen und Ergebnisse aus dem psychoanalytischen Setting in vielen gängigen Modellen über die frühe Kindheit weitgehend vernachlässigt werden. Ich werde zu zeigen versuchen, daß man Begriffen, die auf Freuds Theorie der erogenen Zonen und libidinösen Phasen (1905) zurückgehen, einen Platz in einer umfassenden Theorie der frühkindlichen Entwicklung einräumen muß, wenn auch in deutlich veränderter Form. Auf der Basis von Eriksons (1950, 1959) Konzept der Organ*modi* lassen sich Vergleiche mit dem traditionellen psychosexuellen Modell und auch mit den allgemeinen systemischen Modellen aus der Säuglingsforschung anstellen.

Wie interpretieren wir Bedeutung?

Lassen Sie mich mit einem jungen Mann beginnen, der im 3. Analysejahr ist. Dieser Mann berichtet einen Traum, in dem er ein Teilchen hochhustete, das unerwartet groß zu sein schien – etwa so groß wie eine Nuß. Er sagt, es habe wie eine Erdnuß [engl. peanut, was für die Interpretation von Bedeutung ist] ausgesehen, da es sich mit Leichtigkeit in zwei Teile teilen und öffnen ließ. Die unmittelbare Assoziation des Patienten ist, daß der Traum ihn an eine körperliche Erfahrung erinnnert, die er von Zeit zu Zeit macht – er hustet Teilchen hoch, die er für Stückchen seiner kranken Mandeln hält. Allerdings hat er das nicht am Tag des Traumes erlebt.

Als Ergebnis des Austausches zwischen Analytiker und Analysand ergibt sich die folgende Interpretation des Traums: Das Husten bezieht sich auf das Sprechen in der Analyse. Der Patient ist oft über längere Zeiträume still und spricht selten frei. Am Tag des Traumes aber, nach 2 Sitzungen, in denen er besonders still gewesen war, war der Patient viel mitteilsamer, er erinnerte einen Traum und assoziierte dazu. Das, was er durch das Verbalisieren "hochhustete", war also unerwartet groß. "A nut" [wörtlich: "eine Nuß"] ist eine umgangssprachliche Bezeichnung für jemanden, der verrückt ist. Diese Verbindung spielt auf einen Bereich an, der dem Analysanden sehr peinlich ist, auf den Grund dafür, daß er die eigenen gestörten Aspekte zu verleugnen wünscht. Im allgemeinen öffnet er sich der Betrachtung von Träumen nicht gern, aus Angst vor seiner Verrücktheit [nuttiness, abgeleitet von "a nut", s. oben], die dabei aufgedeckt werden könnte. Er sträubt sich dagegen, die Verantwortung für den Inhalt seiner Träume und seiner Assoziationen zu übernehmen. Immer wenn er aktiver spricht, wie am Tag des Traums, fühlt sich das ebenso unwillkürlich, unkontrollierbar und stoßartig an wie ein Husten. Das alles steht im Gegensatz zu der "Leichtigkeit", mit der sich die Nuß im Traum öffnen ließ und ihre inneren Schichten preisgab. Es war wie bei einer Erdnuß, deren äußere Schale entfernt ist und bei der nur die dünne Hülle bleibt. Der Traum stellt also dar, daß er sich wünscht (und möglicherweise daran glaubt), nicht länger die "harte, schwer zu knackende Nuß" zu sein. Sein überweisender Arzt hatte ihm angekündigt, daß er das sein würde; nun kann er statt dessen das, was in ihm ist, leichter erschließen.

Jenseits der Bedeutungsebene, die sich dem Verständnis innerhalb der analytischen Stunde, in welcher der Traum berichtet wurde, unmittelbar erschließt, gibt es andere wahrscheinliche Bedeutungen. Obwohl der Traum in Begriffe gefaßt ist, die sich um die Mundregion zentrieren – hochhusten und hochwürgen von Nahrung –, gibt es starke Hinweise darauf, daß darin körperbezogene Phantasien aus anderen Quellen verdichtet sind. Das machtvolle unwillkürliche Austreiben läßt auch an rektal-anale Aktivität denken, und das *pea* in "peanut" [Erdnuß, s. oben] weist auf urethrale Aktivität hin [wegen des Gleichklangs mit "to pee" = pinkeln], insbesondere deshalb, weil der Patient als umgangssprachlichen Ausdruck meist "pissed off" ["angepißt"] verwendete, wenn es um Zorn ging. Des weiteren ist "nut" ein Slangausdruck für die Hoden. Mandeln haben ebenfalls eine assoziative Verbindung zu den Hoden. Die Phantasie, kranke Teilchen der Mandeln hochzuhusten, steht für Ängste vor körperlicher Beschädigung, die unter dem übergreifenden Schlagwort "Kastrationsangst" einzuorden sind.

Historisch gesehen ist die Möglichkeit, Traumbilder auf diese Weise zu interpretieren, eng mit Freuds Betrachtungen über die erogenen Zonen verbunden. Die Fähigkeit, ausgehend von Symptomen, Versprechern, Witzen, Mythen und ästhetischen Themen, jeweils ähnliche metaphorische Übersetzungen vorzunehmen, ist ein so wirkungsvolles Hilfsmittel zur Entschlüsselung der Geheimnisse des menschlichen Daseins, daß es Eingang in das Geistesgut der breiten Öffentlichkeit gefunden hat. Wirklich jeder Psychoanalytiker zieht aus dem Verwendung dieses effektiven Hilfsmittels Stärke: Er ist ein Traumdeuter, wie der Joseph des alten Testaments – nur hat er zusätzlich einen wissenschaftlichen Datenkorpus zur Verfügung.

Wir stehen vor einem Problem: Viele von Freuds theoretischen Annahmen über die libidinösen Zonen und deren entscheidende Bedeutsamkeit für die Entwicklung stehen im Widerspruch zu den Daten und Annahmen der Säuglingsforschung, die ich dargestellt habe. Aber die Forscher, an deren Organisationsprinzipien ich mich orientiert habe, haben keine Alternative entwickelt (meist haben sie es nicht einmal versucht). Ich werde die beiden Ansätze einander gegenüberstellen und einige Hypothesen über Lösungsansätze für diese Schwierigkeiten aufstellen. Für den Leser wird es gut sein, einen grundlegenden Unterschied im Auge zu behalten: Freuds Theorie betont die Bedeutsamkeit von spannungsreichen Momenten (vgl. Pine [1981] der diese Position und insbesondere ihre Anwendung in dem von Mahler erdachten Entwicklungsschema verteidigt). Erhöhte Spannung kann entweder zonenspezifische (körpererotische) Erregung sein oder aus einem traumatischen Ereignis resultieren. In beiden Fällen glaubt man, daß das spezifische Erlebnis erhöhter Spannung eine tiefgreifende generalisierte Wirkung hat, wie ein Felsbrocken, den man in einen ruhigen Teich wirft. Die Säuglingsforschung betont dagegen die Bedeutung von Erlebnissen im Zustand geringer bis mäßiger Spannung – bei ihnen kommt es zu "Redundanzen", zu wiederkehrenden Handlungsmustern zwischen Säugling und Bezugsperson. Die Säuglingsforscher würden argumentieren, daß das Gleichnis von der Wirkung des Felsbrockens im Teich falsch ist – daß in Wirklichkeit der Teich gar nicht ruhig ist; er ist ein sehr komplexes ökologisches System, in dessen multiplen Subsystemen sich ständig etwas verändert (auf chemischer, biologischer, tageszeitabhängiger und evolutionärer Ebene). Der kumulative Hintergrundeffekt bestimmt dann, wie bedeutsam oder nachhaltig der Felsbrocken wirkt. Die kumulativen Hintergrundfaktoren werden weiter auf den Teich wirken, wenn die momentane Wirkung des Felsbrockens abgeklungen ist (eine Kritik an den herkömmlichen Konstrukten findet man bei Peterfreund [1978]).

Wie Entwicklung verstanden wird

Freuds Konzeption

Die von Freud angebotene Erklärung, die das Geheimnis der Träume entschlüsselte, war eine raffinierte Zusammenstellung von Postulaten über Energietransformationen, den Primärprozeß, topographische und strukturelle Zusammenhänge sowie über Entwicklungsrekonstruktionen. Lassen Sie mich kurz Freuds (1905) Entwicklungstheorie zusammenfassen: Freud baute seinen Ansatz auf der Annahme auf, daß alles sexuelle Erleben mit Libido zu tun hat, mit einer besonderen Form der Energie im Grenzbereich zwischen den Gebieten der Biologie und der Psychologie. Schaut man von der erwachsenen Sexualität aus in die Vergangenheit, dann haben der genitale Kontakt und die Lust dabei Vorläufer in anderen körperlichen Lustgefühlen, die anderen besonders empfindungsreichen Körperbereichen entspringen; dabei ist immer Abfuhr der gleichen Energie im Spiel. Beim Erwachsenen werden diese zonenspezifischen Lustgefühle – direkt, wie beim Küssen (orale Zone), oder indirekt, wie bei der Zurückhaltung (anale Retention) – zu Aspekten des Vorspiels. Ersatzweise können diese zonenspezifischen Lustgefühle in Form von Perversionen zu Kernfunktionen des erwachsenen Sexuallebens organisiert werden (Fellatio, Analverkehr).

Der Zeitplan für das Auftauchen sexueller Erlebnisse in der Kindheit ist durch die Zeiträume bestimmt, in denen eine Zone besonders erhöhte Empfindungen auslöst. Die sinnlichen Körperempfindungen werden psychologisch bedeutsam, weil Aufbau und Abfuhr von triebhaften libidinösen Strebungen in Gedächtnisspuren repräsentiert werden. Die körperliche Empfindung in der Zone wird psychisch dadurch signalisiert, daß das repräsentierte Abbild des Körperteils mit hoher Energie belegt ist (libidinöse Besetzung). Wenn man die komplexen epigenetischen Beziehungen zwischen den Phasen einmal außer acht läßt, kann man als grobe Analogie ein Neonschild verwenden, auf dem die Worte "oral", "anal" und "phallisch-ödipal" aufblitzen.[1] Zuerst leuchtet "oral" auf, die anderen Worte bleiben dunkel; dann bleibt "oral" weiterhin hell, aber "anal" wird noch heller; schließlich wird "phallisch-ödipal" am hellsten, während sich die beiden anderen an Intensität gleichkommen. Die zeitliche Abfolge ist ungefähr die folgende: oral von der Geburt bis zu 18 Monaten, anal von 18 bis 36 Monaten, phallisch-ödipal von 3 bis 6 Jahren – es gibt beträchtliche Überlappungen und auch andere Datierungen.

Nach Freuds Vorstellung erzeugt ein Stau libidinöser Energie Spannung und Unlust; ihre Verringerung erzeugt Ruhe und Lust. Also wirkt im libidinösen Bereich das gleiche Profil wie beim sexuellen Orgasmus, mit Aufbau und Entladung. Jede libidinöse Zone – die orale, die anale und die phallisch-ödipale – übt nacheinander einen mächtigen Zug auf das unbewußte, vorbewußte und bewußte Erleben und auf die Selbst- und Objektrepräsentanzen aus, die sich daraus entwickeln. Die Schwierigkeiten libidinösen Strebens bilden also eine intrapsychische Dimension, welche die Ausrichtung des Kindes auf die Umwelt und die Aufzeichnungen darüber in der kindlichen Psyche beeinflußt. Auf der einen Seite beeinflußt ein schwer zu beurteilender biologischer Faktor – die genetische Konstitution des Kindes – diese intra-

[1] Diese Ausdrücke werden als übergreifende Schlagworte mit überlieferter Bedeutung verwendet; ich führe die spezifischen Subphasenaktivitäten oder Geschlechtsunterschiede nicht aus. Eine zeitgemäße Darstellung darüber findet sich bei Tyson (1982).

psychische Dimension; orale, anale und phallisch-ödipale Neigungen können mehr oder weniger stark sein. Auf der anderen Seite wirkt sich die Art aus, in der die Bezugspersonen auf die Bedürfnisse der oralen, analen und phallisch-ödipalen Phase reagieren, und zwar sowohl auf deren Stärke (das Drängen des Es) als auch auf die Stärke und die Elastizität der Ich-Funktionen, die darauf ausgerichtet sind, zu vermitteln, zu kanalisieren oder die Vorherrschaft der Bedürfnisse über vorbewußtes und bewußtes Erleben abzuwehren. Die ökonomischen Faktoren der libidinösen Phasen (Triebstärke und Ich-Elastizität) haben einen langfristigen und bleibenden Einfluß auf die individuelle und charakterliche Entwicklung. Wenn es zu Fixierungen kommt, ist damit ein Potential zur Entwicklung von Symptomen und Neurosen angelegt, wie eine Zeitbombe, die vor sich hin tickt. Aber auch wenn keine spezifische Pathologie zum Vorschein kommt, werden die Persönlichkeitszüge, das Phantasieleben und die Vorlieben des einzelnen von der relativen Stärke der einzelnen libidinösen Phasen beeinflußt. Darüber hinaus werden sie von den unausweichlichen Konflikten geprägt, die sich aus den Beschränkungen ergeben, welche die Zivilisation (Kultur) dem Verlangen nach unmittelbarer Befriedigung (Spannungsreduktion) entgegensetzt. Ein solches Verlangen ist den Dringlichkeiten jeder libidinösen Phase inhärent.

Freuds Theorie der libidinösen Phasen ist gründlich weiterentwickelt worden, jede Phase wurde weiter unterteilt und unterschiedliche Abfolgen für Jungen und Mädchen wurden aufgestellt, wobei die Kastrationsangst im Mittelpunkt stand. Die Qualitäten der – dyadischen und triadischen – Objektbeziehungen wurden ausgiebig untersucht, und die Theorie wurde innerhalb der Psychoanalyse angegriffen, wobei die Auseinandersetzungen jeweils von der relativen Bedeutung a) der libidinösen und aggressiven Triebentwicklung, b) der Trieb- und Ich-Entwicklung, c) der Triebe und der Objektbeziehungen sowie vom Zeitplan der Phasen ausgingen. Für eine beträchtliche Anzahl von Psychoanalytikern liefert das Konzept der libidinösen Phasen allerdings 5 wichtige Erklärungen:

1) Aktivität im Bereich der spezifischen erogenen Zone ist ein entscheidender spezifischer Organisator für das Erleben des Säuglings und des Kleinkinds.
2) In Zuständen, die von zonenbestimmtem Triebdrang geprägt sind, werden alle anderen Wahrnehmungen dem spezifischen Bedürfnis entsprechend verzerrt (Hunger, Abhängigkeit, Beißen, Retention, Ausstoßung, Eindringen).
3) Die Qualitäten, die sich aus diesen bewußten und unbewußten Erlebnisweisen ergeben, werden zu bedeutsamen Persönlichkeitszügen generalisiert (Abhängigkeit, Aufnahmebereitschaft, Zurückhaltung, Aggressivität usw.).

4) Ereignisse jeder libidinösen Phase werden symbolisch repräsentiert. Die Repräsentation reicht von der primitivsten Verbildlichung bei unbewußten Phantasien (Primärprozeß) bis zu distanzierteren, sprachlich organisierten Modi (Sekundärprozeß).
5) Schließlich werden wichtige Qualitäten von Objektbeziehungen, die sich nach Ablauf der libidinösen Phasen ergeben, durch die Repräsentanzen bestimmt, die sich im Verlauf dieser Phasen gebildet haben.

Die Ansichten der Säuglingsforschung

Das allgemeine Entwicklungsschema, das sich aus der zeitgenössischen Säuglingsforschung ergibt, bietet eine völlig anderen Zugang. Es geht von der Annahme aus, daß der Mensch, wie alle lebendigen Systeme, das Leben in einem organisierten Zustand beginnt (Sander 1980 a). Weil der Mensch ein außerordentlich komplexer lebender Organismus ist, besitzt das Neugeborene schon von Geburt an integrative Mechanismen auf verschiedenen Ebenen – im biologischen, physiologischen und verhaltensbezogenen Bereich. Einige dieser integrativen Mechanismen funktionieren tatsächlich schon *in utero* (Graves 1980). Jede der Integrationsebenen des Neugeborenen wird zugleich mit Reaktionsmustern und Möglichkeiten der umgebenden Umwelt integriert, wie sie von der Bezugsperson vermittelt wird. Die Säuglingsforscher untersuchen diese Integrationen mit Hilfe der Rund-um-die-Uhr-Beobachtung. So gesehen sind Neugeborene sowohl selbstregulierend, was die Abfolge der States betrifft, die sie durchlaufen (aufmerksame Wachheit, ruhige Wachheit, Schreien, REM-Schlaf und NREM-Schlaf), als auch besonders empfänglich für die regulierende Wirkung der Bezugsperson, was die zeitliche Organisation dieser States betrifft. Befriedigung des Hungers und Lust in der Mundzone sind nur *ein* Bestandteil der Austauschprozesse zwischen dem endogenen regulierenden Zyklus des Neugeborenen und den regulierenden Anstrengungen der Bezugsperson. Sogar wenn wir uns auf das konzentrieren, was Säuglinge beim Füttern selbst erleben, sind sie offenbar in viel weiterem Sinne auf der Suche nach Reizen, als das mit einem Fokus auf der oralen Zone deutlich wird. Sie schauen, hören, riechen und greifen schon in den ersten Wochen auf bemerkenswert diskriminative Weise. Sie befassen sich mit visuellen, taktilen, olfaktorischen und taktilen Mustern, für die sie angeborene oder schnell erworbene Vorlieben haben – und sie meiden Stimuli, die aversiv sind.

Wenn man das Geben und Nehmen zwischen Säugling und Bezugsperson beim gemeinsamen Erleben und Dosieren von Stimuli versteht, gewinnt Bowlbys (1969) Annahme an Gewicht, derzufolge sich eine Bindung zwischen Mutter und Neugeborenem innerhalb des 1. Monats aufbaut. Die anfängliche Bindung entspringt *allen* Austauschvorgängen zwischen Säugling und Bezugsperson, welche die Rund-um-die-Uhr-Organisation der States beeinflussen – es sind Angleichungen, die mit Biorhythmizität, Statesynchronisation und mit dem Eintrainieren von Kontakt zu tun haben. Diese Theorie über die Entstehung von Bindung weicht erheblich von der Theorie ab, die behauptet, daß sich dem Säugling die Existenz der Mutter als oralbedürfnisbefriedigendes "Teilobjekt" erst allmählich im Gefolge der biologischen Fürsorge psychologisch erschließt. Nach Ansicht der zeitgenössischen Kleinkindforschung ist Bindung von den ersten Minuten des postnatalen Erlebens an ein fortlaufender Prozeß. Er erstreckt sich über das ganze Leben und nimmt zu verschiedenen Zeiten verschiedene Formen an.

Eine interessante Parallele zum Bindungsmuster bildet das Muster der Ablösung, das ebenfalls sehr früh im Leben einsetzt. Säuglinge, die gefüttert worden sind, "spielen" einige Minuten alleine, wenn man sie in ihre Bettchen bringt – d. h. sie reagieren auf die nächstliegenden Reize, wie etwa auf ein Mobile oder auf den Anblick ihrer Hände. Wenn das Kind in Gegenwart der Bezugsperson "allein" ist, bilden im 1. Lebensjahr die zunehmend komplexeren Handlungsmuster einen der Pfade in Richtung Ablösung. Ebenfalls im 1. Lebensjahr wird die Ablösung in einem Wandel sichtbar, der von Handlungsmustern wegführt, die durch ihre Repetivität festgelegt erscheinen, und der in einen Reaktionsbereich führt, der eher auf Initiative schließen läßt. Das Kleinkind organisiert dabei sein Verhalten in Abstimmung auf immer komplexere Bedingungen. Zu einem weiteren Wandel kommt es im 2. Lebensjahr, wenn die mehr oder weniger automatischen handlungsbezogenen Reaktionen auf Reize durch neue kognitive Organisationsmöglichkeiten abgelöst werden, was zunehmend unabhängige Auswahlvorgänge fördert. Der Prozeß der Ablösung wird zu diesem Zeitpunkt besonders wichtig (im 1. Lebensjahr wird er eher durch den Austausch zwischen Bezugsperson und Kleinkind überdeckt).

Ein großer Teil der Forschung konzentriert sich auf die Fähigkeiten des *Säuglings* – und die Ausbeute dieser Forschungen ist außergewöhnlich. Aber zu einem für die Theorie besonders fruchtbaren Ansatz ist die Untersuchung des *Austausches* zwischen Säugling und Bezugsperson geworden. Wenn – wie Brazelton (1980 a) schreibt – der Säugling fähig wird, seine vorprogrammierten und gelernten Reaktionen zu organisieren,

> um nach einem äußeren Stimulus zu greifen, oder um angemessen auf ihn oder auf das gesamte erwachsene Verhaltensrepertoire zu reagieren, dann wird er auf so machtvolle Weise energetisiert, daß man leicht die Grundlage für seine "Trainingsbereitschaft" sehen kann. Die Übereinstimmung zwischen seinen Reaktionen und denen der Außenwelt muß ihm so lohnend erscheinen, daß er schnell dafür zu haben ist, darauf zu trainieren, und er macht sich energisch daran, an inneren Steuerungsmechanismen und an Aufmerksamkeitsstates zu arbeiten, um seine Verfügbarkeit für diese äußeren Sequenzen aufrechtzuerhalten. Das "Eintrainieren" wird auf diese Weise zu einem größeren

> Feedbacksystem, das den beiden Feedbacksystemen der verinnerlichten Steuerung und der nach außen gebrachten Stimulus-reaktion eine regulierende und umfassende Dimension hinzufügt. Daher wird das Eintrainieren die Hülle, innerhalb derer der Säugling seine Feedbacksysteme austesten und darüber lernen kann (S. 224).

Die Aufmerksamkeit liegt bei Formulierungen wie der von Brazelton auf dem Wesen der "Redundanz", d. h. auf dem repetitiven Muster kleiner Interaktionen innerhalb der einzelnen States und insbesondere während des Übergangs zwischen States. Experimente, welche die Erwartungen des Säuglings verletzen, können als Beispiel dienen (Call 1980). Wenn sich eine Mutter ihrem 6 Wochen alten Baby nähert und ihr Gesicht in das Blickfeld des Kindes bringt, dann reagiert das Kind am ganzen Körper mit gesteigerter Erregung. Wenn die Mutter nach entsprechender Instruktion ihr Gesicht ausdruckslos beläßt, dann intensiviert der Säugling zunächst einmal seinen Part der vorherigen synchronen gestischen Routinehandlung. Wenn die Mutter nicht darauf eingeht, werden die Anstrengungen des Säuglings hektischer und desorganisierter, bis er schließlich in geschmerzte Bewegungslosigkeit verfällt. Diese Reaktion ist nur unter Berücksichtigung der vorhergegangenen repetitiven Interaktionsvorgänge erklärbar. Die Genauigkeit der beiderseitigen Abstimmung auf das Muster, das mit dem Eintritt des Gesichts der Mutter in das Blickfeld des Säuglings beginnt, und die von Gurren, Glucksen und Lächeln erfüllten Austauschvorgänge, die folgen, all das muß vor dem Hintergrund einer strukturierten Interaktion gesehen werden, die auf Wiederholung und Erwartung aufbaut.

Das Einschleifen von Mustern durch Redundanzen ist auch der Hintergrund für die Beobachtung von Phasentransformationen im Säuglingsalter. Die Transformationen mit 10–12 Wochen und mit etwa 6 Monaten zeichnen sich durch eine allgemeinen Erhöhung und Erweiterung sensorischer Reaktionen aus. Kurz bevor sie auftauchen, kommt es oft zu einer zeitweiligen Desorganisation der Muster, die sich durch Wiederholung im Austausch zwischen Mutter und Säugling eingespielt haben; nach der Transformation werden neue Integrationen möglich. Nachdem sich z. B. mit 6 Monaten die Aufmerksamkeit deutlich erhöht hat (Mahler et al. [1975] haben das als "Ausschlüpfen" bezeichnet), ist der Austausch zwischen Mutter und Kind von einer größeren Spannweite der nun subtiler eingesetzten affektiv-expressiven Signale geprägt.

Allerdings erwähnt keine dieser Entwicklungsbeschreibungen der Säuglingsforscher die intrapsychische Repräsentation. Bei der Darstellung dieser Forschungsarbeiten habe ich das psychische Funktionieren des Säuglings beschrieben, das nur im perzeptuell-affektiven Handlungsmodus existiert. Ich habe behauptet, daß dieser Modus ein komplexes Organisationssystem ist, das von Geburt an gegeben ist. Für das ganze 1. Lebensjahr kann man die zunehmend komplexen Integrationsleistungen auf biologischer Ebene (täglich wiederkehrende Wach-Schlaf-Muster, Hunger-Sättigungs-Zyklen usw.), auf neurophysiologischer Ebene (zunehmende Wachheit, Differenzierung von Affekten, Motilitätssteuerung usw.) und auf der Verhaltensebene allesamt als Vorgänge auffassen, die im Rahmen des perzeptuell-affektiven Handlungsmodus stattfinden. Zu Beginn des 2. Lebensjahres findet ein Übergang von der Handlung als dominanter Modalität des Informationsaustausches zu einem Modus statt, in dem abgegrenzte, "objektivierte" Zeichen und Signale verwendet werden. Dann gibt es in der 2. Hälfte des 2. Lebensjahrs einen weiteren Übergang – hin zu einem Modus des Erlebens durch Symbolbildung, bei dem organisierte Repräsentanzen des Selbst und der anderen ein kognitives Feld bilden.

Auf dem Weg zu einer neuen Lerntheorie

Wenn der perzeptuell-affektive Handlungsmodus das 1. Lebensjahr prägt, dann verlangt das nach einer umfassenden Revision der in der psychoanalytischen Theorie enthaltenen Lerntheorie (Greenspan 1981, 1982). Die psychoanalytische Vorstellung, die sich aus der Phasentheorie der Libidoentwicklung ergibt, besagt, daß wiederholtes Ausbleiben unmittelbarer oraler Befriedigung (Hunger und Mundzonenlust) das Kind dazu bringt, auf die Abwesenheit eines erwarteten Lustzustands aufmerksam zu werden. Das Kind aktiviert dann ein Gedächtnisabbild der früheren Befriedigung – eine halluzinatorische Wunscherfüllung. Da der Unlustzustand andauert, ist der Säugling gezwungen, sich der äußeren Welt zuzuwenden, wo es die angebotene Brust (oder Flasche) und die Anbietende (die Mutter) gibt und also eine wahrnehmungsmäßige Entsprechung des Gedächntisabbilds exisitiert. Auf diese Weise werden Teilobjektrepräsentanzen und später vollständige Objektrepräsentanzen gebildet und im Verlauf weiterer Erfahrungen weiterentwickelt.

Diese Konzeption ist nicht nur ein Modell für den Ursprung der psychischen Repräsentanzen, sondern sie impliziert auch eine psychoanalytische Lerntheorie. Das Wissen um die Existenz der Mutter (und die Aktivierung des Realitätsprinzips, welches das Kind von der Phantasie zur äußeren Realität führt) erscheint als Ergebnis von Unlust. Das Ausmaß der Unlust ergibt sich aus dem Zusammenspiel zwischen dem konstitutionellen Drängen des Triebs und dem Fütterungstiming der Mutter. Nach dieser Theorie würde Aufschublosigkeit (nur als hypothetische Möglichkeit) zu "perfekter" Befriedigung führen, und daher würde es nicht zum Lernen kommen; das Kind bliebe in einem Zustand narzißtischer Glückseligkeit. Optimaler Aufschub sollte zu optimalem Lernen führen, und allzu langer Aufschub sollte einen traumatischen Zustand hervorrufen, der zu organismischer Panik und der Fragmentierung der Funktionen führen könnte. Diese Theorie hat man auf die psychoanalytische Situation übertragen; man glaubt, daß sich dort der

Anreiz für das Streben nach Einsicht aus optimaler Frustration und dem resultierenden nichttraumatischen Maß an Unlust ergibt. Obwohl sich Analytiker bei der Durchführung von Analysen der vielschichtigen Aspekte von Frustration und Befriedigung bewußt sind, hat man doch im Kern ein Modell beibehalten, das die Frustration betont.

Die Vorstellung vom Lernen, die sich aus der Kleinkindforschung ergibt, ist wesentlich komplexer als diejenige, die aus der Phasentheorie der Libidoentwicklung abgeleitet wurde.[2] Zunächst einmal zeigen die Forschungsergebnisse, daß ein bemerkenswert breites Reaktionsspektrum überhaupt nicht erlernt werden muß. Neugeborene müssen nicht lernen, sich an eine weibliche Stimme zu gewöhnen – sie sind neurophysiologisch darauf vorprogrammiert, auf Stimmen im weiblichen Tonhöhenbereich am stärksten zu reagieren. Daher lernen sie die besondere Stimme ihrer Mutter sehr schnell kennen. Säuglinge müssen auch nicht durch Notwendigkeiten dazu gedrängt werden, das Gesicht ihrer Mutter anzusehen – sie sind darauf vorprogrammiert, zu reagieren, wenn als Reiz das Gesicht im 20-Zentimeter-Brennpunkt auftaucht. Sie müssen auch nicht lernen, die Stimme der Mutter mit deren Gesicht in Verbindung zu bringen – diese und eine Reihe weiterer Verknüpfungen quer durch die sensorischen Modalitäten sind scheinbar "vorverdrahtet". Wenn z. B. ein Objekt mit einer bestimmten Form in den Mund des Säuglings gebracht wird und man dem Kind dann ein Bild mit derselben Form vorsetzt, während man ihm gleichzeitig eines mit abweichender Form vorsetzt, dann wird der Säugling visuell auf das Bild mit der Form des Objekts reagieren, das er im Mund hatte (Meltzoff u. Borton 1979). Darüber hinaus ist für viele der Aktivitätsmuster, die die Abstimmung zwischen Säugling und Mutter sichern, keine Deprivation nötig, um das Lernen anzuheizen. Säuglinge sind so vorprogrammiert, daß sie mit dem ganzen Körper rhythmisch auf das Tempo und den Intensitätsgradienten der Stimme der Mutter reagieren (Condon u. Sander 1974; Stern 1977). Säuglinge besitzen auch ein angeborenes Reaktionsmuster, das es ihnen erlaubt, die Affektausdrücke der Bezugsperson zu imitieren; sie strecken dabei die Zunge heraus, bevor sie überhaupt die Möglichkeit haben, durch Experimentieren herauszufinden, "wo" die Zunge ist (Meltzoff u. Moore 1977; Field et al. 1982). Es gibt also einen Satz vorprogrammierter "Präferenzen" für solche Muster, die den Säugling mit der Bezugsperson und der Umwelt in Einklang bringen. Sie sollen einen anfänglichen Zustand des interaktionalen Synchronismus zwischen Mutter und Säugling fördern.

---

[2] Die Ich-Psychologie hat mit ihrer Betonung der Anpassung diese Konzeption des Lernens so weit verändert, daß Reaktionen auf aufgabenorientierte Aktivität Eingang fanden. Daher ist die in der Ich-Psychologie implizite Lerntheorie eher mit derjenigen der Säuglingsforschung vereinbar, aber sie ist in Einzelheiten weniger genau und beruft sich in ihren erklärenden Begriffen stärker auf Energietransformationen (Neutralisierung).

Lernen, im Sinne von Assimilation und Akkomodation von Handlungsschemata, findet auch schon in frühem Alter statt. Innerhalb weniger Monate führt dieses Lernen zu einer wesentlich größeren Komplexität der Muster vorprogrammierter modalitätsübergreifender Verbindungen. Dieses Lernen durch Versuch und Irrtum, das auf dem Wiedererkennen von Handlungssequenzen basiert, ist in Zuständen geringer und mäßiger Spannung am stärksten wirksam. Experimentelle Ergebnisse zeigen ganz deutlich, daß sensomotorisches Lernen durch eine angeborene affektive Befähigung zum Interesse und zusätzlich durch Funktions- und Kompetenzlust gesteuert wird. Noch einmal: Die Vorstellung, daß Lernen in erster Linie in Reaktion auf einen optimalen, hochangespannten Deprivationszustand zustandekommt, wird allem Anschein nach durch diese Befunde nicht gestützt. In bezug auf die klinische psychoanalytische Situation läßt das vermuten, daß wahrscheinlich ein Großteil des Lernens (Einsicht) auf der Grundlage von Motiven wie Interesse und explorativer Neugier zustandekommt und auch auf dem Wunsch beruht, eine Methode (ein Werkzeug) "spielerisch" einzusetzen (s. London 1981). Mit anderen Worten, diese Art der Einsicht wird in Augenblicken geringer und mäßiger Spannung und in einem stabilen Setting mit zeitlicher, örtlicher und personeller Redundanz gewonnen; Einsicht ist nicht auf Zustände hoher Intensität begrenzt, ist nicht auf ausgeprägte Angst, Depression, Schuld oder Bedürfnisdeprivation angewiesen.

All das führt zu 3 Fragen:

- Welche Auswirkungen haben spannungsreiche Erlebnisse auf das Lernen?
- Wirken spannungsreiche Erlebnisse verstörend auf die allgemeinen Geistesfunktionen?
- Unterscheidet sich das Lernen unter Bedingungen hoher Spannung qualitativ oder von seinen Langzeitwirkungen her vom Lernen, das in Zuständen geringer und mäßiger Spannung zustandekommt?

Ich werde diese Fragen angehen, indem ich zunächst 2 spannungsreiche Erlebnisse ins Auge fasse: Das Fortgehen der Mutter und eine von Angst begleitete körperliche Gefahr. Anschließend werde ich mich, in einem Exkurs über Eriksons (1950, 1959) Theorie der Organmodi, direkt den spannungsreichen Erlebnissen im Bereich der erogenen Zonen zuwenden.

Die Bedeutung spannungsreicher Erlebnisse

Zwei Experimente mit 1jährigen Kindern können die Bedeutung von spannungsreichen Erlebnissen verstehen helfen. In einem bereits erwähnten Experiment wurden Kinder in 3 Episoden mit kurzen Trennungen von der Mutter konfrontiert (Ainsworth 1979; Sroufe 1979). Zur Rekapitulation: Die größte Gruppe der Kinder ertrug das 1. Fortgehen ohne Kummer. Beim 3.

Weggehen aber reagierten sie auf die Rückkehr der Mutter mit Weinen und signalisierten, daß sie gehalten und getröstet werden wollten. Eine andere Gruppe zeigte in ihren Reaktionen eine größere Ambitendenz: Die Kinder wollten sich der Mutter nähern und gehalten werden, aber unabhängig davon, ob sie nun gehalten oder abgesetzt wurden, protestierten sie zornig. Die Mütter dieser Gruppe wurden von Beobachtern als uneinfühlsam gegenüber den Signalen des Kleinkinds und als inkonsistent in ihren Reaktionen beschrieben – zeitweise ignorierte die Mutter das Kind, zu anderen Zeiten nahm sie Kontakt auf, ohne auf Hinweise von seiten des Kindes zu achten. Eine 3. Gruppe reagierte auf die zurückkehrende Mutter mit visueller, körperlicher und kommunikativer Vermeidung. Man beobachtete, daß diese Mütter Zorn ihren Kindern gegenüber offen zeigten und daß sie gegenüber deren Signalen uneinfühlsam waren. Diese Mütter drückten ihre Gefühle ansonsten wenig aus und sie waren nicht in der Lage, körperlichen Kontakt auf eine Weise herzustellen, die nicht dissonant oder überstimulierend war.

Im 2. Experiment wurden 1jährige Kinder betrachtet, die mit einer angstauslösenden unklaren Situation konfrontiert waren (Emde 1981 b). Man brachte die Kinder auf einen Tisch, bei dem es durch einen optischen Trick so aussah, als ob er in der Mitte steil abfiele (eine visuelle Klippe). Die Mutter wurde an das entferntere Ende des Tisches gesetzt, neben ihr war ein attraktives Spielzeug. Die Kinder machten sich eifrig in Richtung des Tischendes auf, wo Mutter und Spielzeug waren. Wenn sie aber die Mitte des Tisches erreichten und das scheinbare Gefälle betrachteten, hielten sie inne und sahen auf das Gesicht der Mutter. Wenn die Mutter den Instruktionen entsprechend lächelte, machten sie nach einigen Problemlöseversuchen weiter. Einige Kinder kletterten rückwärts über den imaginären Abgrund, so als ob sie Treppenstufen herabklettern würden; andere gingen vorsichtig vorwärts. Wenn die Mutter, wiederum den Anweisungen entsprechend, ängstlich und beunruhigt schaute, gingen die Kinder nicht weiter. Sie hielten an, sahen verstört aus und weinten.

Die beiden experimentellen Situationen stellen spannungsreiche Gefahrensituationen dar, die aber so dosiert sind, daß sie keine traumatischen Ausmaße annehmen. In Reaktion auf das Fortgehen, das ein übliches "naturalistisches" Vorkommnis ist, haben die 3 Gruppen ein jeweils unterschiedliches Handlungsmuster gelernt. Wenn es zu einer Unterbrechung des Kontakts mit der Mutter kommt, dann heißt das für die eine Gruppe, daß er durch kummervolles Appellieren und körperliches Anklammern wiederhergestellt werden kann. Die 2. Gruppe hat gelernt, daß die Reaktionen auf ihren Kummer inkonsistent sind, und die 3. Gruppe hat gelernt, Anstrengungen für die Entschädigung durch Wiedervereinigung zu vermeiden, weil die Erwartung besteht, daß Kontakt Kummer eher verstärkt als lindert. Bei dem Experiment mit dem scheinbaren Abhang hatten die 1jährigen gelernt, daß unter zweifelhaften, beunruhigenden und in bezug auf Gefahr unklaren

Bedingungen der Gesichtsausdruck der Mutter als Zeichen dient, das Signale setzt, die zur Auflösung von Unklarheit und für die Steuerung ihres Verhaltens nützlich sind.

Ähnliche Reaktionen auf spannungsreiche Situationen sind von der klinischen Kinder- und Erwachsenenpsychoanalyse her vertraut, und die Art der Probleme der Patienten bringen sie an den Tag. Abwesenheit führt zu verschiedenen Reaktionen, die auf frühere Erfahrungen aufbauen. Unklarheit über wahrgenommene Gefahr führt zur Suche nach bestätigenden, orientierenden Reaktionen – in der Tat ist die Erfahrung in der Analyse mit Erwachsenen eine, bei der die Spannung zwischen Analytiker und Analysand erhöht wird, und zwar durch die Beschränkung visueller Orientierungshinweise, die der Gebrauch der Couch mit sich bringt. In Annerkennung der Grundregel ist der Analysepatient allerdings zur Kommunikation mittels symbolischer Repräsentation verpflichtet. Das ist eine Kommunikationsform, zu der Kleinkinder trotz all ihrer raffinierten Lernvorgänge nicht in der Lage sind. Dies ist der Kernpunkt, der im wesentlichen den Unterschied zwischen den Beschreibungen der frühen Kindheit durch die Phasentheorie der Libidoentwicklung und durch die Modelle der Säuglingsforschung ausmacht. Die klinische Analyse zeigt immer wieder und schlüssig auf, daß es spannungsreiche Zustände gibt, daß diesen Zuständen regulatorische Schwierigkeiten zugrundeliegen (wenn es z. B. darum geht, sexuelle und exhibitionistische Erregung oder Frustrationszustände bei Kränkung, Zorn und Wut adaptiv zu modulieren), und daß sich die Konsequenzen regulatorischer Fehlschläge üblicherweise in konflikthaften Neigungen niederschlagen. Repräsentanzen des Selbst und der anderen, symbolisch in Form von körperlichen Metaphern oraler, analer oder phallisch-ödipaler Art dargestellt, weisen darauf hin, daß ein spannungsreicher Zustand existiert – wie bei dem Traum über das Hochhusten der Erdnuß.

Die Säuglingsforscher berücksichtigen ebenfalls die Existenz spannungsreicher Zustände. Sie stellen sich vor, daß diese potentiell für Turbulenzen bei den Integrationen auf biologischer, neurophysiologischer und verhaltensbezogener Ebene sorgen. Diese Turbulenzen manifestieren sich im Austausch zwischen Kleinkind und Bezugsperson und in den Erlebnisweisen des Kleinkinds im perzeptuell-affektiven Handlungsmodus. All das geschieht meiner Argumentation zufolge ohne Repräsentation und Symbolbildung. Mit anderen Worten, die ersten 18 Monate hindurch funktioniert das Kleinkind in allen Spannungsbereichen mit Hilfe eines perzeptuell-affektiven Handlungsmodus, *ohne* symbolische Darstellungen zur Repräsentation von Mund und Brust, von analer Aktivität und von Ausscheidungsprodukten einzusetzen. Wie können wir dann diese Position mit derjenigen der Analyse in Einklang bringen, die spannungsreiche Erfahrungen aus derselben Periode zum Kernpunkt der Organisation bedeutsamer konflikthafter Konfigurationen macht?

Eriksons Vorstellungen über Organmodi

Ein früher Versuch, das Modell der erogenen Zonen zu erweitern, stammt von Erikson (1950, 1959). Man hatte allgemein erkannt, daß die Aktivität, die mit der Lust jeder Zone (Mund, Anus und Genitalien) zusammenhängt, die Grundlage für psychologische Modalitäten darstellt, wie Abhängigkeit und orale Aggression, und daß diese Aktivität auch einzelnen Mechanismen, wie der Inkorporation und Projektion zugrundeliegt.

Erikson beschreibt, wie Organmodi, z. B. Einverleibung (Mund), Retention und Elimination (Anus und Harnwege), Eindringen (Penis) und Umschließen (Vagina), von den ursprünglichen erogenen Körperteilen auf andere Organe und Zonen übergehen und wie sie schließlich von der ursprünglichen Zone getrennt werden um dann den charakteristischen Verhaltensmustern und psychischen Funktionen des Individuums ihre Form zu geben. Erikson beschreibt es so:

> Es ist ... klar, daß der Säugling neben seinem mächtigen Bedürfnis nach Nahrung bald auch in vielen anderen Richtungen rezeptiv wird. Wie er an allen geeigneten Gegenständen saugen und alle von diesen hergegebenen Flüssigkeiten schlucken will und kann, so will und kann er bald auch mit den Augen "aufnehmen", was in sein Gesichtsfeld tritt. Auch sein Tastsinn scheint "aufzunehmen", was sich gut anfühlt (1959, S. 64).
> Mit alledem haben sich eine Anzahl von interpersonalen Verhaltensmustern gebildet, die in der sozialen Verhaltensweise des Ergreifens und Festhaltens von Dingen münden, Dingen, die dem Kind mehr oder weniger dargeboten und gegeben werden, und die mehr oder weniger eine Tendenz zeigen, ihm wieder zu entschlüpfen (1950, S. 18).

Alle diese Erscheinungen führen gemeinsam zur

> Herausbildung beständiger Muster, nach denen das Individuum ein Übergewicht seines Urvertrauens über sein Urmißtrauen erreicht. ... Jedoch scheint es, daß die Summe von Vertrauen, die den frühesten Erfahrungen des Kindes entstammt, nicht allein von der Quantität an Nahrung und Liebe, sondern eher von der Qualität der mütterlichen Bindung abhängt (1959, S. 72).

In Erweiterung dieser Ideen stellt Erikson fest:

> Die anale Zone ist mehr als jede andere geeignet, eigensinniges Beharren auf widerstrebenden Impulsen auszudrücken, weil sie die Musterzone für zwei einander entgegengesetzte Modalitäten abgibt, die lernen müssen, zu alternieren: zurückhalten und auslassen. Aber die Sphinkteren sind nur ein Teil des Muskelsystems mit seiner allgemeinen Doppelaufgabe der Spannung und Entspannung. So wird diese ganze Phase zu einem Kampf um die Autonomie. ... Jede Mutter weiß, wie erstaunlich fügsam das Kind in diesem Stadium sein kann, wenn es sich entschlossen hat, daß es tun will was es tun soll. ... Es ist allerdings unmöglich, eine verläßliche Methode zu finden, die macht, daß es gerade das will. Das gegenseitige Verhältnis von Erwachsenen und Kind tritt jetzt in seine schwerste Probe. ...
> Wie bei allen diesen Modalitäten können die Grundkonflikte letzten Endes sowohl zu feindseligen als auch zu angenehmen Erwartungen und Einstellungen führen. So kann

> das Festhalten zu einem zerstörerischen und grausamen Unter-Druck-Halten, aber auch zum Leitbild des liebenden Umfassens und des Sorgetragens um Hab und Gut werden. Das Loslassen wiederum kann sich zu einem lockeren "Laß es laufen", zu einem toleranten "Laß es gehen, wie es will" entwickeln (1959, S. 77 f., S. 80 f.).

Sowohl in der Geisteshaltung als auch in den Einzelheiten liegt Eriksons Theorie auf der gleichen Linie wie die zeitgenössische Kleinkindforschung, die den Austausch zwischen Kleinkind und Bezugsperson in den Vordergrund stellt und sich auf die Interaktion konzentriert. Erikson bemerkt z. B. Folgendes: "Man kann ... sagen, daß ein Kind ebensosehr seine Familie beherrscht und erzieht wie umgekehrt die Familie das Kind. Eine Familie kann kein Kind erziehen, ohne auch von ihm erzogen zu werden" (1959, S. 61). Was die psychoanalytische Sichtweise angeht, so verändert allerdings Erikson, der die interaktionalen (psycho*sozialen*) Aspekte der Entwicklung betont, den zentralen Stellenwert, der in Freuds Theorie der psycho*sexuellen* Entwicklung der Erregung (der spannungsreichen Lust) der erogenen Zone selbst zugeschrieben wird. Des weiteren beschreibt Eriksons epigenetische Sequenz psychosozialer Entwicklungsphasen zwar, welche Verhaltensmodi von ihrem Ursprungsorgan generalisierend abgelöst werden, aber *sie beschreibt nicht wie*. Die Frage, wie und wann intrapsychische Repräsentanzen gebildet werden, kommt ebensowenig zur Sprache wie der Zeitplan für die Symbolbildung. Erikson nimmt das Modell der Libidophasen und den entsprechenden Zeitplan als gegeben hin. Seine Theorie liegt daher auf halbem Weg zwischen den Standpunkten der Säuglingsforschung und der Freudschen psychosexuellen Theorie, kann aber nicht dazu dienen, die problematischen Unstimmigkeiten zwischen den beiden Modellen auszugleichen.

Was ist für einen Ausgleich der Standpunkte erforderlich?

Lassen Sie mich das Problem anders formulieren. Eine Mutter schaut ihren 3 Monate alten Säugling an und behauptet: "Mein Baby will, daß ich ihm etwas zu Essen gebe." Der Säuglingsforscher sagt von seiner Warte aus, daß das 3monatige Baby erwartet, daß ein bekannter (erinnerter) Spannungszustand (Hunger) und eine Reihe von Wahrnehmungen, Handlungen und Affekten (die Annäherung der Mutter mit Brust oder Flasche, das Saugen und ein Statewechsel von Hunger zu lustvoller Sättigung) miteinander verknüpft sein werden. Die Teilhabe des Säuglings beschränkt sich auf den perzeptuell-affektiven Handlungsmodus. Jenseits dieses Modus gibt es kein intrapsychisches Selbst ("Me"), das will, daß ein intern repräsentiertes Objekt (die Mutter) eine objektivierte Handlung ausführt, die sich benennen läßt ("füttern"). Von einem wieder anderen Standpunkt ausgehend, kann ein Zuschauer, der beobachtet, wie ein Säugling gefüttert wird, empathisch (wie vom inneren Zustand des Säuglings aus) den Lustgefühlen im Mundbereich nachschmecken und sich die Brüste, den angenehmen Geschmack und die glückselige Verbundenheit bildhaft vorstellen. Die Position, die ich vertreten habe, besagt, daß das Erleben des Kindes dem des empathischen Zuschauers ähnlich ist, was die Lustgefühle im Mundbereich betrifft – d. h. der Säugling erlebt einen angenehmen Grad der Schleimhautstimulation, einen Geschmack, der mit einer angeborenen, vorprogrammierten Vorliebe übereinstimmt, und eine lustvolle Linderung der vorher angestiegenen Hungerspannung. Aber das 3monatige Baby beschwört *kein* Bild einer Brust herauf; der Säugling erlebt eine einheitliche Gesamtwahrnehmung mit sensorischem Gleichklang zwischen visueller, taktiler, olfaktorischer und gustatorischer Modalität, er erlebt eine fortlaufende Handlungsabfolge, die sich weitgehend als Abfolge synchroner interaktionaler Abstimmungsvorgänge beschreiben läßt. Des weiteren gibt es beim Säugling keine symbolische Repräsentanz passiver Verbundenheit. Was der Säugling hat, ist ein interaktionales Muster von Körperbewegungen. Dieses Muster ist wahrscheinlich eher ganzheitlich als eng auf den Mund bezogen, und während des Fütterns ist es wahrscheinlich eher Ausdruck *aktiver* Kompetenz (koordinierte Kopfbewegungen, Körperdrehungen, Greifen mit den Fingern und Saugen mit dem Mund, wobei es Muster des Innehaltens und Ansetzens, des Atmens etc. gibt) als "passiver Glückseligkeit". Ein körperliches Bewegungsmuster mit generalisierter Entspannung, passiver Lust und einer entsprechenden interaktionalen Komponente ensteht wahrscheinlich eher, wenn das Kind in den Schlaf gewiegt wird.

Lassen Sie mich das Problem nochmals anders fassen. Lewin (1950) entwickelte die Vorstellung von einem oralen Trend; er umfaßt den Wunsch zu verschlingen, den Wunsch, verschlungen zu werden, und den Wunsch nach Schlaf ebenso wie die entsprechenden assoziativen Verbindungen zu Klaustrophobie und Klaustrophilie, Agoraphobie und Agoraphilie; diese Vorstellung läßt sich bei Analysepatienten immer wieder bestätigen, also bei Personen, die ihre Wünsche und Ängste in Form symbolischer Repräsentanzen, also in Symptomen, Träumen oder Worten ausdrücken. Wenn Säuglinge nicht in der Lage sind, ihre oralen Erfahrungen unmittelbar in symbolischer Form zu repräsentieren, wie und wann kommt es dann dazu, und in welcher Verbindung stehen dann diese symbolischen Formen der Repräsentation zu den Erfahrungen in der "oralen Phase" (in den ersten 12–18 Monaten)? Ich vermute, daß das 18- bis 24monatige Kleinkind in einer ähnlichen Lage ist wie Pirandellos *sechs Personen auf der Suche nach einem Autor*: Das Kleinkind hat Gedächtnisinhalte, Affekte, organisierte States (und Übergänge zwischen diesen), Vorlieben und komplexe Interaktionsmuster, die alle auf der Suche nach irgendeiner Form der symbolischen Repräsentation sind.

Mit dieser allgemeinen metaphorischen Aussage ist gemeint, daß in allen Bereichen der Handlungsmodus in einen symbolischen Repräsentationsmodus transformiert wird; die Spezifika der Repräsentanzen, die mit der Stimulation der erogenen Zonen zusammenhängen, werden in dieser Aussage nicht ausdrücklich angesprochen. Aber die Erfahrungen mit den erogenen Zonen *werden* in der 2. Hälfte des 2. Lebensjahres zu wichtigen psychischen Repräsentanzen, dann, wenn die Symbolbildung gemeinsam mit der Sprachexplosion einsetzt. Von dieser Zeit an ist Sprache immer mit Metaphern körperlichen Ursprungs "geschwängert" (Sharpe 1940; Lichtenberg 1978 a). Meiner Meinung nach ist das Verständis für die Affekte ein Schlüssel zum Verständnis der Bedeutung oraler, analer und phallisch-ödipaler[3] Erlebnisweisen.

Die Bedeutung der Affekte

Beim Neugeborenen (und möglicherweise *in utero*) lösen von Anfang an verschiedene neuronale Feuerungsdichtegrade Affekte aus, wie etwa Interesse, Vergnügen, Schreck und Kummer (Tomkins 1962, 1963; Demos 1982). Die empfindungsreichen erogenen Zonen sind sehr aktive Quellen verschiedener neuronaler Feuerungsmuster. Die ausgelösten Affekte intensivieren die Erfahrungen mit den zonenspezifischen perzeptuellen und handlungsbezogenen Mustern (sich nähren, saugen, ausscheiden, Erektionen des Penis und Anschwellen von Vulva und Klitoris); daher werden diese Zonen während der Kindheit und auch später so bedeutsam. Eine weitere Ursache für ihre Bedeutsamkeit ist ihre biorhythmische Repetivität; d. h. Hunger, Ausstoßung und in geringerem Maße auch genitale Erregung sind von innen heraus zyklischer Natur. Des weiteren ist neuronales Feuern nicht auf innere Auslöser beschränkt; es hängt auch mit äußeren "Objekten" (Nahrung, Fäzes, Urin und Kleidung, die an den Genitalien reibt) und mit fortlaufenden regulierenden Interaktionen mit der Bezugsperson (Füttern, Windelwechseln und Waschen) zusammen. Diese Betrachtung der Affekte läßt erkennen, daß nicht eine spezielle Form der Energie – "Libido" – die spannungsreichen Erlebnisse im Bereich des Mundes, des Anus und der Genita-

[3] Indem ich hier von "phallisch-ödipalen" Erlebnisweisen spreche, greife ich auf die traditionelle Terminologie zurück. Unter dem Stichwort "phallisch" fasse ich die Erfahrungen des Jungen mit seinen Penisempfindungen und diejenigen des Mädchens im klitoral-vulvo-vaginalen Bereich zusammen. Mit "ödipal" meine ich einen weiten Komplex sinnlicher und sozialer Beziehungen. Diese können nur dann zustandekommen, wenn die Stufe der Symbolbildung erreicht ist. Basch (1981) weist auch auf diesen Punkt hin: "Erst dann wird es möglich, mit Situationen im Geiste zu spielen und sie sich anders vorzustellen, als sie sind. An diesem Punkt, und nicht davor, können möglicherweise verbotene Wünsche gehegt werden, in denen der Vater, der dem Jungen den Weg zum ausschließlichen Besitz der Mutter versperrt, in der Phantasie beseitigt wird. Um Angst zu vermeiden, müssen Abwehrmaßnahmen gegen solches Denken entwickelt werden" (S. 167).

lien hervorhebt. Die Erfahrungen, die mit erogenen Zonen verknüpft sind, entspringen eher der affektiven Intensivierung, die durch eine hohe neuronale Feuerungsdichte ausgelöst wird. Der entsprechende Affekt, und nicht irgendeine besondere sexuelle Energie, paßt mit Freuds Vorstellung von einer "Besetzung" zusammen, die bedeutsame Erlebnisse hervorhebt.

Sind diese Erlebnisse die einzigen, die im 1. Lebensjahr stark affektiv intensiviert werden? Freud sprach von 2 Gruppen von "Partialtrieben", die den Trieben ähneln, die den erogenen Zonen entspringen: Voyeurismus und Exhibitionismus, Sadismus und Masochismus. Sie haben alle ihre Wurzeln in körperlicher Erfahrung. Der Voyeurismus bezieht die Augen in einen Zustand erregter Aufmerksamkeit ein. Der Exhibitionismus bezieht die ganze Körperoberfläche in einen Erregungszustand ein. Sadismus und Masochismus entstehen im Umkreis von körperlich schmerzhaften Erlebnissen. Ich möchte nun den Aspekt herausgreifen, daß bei Erlebnissen im Bereich der erogenen Zonen und auch bei den Partialtrieben schnelle Übergänge zwischen körperlich empfundener ansteigender und abfallender Spannung möglich sind. Diese Fluktuationen bei hoher Intensität reichen vom Interesse, das zur Erregung schwillt, bis zum Vergnügen, das zu überschwenglicher Freude ansteigt. Das gleiche gilt für die Erregung im Bereich von Bewegung und Gleichgewichtssinn, die das enorm lustvolle Empfinden eines spannenden Nervenkitzels mit sich bringen kann (etwa dann, wenn der Vater ein Baby oder Kleinkind hoch in die Luft hält, das Kind für eine Sekunde losläßt, was sich einem Moment lang wie Fallen anfühlt, und wenn er das Kind dann fängt und beide voller Übermut sind; Lichtenberg 1982 b).

Es ist durchaus möglich, daß der Säugling diese verschiedenen körperzentrierten Empfindungen in ihrer zonalen Lokalisation nicht so abgegrenzt erlebt, wie sie einem Beobachter erscheinen (s. Greenacre 1954). Das heißt, wenn ein Säugling in ein Konversationsspiel mit seiner Mutter eingebunden ist und die Gradienten synchron steigen und fallen, dann kann sein Erregungsgefühl alle auf körperliche Erregung ansprechenden Modalitäten umfassen – Mund, Anus, Genitalien, Augen, Haut, Bewegungs- und Gleichgewichtsgefühl – und eben nicht auf eine besondere Körperstelle begrenzt sein. Die Spezifität, die im Rahmen der Abfolge der libidinösen Phasen gegeben ist (erst oral, dann anal usw.), könnte also das Produkt einer späteren Differenzierung während der Reorganisation durch Symbolbildung sein – sie könnte auch eine falsche Annahme der analytischen Theorie sein. Die Säuglingsforscher finden heraus, daß genitale Erregung viel früher vorkommt, als man ursprünglich dachte. Meiner Ansicht nach zeigt die leichte Verschiebbarkeit von Phantasien zwischen Mund, Anus, Harnwegen und Genitalien – in der Art wie sie sich im Traum vom Heraufhusten der Erdnuß beobachten ließ –, daß Empfindungen beim Kind leichter die Modalitäten wechseln, als früher angenommen. Das Besondere an Erlebnissen mit den erogenen Zonen ist wohl nicht die Lokalisierung im physischen Sinne, sondern die besondere Kombination aus einer körperlichen Empfindung und der affektiven Intensivierung durch Erregung und Freude.

Um auf den zentralen Punkt zurückzukommen: Analytiker, die ausgehend von Entwicklungsstadien nach dem Einsetzen der Symbolbildung in die Vergangenheit schauen, bemerken, daß Erlebnisse, in deren Mittelpunkt körperliche Empfindungen stehen, als Organisatoren der Liebes- und Haßbeziehungen, der neurotischen Symptome und der kreativen Neigungen des einzelnen eine besondere Stellung einnehmen. Die Säuglingsforschung sagt – so weit ich die entsprechenden Ergebnisse verstanden habe –, daß diese Erlebnisse nicht intrapsychisch repräsentiert werden, weil die entsprechende Stufe psychischen Funktionierens erst in der letzten Hälfte des 2. Lebensjahres erreicht wird. Basch (1981), der das Einsetzen repräsentational-symbolischer Verarbeitungsvorgänge noch später ansetzen würde, schreibt: "Das recht späte Einsetzen assoziativen Denkens läßt vermuten, daß sogenannte infantile Phantasien eigentlich eine Überarbeitung früherer Erlebnisse und deren Interpretation durch den reiferen Geist des Kindes darstellen" (S. 162).

Darüber hinaus erscheinen in der Kindheit spannungsreiche Körperempfindungen nicht in so abgegrenzter und vereinheitlichter Form, wie sich Psychoanalytiker das vorstellen. Sie sind vielmehr Elemente der regulierenden Anforderungen an Säugling und Pflegeperson – sie sind Erregungszustände, die als Momente körperlicher Lust in Verbindung mit einem innigen Austausch bestehen bleiben oder auch zu desorganisiertem Funktionieren führen können. Wenn die psychoanalytische Grundannahme richtig ist und diese von erhöhten Körperempfindungen geprägten Erlebnisse einen organisierenden Einfluß auf Inhalt und Intensität des Phantasielebens haben, dann ist deren Kennung in einem episodischen Gedächtnis des perzeptuell-affektiven Handlungsmusters enthalten, das im Zusammenhang mit der entsprechenden Stimulation steht. Ich glaube, daß die Kennung besonders mit der affektiven Intensivierung zusammenhängt, die sich aus den Schwankungen zwischen den gesteuerten steigenden und fallenden Gradienten während intensiver Empfindungen ergibt. Wenn man die Ansicht vertritt, daß es im Säuglingsalter Emotionen gibt, die unabhängig von kognitiven Prozessen sind, wird es möglich, eine frühe Motivationsquelle zu begreifen, die dem "System" des Unbewußten insofern ähnelt, als der Affekt als Kennung fungiert, die nicht benannt und nicht symbolisiert ist (Lester 1982). Die spezielle Kennung, die wir später sinnliche Erregung und Lust nennen, wird mit einer Gruppe von Wahrnehmungen und Handlungen verknüpft – z. B. mit der Annäherung der Mutter beim Füttern und dem gesamten motorischen Verhaltensmuster des Speichelns, Saugens, Schluckens, Schauens, Greifens usw. Später, wenn es im Verlauf des 2. Lebensjahres zur Symbolbildung kommt, wird diese Einheit aus Wahrnehmung, Affekt und Handlung den Modi des Primär- und auch des Sekundärprozesses entsprechend repräsentiert. Im Sekundärprozeßmodus besteht die Neigung, sinnliche und nichtsinnliche Elemente zu trennen, wohingegen im Primärprozeßmodus eine Neigung besteht, alle Elemente zu verdichten und ineinander verschwimmen zu lassen. Daß es überhaupt zur Repräsentation kommt, ist dadurch gesichert, daß sich ähnliche Episoden mit erhöhten oralen, analen oder genitalen Empfindungen, mit visueller und allgemeiner exhibitonistischer Erregung, mit Gleichgewichts- und Bewegungsschaudern und mit körperlichem Schmerz unweigerlich wiederholen. Freuds (1915) Theorie über die Rolle der Anziehung bei der Verdrängung läßt an einen ähnlichen Mechanismus denken. Er stellte die Hypothese auf, daß ein gegenwärtiger Vorfall nicht nur aus dem Bewußtsein gestoßen wird, sondern auch durch eine bestehende Verknüpfung mit einem vorher verdrängten ähnlichen Element in das Unbewußte hineingezogen wird (s. Lichtenberg u. Slap 1972, S. 784). Ein Vorkommnis mit oraler, analer oder genitaler Erregung wird mit einem vorher nicht symbolisierten und nicht benannten Affekt verknüpft (wird davon angezogen) und erhält eine sensorische, bildliche Repräsentanz (besonders beim Primärprozeß) und eine Benennung (besonders beim Sekundärprozeß).

Diese Formulierung läßt es zweifelhaft erscheinen, daß wir als Erwachsene regelmäßig empathischen Kontakt zu Säuglingen und Kleinkindern aufnehmen. Wenn wir "Empathie" als das Einsteigen auf den inneren Zustand einer anderen Person definieren, dann stellt es für den Erwachsenen eine sehr schwere, fast unmögliche Aufgabe dar, mit Säuglingen und Kleinkindern in empathischen Kontakt zu kommen. Gerade wenn wir als Erwachsene versuchen, uns in den inneren Zustand des Säuglings hineinzuversetzen, verwenden wir, zumindest teilweise, einen erwachsenen symbolischen Kognitionsmodus; d. h. in dem Maße, in dem wir versuchen, den Kopf des Säuglings mit Gedanken zu füllen, verfehlen wir das nichtsymbolische Wesen des inneren Zustands des Säuglings. Wenn man annimmt, daß der empathische Wahrnehmungsmodus sich aus 2 Schritten – aus Aufnahmebereitschaft und Verstehen – zusammensetzt (Agosta 1984), wird es möglich zu begreifen, was bei der empathischen Reaktion des Erwachsenen auf ein Baby geschieht. Die Aufnahmebereitschaft für einen Affekt, der in Verbindung mit einer Wahrnehmung und einem reaktiven Verhalten entsteht, löst beim Erwachsenen eine einfühlsam mitschwingende Reaktion aus – eine, die möglicherweise im Einklang mit den eigenen tiefen affektiven Kennungen aus dieser frühen Periode steht. Der 2. Schritt – der des "Verstehens" – ist eine automatische kognitive Regung, mit deren Hilfe der Einfühlende dem, was er aufgenommen hat, Bedeutung zu verleihen versucht. Dieser 2. Schritt – die kognitive Suche nach Bedeutung – ist nach dem Übergang zur Symbolstufe zum unablösbaren Bestandteil jeder komplexen affektiven Abfolge geworden.

Damit einsichtig wird, welche Bedeutung ich dem Affekt als Intensivierer und als Gedächtniskennung kindlicher Aktivität in der präsymbolischen Periode beimesse, ist es nützlich, verschiedene andere Aspekte der Affekte zu erwähnen. Von Geburt an spielen die physiognomischen Ausdrucksaspekte der Affekte bei der Interkommunikation zwischen Säugling und Familie eine wichtige Rolle. Der Säugling fühlt Affekte; die Eltern fühlen und benennen Affekte. Beim Säugling werden Affekte im Rahmen perzeptuell-handlungsbezogener Modi in zunehmend komplexere Zusammenhänge integriert. Beim Erwachsenen werden Affekte in den Zusammenhang der Selbst- und Objektrepräsentanzen eingebaut, unter Rückgriff auf komplexe kognitive Modi, die Koordinaten in Raum und Zeit aufweisen. Die empathische Verbindung zwischen Säugling und Erwachsenem besteht im gemeinsamen Gefühl, das der Erwachsene mit Schlußfolgerungen aus dem Verhaltenskontext verbindet, der zur Zeit des affektiven Austausches gegeben ist. So kann die Bezugsperson in Zeiten mäßiger Spannung den Affektausdrücken des Säuglings leicht Hinweise darauf entnehmen, ob das Baby sozialen Kontakt will, körperliche Beschwerden hat oder ob es für den Übergang in den Schlaf Beruhigung braucht, und sie kann entsprechend darauf reagieren. Die Einschätzung des affektiven Zustands und ein gemeinsames Ziel sind notwendig, wenn die Stimulusaktivität dosiert und für die notwendige Reaktion gesorgt werden soll. Eine Mutter, die an den sozialen Aspekten der Erfahrungen teilhaben will, wird z. B. die Reize so dosieren, daß für einen wechselnden Gradienten gesorgt ist, der den Bedürfnissen nach Sättigung des Hungers, nach Saugelust und nach synchronen, visuellen und auditiven sozialen Austauschvorgängen gerecht wird. Eine Mutter, die das Füttern hinter sich bringen und zu anderen Dingen kommen will, wird die Hinweise, mit denen sich ihr Baby um mehr soziale Interaktion bemüht, nicht beachten. Eine Mutter, die sich selbst nach sozialer Interaktion sehnt, wird alles in ihrer Macht Stehende tun, um bei einem eher ruhigen, passiven Säugling die Antwortbereitschaft zu wecken, oder sie kann sich auch voller Frustration abwenden und so das beiderseitige Problem verschärfen. Die Wiederholung der vom Affektausdruck gesteuerten Austauschvorgänge führt zum Aufbau einer Reihe von Erwartungen bei Mutter und Kind.

Wenn wir Situationen untersuchen, in denen hochintensive affektive Erlebnisse vorkommen, die mit der Stimulation der erogenen Zonen von Mund, Anus und Genitalien verknüpft sind, dann lassen sich leicht die Trends erschließen, die dabei im affektiv-kommunikativen Austausch auftauchen. In solchen Fällen gibt es beim Kind eine endogene Stimulationsquelle, also einen schnell ansteigenden und abfallenden Intensitätsgradienten, der ein intensiviertes affektives Erleben auslöst. Der expressive Anteil dieser Reaktion setzt einen kommunikativen Austausch in Gang – Mutter oder Vater sehen, daß das Kleinkind lustvoll am Daumen lutscht, beim Defäzieren seine Aufmerksamkeit nach innen wendet oder beim

Reiben von Penis bzw. vulvoklitoralem Bereich in einem körperlichen Erregungszustand ist, und Mutter oder Vater kommunizieren ihre affektive Reaktion zurück. Wie die Psychoanalyse festgestellt hat, treffen in genau diesem Augenblick Kultur (vermittelt durch die Eltern) und der entwicklungsgemäße Drang des Kleinkinds aufeinander. Forschungen über den Gesichtsausdruck des Säuglings (Izard 1977) weisen darauf hin, daß wahrscheinlich Kummer, Ekel, Scham und Geringschätzung frühe, vorprogrammierte Affekte sind – sie stellen schon beim Säugling ein negativ getöntes Gegengewicht zu Interesse und Freude dar. Repetitive Abfolgen der Interkommunikation zwischen Mutter und Kleinkind, in deren Verlauf erstere auf die autogene, erogene Lust des Säuglings mit erwiderter Lust oder mit kühler, geschäftsmäßiger Indifferenz oder gar mit Kummer, Ekel und Geringschätzung reagiert, hinterlassen im Gedächtnis episodische Kennungen. Darüber hinaus bilden diese wiederholten frühen Episoden erogenen Lustausdrucks und elterlicher Reaktionen einen Erwartungskontext für passende und nichtpassende Reaktionen. Wenn z. B. anfangs die Mutter auf die Lustsignale des Kindes beim Defäzieren oder Urinieren oder beim Anfassen der Genitalien locker und vergnügt reagiert hat, wird eine beschämende oder geringschätzige Reaktion in späterem Alter ein um so auffälligeres Signal dafür sein, daß etwas nicht zusammenpaßt. Auf diese Weise kann eine Geschichte festgehalten werden, bevor sie "niedergeschrieben" werden kann, also bevor sie symbolisch repräsentiert wird.

Der Ablauf der affektiven Interkommunikation kann vom Säugling zunächst nur als Austauschvorgang auf der Handlungsebene aufgefaßt werden, als Ereignis oder Geschehnis, das als solches den affektiven State des Säuglings beeinflußt. Der affektive Austauschvorgang, zu dem es kommt, umfaßt einen Bereich von synchron bis sequentiell. Später, gegen Ende des 1. Lebensjahres, scheint das aktive Überprüfen der Affekte auf einer anderen Organisationsebene abzulaufen, mit einem größeren Maß an Bewußtheit. Die Affektausdrücke der Mutter werden untersucht, und das gesamte Erleben scheint eher objektiviert, eher Teil einer geordneten Abfolge zu sein. Der emotionale Austausch zwischen Kleinkind und Bezugsperson liefert Information, welche die verhaltensbezogenen Auswahlvorgänge des Kindes steuert. Man kann es sich so vorstellen, daß Affekte nun präverbale, präsymbolische Zeichen sind, die etwas signalisieren: "Mach weiter" oder "Hör auf", "Schneller" oder "Langsamer", "Komm her" oder "Geh weg".

Die Überprüfung vollzieht sich in beiden Richtungen – der Affekt des anderen wird ebenso überprüft wie der des Selbst. Das Experiment mit der scheinbaren Klippe (Emde 1981 b) dokumentiert das Überprüfen des mütterlichen Gesichts recht gut. Stechler u. Kaplan (1980) schreiben über die 9 Monate alte Nancy:

> ... Sie konnte unterscheiden, ob sie ihr Vater mit einem Lächeln im Gesicht "versohlte" – dann nahm sie das Spiel lächelnd auf und gab vergnügte Töne des Entzückens von sich –

> oder ob er sie auf ähnliche Weise schlug, dabei aber die Stirn runzelte. Mehr noch: wenn sie mit dem Stirnrunzeln konfrontiert war, folgten ihrer Aufregung aktive Versuche, ihn für sich zu gewinnen und zum Lächeln zu bringen – an diesem Punkt entspannte sie sich dann und schloß sich seinem Spiel an. Wir sehen hier einen frühen Nachweis dafür, daß sie um verschiedene Affekte wußte und aktiv nach Möglichkeiten suchte, Ereignisse so zu beeinflussen, daß sie mit einem lustvollen Affekt endeten (S. 96).

Vom Überprüfen des eigenen Affekts bei Kleinkindern wissen wir weniger als davon, wie sie den Affekt der Bezugsperson prüfen. Emde (1980) meint, daß "*mit 9 Monaten der Affekt ein Signal für die Innenwelt darstellt, und nicht nur für die Außenwelt*" (S. 101). Er meint, daß die Furchtsamkeit dieser Periode das erste Beispiel für die Einbindung des Affekts in eine Evaluation oder Einschätzung (im Sinne von Ursache und Wirkung) ist, wobei auf die Einschätzung eine Phase des Kummers und der körperlichen Vermeidung folgt. Während Emde von dieser Abfolge unter Verwendung kognitiver Termini spricht, halte ich sie für ein Beispiel des zunehmend differenzierteren Funktionierens innerhalb des perzeptuell-affektiven Handlungsmodus. Eine zentrale Aussage innerhalb von Freuds Strukturtheorie betrifft die Orientierung der Funktion des Ich an Signalaffekten. Die Vorstellung, daß Affekte, wie etwa die Angst, eine Gefahrensituation signalisieren, ist meiner Ansicht nach nur auf einer Organisationsstufe sinnvoll, auf welcher der Erlebniskontext, der aus Selbst und Objekt, Zeit und Ort, Affekt und Kognition besteht, vollständig symbolisch repräsentiert werden kann. Die Frage, welches die Zwischenschritte zwischen dem säuglings- und kleinkindhaften Überprüfen der eigenen Affekte und der Integration der Affekte in ein Symbolsystem sind, stellt einen Bereich dar, in dem weitere Forschung nötig ist. Die Annahme, daß Affekte wie Signalangst, Depression und Schuld eher komplexe affektiv-kognitive Konfigurationen darstellen als einfache Affekte, scheint durch die vorliegenden Ergebnisse gestützt zu werden (s. Brenner 1974; Emde 1980).

Ein weiterer Aspekt der Affekte ist ihre Verbindung zur Kognition. Die kognitive Theorie hat oft die desorganisierende Wirkung von Affekten betont. Das Schreien begrenzt natürlich die Informationsaufnahme des Säuglings, wogegen aufmerksame Wachheit, ein State in dem Interesse leicht auslösbar ist, für den Aufbau sensomotorischer Schemata optimal ist. Das ganze Kapitel hindurch habe ich den organisierenden Aspekt der Affekte betont – sie intensivieren Wahrnehmungs- und Handlungsmodi, und das verleiht den Erlebnissen von Kleinkindern Bedeutung. Die analytische Theorie spricht im Gegensatz dazu normalerweise vom Problem der Beeinträchtigung optimalen adaptiven Denkens durch Wut, sexuelle Erregung, Angst, Depression, Scham und Erniedrigung. In diesem Sinne werden Affekte für "primitiv", infantil und zähmungsbedürftig gehalten. Die Säuglingsforschung vertritt die Ansicht, daß Affekte grundlegende Bestandteile aller Geistesfunktionen sind. Bei jedem einzelnen inneren Vorgang kann ihre Gesamtwirkung organisierend oder desorganisierend sein. Bei einem 1jährigen Kind kann Zorn hilfreich sein, da er der Bezugsperson vermittelt, daß ein regulierendes Einschreiten notwendig ist, um die Quelle der Frustration zu finden. Wenn Zorn bei einem 1jährigen Kind das adaptive Wahrnehmen und Handeln beeinträchtigt, dann sollte man als Quelle der Desorganisation nicht den Zorn als solchen, sondern eine Kombination von Affekt und Frustration (welche der Zorn affektiv intensiviert) ansehen. Man müßte die Situation untersuchen, um einerseits die Toleranz des jeweiligen Kindes für Frustration und andererseits die Toleranz für den speziellen Affekt (Zorn) abzuschätzen.

Weitere Überlegungen zur Regulierung

In bezug auf die Erregungserlebnisse, die mit den erogenen Zonen verküpft sind, ist man in der Psychoanalyse der Ansicht, daß sie eine grundsätzlich desorganisierende Wirkung auf Wahrnehmung und Kognition haben. Daß die Erlebnisse, die der Stimulation der erogenen Zonen entspringen, zu größeren Einbrüchen führen können, ist klar. Weniger gewiß ist allerdings, ob die Erregung selbst der Ursprung solcher Einbrüche sein kann, wenn sie nicht mit einem dystonischen Affekt wie Kummer, Furcht oder Scham vermengt worden ist (Demos, persönliche Mitteilung). Gibt es z. B. beim Daumenlutschen ein Erregungsniveau, das desorganisierend wirkt? Oder ist, falls es zu einem (Ein)bruch kommt, dessen Ursache nicht mit größerer Wahrscheinlichkeit eine Kombination aus Erregung und Kummer, die eine elterliche Reaktion hervorgerufen hat? Wenn intensives, langdauerndes Kitzeln zu einem Einbruch führt, ist dessen Ursache dann die zunehmende Erregung oder eine Mischung aus Erregung und dem Gefühl der Unfähigkeit, den Stimulusinput zu unterbinden? Wenn ein Kleinkind in einer öffentlichen Institution oder von einer depressiven, kalten oder selbstsüchtigen Bezugsperson aufgezogen wird, kann es zu chronischer Unterstimulation kommen, die ebenfalls ein verringertes Funktionsniveau der Aktivität bewirkt und, wenn dem nicht rechtzeitig entgegengewirkt wird, zu Einbrüchen in der Organisation vieler Funktionssysteme führt.

Um auf die Frage zurückzukommen: Wirken die Stimuli, die den erogenen Zonen entspringen, ihrem Wesen nach desorganisierend (verzerrend) auf Wahrnehmung und Kognition? Soweit mir bekannt ist, greift die Säuglingsforschung diese Frage nicht direkt auf. Deren allgemeine Regulierungstheorie würde allerdings keine einzige Erlebnisweise als ihrem Wesen nach desorganisierend aussondern. Zur Sichtweise der Selbstpsychologie würde es passen, daß jede Phase Polaritäten mit sich bringen kann (biologische Strebungen und widersprüchliche Verhaltenstendenzen), die in der Mutter-Kind-Interaktion bewältigt werden müssen (Kohut 1983). Die erfolgreiche Regulierung der mit diesen Polaritäten verbundenen Belastungen basiert auf der Kommunikation über spezifische gegenwärtige Bedürfnisse, die vor dem Hintergrund der insgesamt erfolgreichen regulierenden Bemühungen abläuft. Auch wenn im Bereich der frühkindlichen Bedürfnisse auf diese Polaritäten angemessen eingegangen worden ist, können fortbestehende Polaritäten symbolisch repräsentiert werden, in der Form, welche die Psychoanalyse den intrapsychischen "Konflikt" nennt. Diese fortbestehenden Polaritäten, die als intrapsychische Konflikte enkodiert werden, sind nicht notwendigerweise eine Quelle der Desorganisation, sie können vielmehr dem Leben eine dynamische Qualität geben. Diesem Standpunkt zufolge bleiben die hochintensiven Erlebnisweisen, die mit den erogenen Zonen verknüpft sind, als Polaritäten bestehen, die nach Regulierung verlangen, weil ihre Erregungsquelle im Körperlichen sich wieder aufbaut und weil sie in der Interaktion bedeutsam sind. Die Regulierung wird zunächst weitgehend von der Bezugsperson besorgt, später zunehmend vom sich entwickelnden Kind gesteuert. Die beteiligten Affekte haben dabei eine Schlüsselstellung, sie sind Signale für die Regulierung und auch für die Steuerung. Interesse und Erregung, Lust und Sinnenfreude wechseln mit Kummer, Ekel, Scham und Geringschätzung ab und sorgen so für wechselnde Signale zwischen Eltern und Kleinkind; sie lösen die entsprechenden Regulierungen aus, mit denen universelle Polaritäten innerhalb der einzelnen Familiengruppe auf individualisierte Weise gehandhabt werden. Wenn man es so betrachtet, dann ist die Stimulation der erogenen Zonen nicht ihrem Wesen nach desorganisierend für andere Funktionen; sie macht vielmehr Regulierungen und Lernen erforderlich, wie alle Stimulationsquellen im Kleinkindalter. Darüber hinaus sorgt das, was mit Hilfe der interaktionalen Stimulationsregulierung der erogenen Zonen gelernt wird, für ein durch Sinnlichkeit schwunghafteres Leben.

Während recht einfach zu erkennen ist, daß erfolgreiche Regulierung eine positive Grundlage für die Integration aller psychischer Systeme ist, zeigt die Kleinkindforschung, daß es schwieriger ist, über längere Zeiträume hinweg die genauen Zusammenhänge bei weniger als optimaler Stimulation zu bestimmen. Aus seiner Literaturübersicht über die Tendenz des Säuglings zur Selbstaufrichtung und über dessen Elastizität zieht Emde (1981 a) folgende Schlußfolgerung:

> Wir müssen wahrscheinlich die Position relativieren, daß nachteilige Auswirkungen der Früherfahrung irreversibel sind, auch wenn es sich um weitgehende Deprivation der mütterlichen Geborgenheit handelt. ... Die Prozesse, mit deren Hilfe Menschen in Situationen mit Deprivationen und Umwelthindernissen Kompetenzen entwickeln, haben viele Eigenheiten, die wir nicht verstehen (S. 218).

Greenspan (1981) berichtet über gefährdete Säuglinge, die entweder allgemein über- oder unterstimuliert wurden oder denen auf andere Weise die minimale "Erfahrungsnahrung" verweigert wurde, die für die Entwicklung nötig ist, weil ihre Mütter schizophren oder depressiv waren. Er macht deutlich, daß im 1. Lebensjahr die Babys auf korrektive Maßnahmen erstaunlich gut ansprechen. Säuglinge mit einer schwer abweichenden Entwicklung, mit aversiven, niedergeschlagenen oder desorganisierten Reaktionen, konnten so weit wiederhergestellt werden, daß sie für menschlichen Kontakt normal empfänglich waren. Einige dieser Kinder "assistierten" durch ihre positiven Affekte und durch ihr bereitwilliges Verhalten beim therapeutischen Programm, indem sie die Reaktionsbereitschaft ihrer Mutter aktivierten. Greenspans Programm, den Ergebnissen der zeitgenössischen Säuglingsforschung entsprechend sorgfältig aufgebaut, war in der Lage, Entwicklungsblockaden ohne Hospitalisierung oder andere Eingriffe ins Familienleben rückgängig zu machen.

Die Umformung der Früherfahrung

Emde beschließt seinen Essay über sich wandelnde Modellvorstellungen von der frühen Kindheit mit folgenden Worten: "Wir haben wahrscheinlich der Früherfahrung selbst viel zuviel Bedeutung beigemessen, ganz im Gegensatz zu den Prozessen, durch die sie im Rahmen späterer Erfahrungen umgeformt und eingesetzt wird" (1981 a, S. 219). Ich habe die Ansicht vertreten, daß die 2. Hälfte des 2. Lebensjahres der Zeitraum ist, in dem frühere Erfahrung deutlich modifiziert wird. In dieser Zeit kommt es zu größeren Entwicklungen:

1) Neue intensive Erlebnisse mit Körperempfindungen. Daran sind alle erogenen Zonen und "Partialtriebe" beteiligt.
2) Neue Spannungen im Zusammenhang mit dem neu auftauchenden Selbst, besonders wenn es um Autonomie und Getrenntheit geht.
3) Neue Organisationsfähigkeiten – die primär- und sekundärprozeßhaften Modi der perzeptuell-kognitiv-affektiven Organisation, die sprachliche und nichtsprachliche Fähigkeiten auf einer symbolischen Informationsverarbeitungsebene integrieren.

In dieser Zeit des Umbaus schafft sich das Kind nach und nach seine eigene "Geschichte" in der zweigliedrigen Sprache der primär- und sekundärprozeßhaften Symbolisierungen. Es kann gut sein, daß zwischen dem primärprozeßhaften Repräsentationsmodus und hochintensiven Erlebnisweisen, wie denen im Bereich der erogenen Zonen, eine innere Anziehung besteht. Wenn Erregung oder Sinnenfreude intensiv erlebt werden oder wenn Kummer, Scham, Ekel und Verlegenheit erfahren werden, dann neigt der perzeptuelle, kognitive und affektive Zustand dazu, zu generalisieren, er strahlt einerseits in breite assoziative Verbindungen aus (Verschiebung) und zieht andererseits verstreute Assoziationselemente in einer holistischen Gesamterfahrung zusammen (Verdichtung). Ein 20monatiges Kind, das ein "Übergangsobjekt"tuch an Mund, Nase und Backe reibt, kann diese Empfindung auf weite Sinnenbereiche und auf ein allgemeines Sicherheitsgefühl übergehen lassen, während es gleichzeitig in diese Empfindung Bilder mütterlichen Schmusens miteinbezieht – all das geht in ein ganzheitliches Lusterleben ein. Es kann auch sein, daß ein 20monatiges Kind, das beschämt worden ist, weil es in die Hosen gemacht hat, das Empfinden schmutziger Schlechtigkeit auf anderes übergehen läßt. Dieses Gefühl geht von der Defäkationshandlung auf die Empfindungen beim Durchgang des Leibesinhalts durch Rektum und Anus, auf den Fäces und alle Substanzen mit ähnlichem Geruch und ähnlichem Aussehen, auf den ganzen Körper und auf das allgemeine Selbstempfinden über. Gleichzeitig werden Bilder von erlaubten Aktivitäten – vom Malen mit Fingerfarben oder sogar vom Berühren des Töpfchens mit dem Popo – in dieses Gefühl mit einbezogen: Alles geht in ein allgemeines "Igitt"-Empfinden ein.

Die Psychoanalyse hat das Schicksal dieser im primärprozeßhaften Modus organisierten Repräsentanzen untersucht – und ihre Beziehungen zu Abwehrmaßnahmen, zum unbewußten Gedächtnis und zur Kreativität. Die Frage, die unbeantwortet bleibt, ist folgende: In welchem Maße hat das, was ausgehend von solchen Repräsentanzen rekonstruiert wird, mit Ereignissen der präsymbolischen Periode zu tun? Oder ist das eine Neuschöpfung, die auf Grund von späteren Ereignissen in die psychische Akte "eingetragen" wird? Emde (1981 a) weist auf folgendes hin: "*Diskontinuitäten* mit umfassendem organisatorischem Wandel stehen im Vordergrund der Entwicklung. Scheinbar geht das synthetisierende Ich ... bei seinen Konstruktionen von Erlebnismodalitäten oder Wirklichkeitsaspekten aus, die wir nie bemerkt hätten, wenn wir mit dabei bzw. am Schauplatz gewesen wären" (S. 217). Arlow (1963) vertrat die Ansicht, daß am Ende der ödipalen Phase eine Transformation stattfindet, die alle Elemente der präödipalen Erfahrung reorganisiert. Diese These wird durch die logische Annahme gestützt, daß bei einer größeren Veränderung, wie bei der systematischen Verinnerlichung moralischer und ethischer Selbstregulierung, die nachfolgende Integration eine Reorganisation darstellt (Jacobson 1964). Die Veränderungen, die mit der Adoleszenz und dem Übergang ins Erwachsenenalter eintreten, sind ein weiteres Beispiel dafür, wie der/die einzelne gegenwärtige und vergangene Aspekte seiner/ihrer Biographie "umzuarbeiten" pflegt. In welchem Ausmaß die Form der jeweiligen neuen Organisation von Erfahrungen vor der jeweiligen größeren Transformation bestimmt ist, das bleibt ein Thema, das sorgfältiger Untersuchung bedarf. Der zeitliche Ablauf und die Auswirkungen der Körperveränderungen der Pubertät können beispielsweise einen recht unabhängigen Faktor darstellen, der durch frühere Erfahrungen mit dem

Genitale oder den erogenen Zonen weder vohersagbar noch erklärbar ist (Lichtenberg 1982 b).

Schlußfolgerung

Um auf die Vorannahme zurückzukommen, daß Repräsentation die Conditio sine qua non für eine psychoanalytische Psychologie ist: Ich glaube, daß man mit Hilfe der psychoanalytischen Methode der freien Assoziation nur das erkennen kann, was mit Hilfe der primär- und sekundärprozessualen Organisationsmodi enkodiert worden ist. Wenn wir die psychoanalytische Methode anwenden, können wir daher nicht erwarten, die Ereignisse aus den ersten 18 Monaten zu rekonstruieren. Wir können nur herausfinden, wie diese Ereignisse – zum ersten Mal in der 2. Hälfte des 2. Lebensjahres und später durch größere Transformationen – organisiert worden sind. Erfahrungen aus dem 1. Lebensjahr können ihre Schatten werfen, aber das Erkennen einzelner Muster aus perzeptuell-affektiven Handlungsmodi, die nicht symbolisch repräsentiert worden sind, liegt "jenseits der Deutung" (Gedo 1979) durch verbale Kommunikation. Solche Rekonstruktionen muß man aus der Beobachtung von nonverbal kommuniziertem Verhalten erschließen, ebenso wie Forscher Schlußfolgerungen ziehen, wenn sie die perzeptuell-affektiven Handlungsmodi des Kindes beobachten. Empathische Aufnahmebereitschaft allein – und nicht empathische Aufnahmebereitschaft mit empathischem Verstehen – ist das grundlegende Hilfsmittel, mit dem man die frühesten Erfahrungen des Patienten erfassen kann. Wie oft das während des therapeutischen Unterfangens notwendig sein könnte, darüber läßt sich streiten (s. Silver 1981).

Was wir durch die Säuglingsforschung und die Theorie der erogenen Zonen gelernt haben, gibt uns äußerst wertvolle Informationen für die Kindererziehung und für die präventive Intervention in der frühen Kindheit. Ich glaube allerdings, daß in bezug auf die analytische Behandlung von Erwachsenen Emde recht hat, wenn er sagt: "Vielleicht ist es für Psychoanalytiker sinnvoll, kaum vergangenen und gegenwärtigen Erfahrungen wieder mehr Gewicht beizumessen – zum einen als Kontext zur Deutung der Früherfahrung und zum anderen, weil diese Erfahrungen Verbesserungsmöglichkeiten in sich bergen" (1981 a, S. 217). Sicherlich gibt es Ausnahmen – einige Erfahrungen des 1. Lebensjahres, die nicht symbolisch repräsentiert werden, können trotzdem entscheidend für das Verständnis der Pathologie des einzelnen sein (s. Kap. 12). Mehr Gewinn aber können Analytiker aus einem möglichst genauen Entwicklungsmodell ziehen, das die Organisation der Lebenserfahrung des Kleinkinds im perzeptuell-affektiven Handlungsmodus erhellt und das den Beitrag dieser Erfahrung zur Subjektivität und zu deren Organisation im späteren Leben beschreibt. Der Stellenwert, den die Psychoanalyse den erogenen Zonen und den frühen libidinösen Phasen beigemessen hat, muß auf ein breiteres Organisationsmodell übergehen, das in seiner Geisteshaltung eher Hartmanns Ansatz zur Erfassung des frühen undifferenzierten Ich-Funktionierens nahekommt. Zusätzlich müssen Fragen nach der Bedeutung von spannungsreichen Erlebnissen und danach, wie diese affektiv intensivierten Wahrnehmungs- und Handlungsereignisse repräsentiert werden, stärker in das Blickfeld der Forschung rücken.

12. Die psychoanalytische Situation und die frühe Kindheit

Deutungsprogramme im Wandel

Die späten 50er Jahre bildeten in gewisser Weise einen Wendepunkt in der Psychoanalyse. Mit dem Schwung einer Welle der Popularität und mit einem Selbstvertrauen, das in den 20 Jahren der Erfahrung mit der Ich-Psychologie – also in der 2. Phase der analytischen Technik – gewachsen war, faßten die Analytiker den Mut, den Rahmen ihres therapeutischen Unterfangens zu erweitern. Die Auseinandersetzung darüber, ob es ratsam sei, diesen Rahmen zu erweitern, führte dazu, daß man sich von neuem überlegte, was die Kernelemente der Psychoanalyse seien. Eine Arbeit, die innerhalb der facettenreichen Bemühungen um eine festere begriffliche Grundlage für die Techniken der klassischen Analyse herausragt, ist Leo Stones *The Psychoanalytic Situation* (1961). Ich möchte Janet Malcolm (1981) zitieren: "... Stones Plädoyer für eine menschlichere, nachgiebigere und vernünftigere Einstellung zum Patienten tritt in der Einkleidung einer sorgsam durchdachten, ungemein tiefgründigen und schwer "zugänglichen" Betrachtung über ein heikles und schier bodenloses Thema auf" (S. 58). Stone arbeitet 2 Kernpunkte heraus: Zum einen ist es für den analytischen Erfolg dringend notwendig, daß der Analytiker sein ärztliches Engagement spürbar vermittelt, da "die innere formale Strenge der [analytischen] Situation ausreicht, um überflüssige, in der persönlichen Haltung des Analytikers begründete Versagungen zu kontraindizieren" (1961, S. 25). Stones 2. Kernpunkt besagt, daß die hauptsächliche unbewußte Bedeutung der psychoanalytischen Situation darin besteht, daß sie frühkindliche Spannungen anklingen läßt. Ich werde Stones reichhaltige Argumentation nicht im einzelnen ausführen. Ich möchte lediglich darauf hinweisen, daß diese 2 zentralen Themen die Grundlage von Auseinandersetzungen bilden, die bis zum heutigen Tag bestehen: 1) Wie vermitteln Analytiker am besten ihre menschenfreundlichen und ärztlichen Absichten, während sie gleichzeitig einen therapeutisches Rahmen abstecken, der auf zunehmende Selbstbewußtheit und zunehmendes Verstehen abzielt? 2) Wie sehen die Anlagen aus kritischen frühen (präödipalen) Perioden aus, die allen Übertragungsbeziehungen zugrundeliegen?

Stone weist darauf hin, daß in bezug auf die psychoanalytische Situation selbst die meisten Arbeiten über die Technik eher vor dem warnen, was man *nicht* tun sollte, und nur selten positiv aufzeigen, was zu tun ist. Stone nimmt mit seinem eigenen Hauptanliegen eine mittlere Position ein: Menschlichkeit wird in Abgrenzung von etwas beschrieben, das Stone; für ein Haupthindernis für den analytischen Erfolg hält – ein "willkürlicher Autoritarismus", die Weigerung, Fragen zu beantworten, und die Mechanisierung der Funktion des Analytikers durch "überflüssig distanzierte und versagende Haltungen" (S. 61, 64). Aber Stones eigene "positive" Empfehlungen beziehen sich hauptsächlich auf die Haltung – und obwohl ich durchaus glaube, daß das allein schon eine starke Aussage ist, so ist sie doch für die Praxis etwas zu nebulös (s. Lichtenberg u. Slap 1977). Eine seiner eindeutigsten direktiven Aussagen bezieht sich darauf, daß das Deuten einen Wert hat, der jenseits der Einsicht liegt:

> Denn die deutende Funktion hat ... eine außerordentlich große primäre Übertragungsvalenz, aber nur dann, wenn sie durch zwingende unbewußte Assoziationen - vermittelt durch die Anerkennung des Impulses zu helfen, Leiden zu lindern - mit dem primären Pflegeverhalten verknüpft wird, daß jeglicher frühen Erziehung ihre positive Bedeutung für das Kleinkind verleiht (1961, S. 75).

Sein ganzes Buch hindurch behandelt Stone schwerpunktmäßig die "primäre Übertragungsvalenz" – es geht also darum, wie sich alle Elemente der psychoanalytischen Situation (der Gebrauch der Sprache, normale und exzessive Deprivationen, die ruhende Körperposition etc.) mit der infantilen Erfahrung verbinden. Die Deutung als solche nimmt er im wesentlichen als gegeben an – als Mitteilung an den Patienten über intrapsychische Konflikte sexueller und aggressiver Natur, die sich im Rahmen eines "Es-Ich-Über-Ich"-Modells des Innenlebens konstruieren läßt. Stones Anliegen besteht also nicht darin, infrage zu stellen, was gedeutet wird, sondern er will das Verständnis dafür vorantreiben, wie und warum das wirkt. Um das zu erreichen, gibt er der dyadischen Beziehung zwischen Mutter und Kind mehr Gewicht. Bei seiner Beschreibung des frühkindlichen Lebens verläßt sich Stone auf herkömmliche Ansätze in Kombination mit einigen Säuglingsbeobachtungen von Spitz. Obwohl Stone auf 2 Bereiche verweist, die in letzter Zeit im Umbruch sind – es geht darum, was interpretiert wird und welche Residuen des Kleinkindalters im Erwachsenen erhalten bleiben –, gewinnt sein Buch in keinem Bereich neuen Boden. Seine Neubewertung der Einsicht als solcher im Vergleich zu allen anderen Elementen der psychoanalytischen Situation stellt meiner Ansicht nach dennoch eine sehr elegante Revision der Elemente dar, die beim Heilungsprozeß wirken.

Die erste Auswirkung der Neubewertung der klassischen Analyse war also, daß die analytische Aufmerksamkeit sich auf neue Zeiträume und Strukturen einstellte, sich also von der ödipalen Phase aus rückwärts zum frühen Leben des entstehenden Säuglings und Kleinkinds hinbewegte. Stone verbindet scharfsinnig den "Zustand relativer physischer und emotionaler 'Versagung in der Intimität'" (S. 127) der psychoanalytischen Situation mit einem entscheidenden Thema der frühen Kindheit, nämlich mit der Abfolge elementarer Trennungserlebnisse in der Beziehung des Kindes zur Mutter (später sollte Mahler das als Phase der Loslösung und Individuation bezeichnen). Stone sagt, daß

> das psychoanalytische Setting in seiner allgemeinen und primären Übertragungswirkung von Anfang an dazu tendiert, die wiederholten Phasen des Zustands einer relativen Trennung zu reproduzieren, insbesondere ... die Periode des Lebens, in der *pari passu* mit der rapiden Entwicklung des großartigen Kommunikationsmittels der Sprache alle Formen körperlicher Intimität mit der Mutter und direkter Abhängigkeit von ihr aufgegeben oder abgeschwächt werden (S. 103 f.).

Für Stone stellt die Übertragung im ihrem Kern eine Dialektik dar zwischen dem "hartnäckigen, auf Einverleibung zielenden Verlangen nach Vereinigung mit dem ursprünglichen Objekt" und dem "Verlangen nach Verstehen, nach Unterweisung und Erleichterung der Verschiebung des Interesses auf die Umwelt" (S. 113 f.). Stone beschreibt, wie man die Übertragung, so wie sie in der normalen psychoanalytischen Erfahrung auftaucht, auf einen Begriff bringen kann. Er entwirft kein eigentliches Deutungsprogramm, geschweige denn eine Untersuchung über das genaue Kräftespiel zwischen dem Streben nach Einheit und des Streben nach Verständnis, wie es sich in der Analyse ergibt – das sollte später Kohut tun.

Ich werde an dieser Stelle innehalten und erklären, was ich unter einem "Deutungsprogramm" verstehe. Alle Analytiker würden wohl darin übereinstimmen, daß das, was gedeutet wird, dem (verbalen und nonverbalen) Datenmaterial der Mitteilungen des Patienten entspringt. Aber, soweit wir Freud und seinen Entdeckungen Reverenz erweisen, sind wir uns alle darüber einig, daß wir das Unbewußte nicht bei jeder Annäherung als *Terra incognita* erleben. Auch wenn wir uns von Vorurteilen zu lösen versuchen, leitet uns das Wissen um frühere analytische Entdeckungen. Diese und jene Assoziation deutet uns eine mögliche Urszenenerfahrung an. Dieses und jenes verweist auf die Angst vor analer Penetration usw. Eine solche Sammlung von Hinweisen bildet, wie ich meine, ein Programm oder ein Schema, das uns hilft, die bewußten, vorbewußten und unbewußten Konfigurationen unabhängig von den Verkleidungen (Abwehrmechanismen) zu erkennen, hinter denen sie sich verbergen. Gleichzeitig schränken sie uns ein, weil wir immer wieder das wiederentdecken, was mittlerweile vertraut ist. Die tägliche Arbeit des Analysierens besteht in der Anwendung eines gelernten und rundum anerkannten Schemas. Die Mitteilungen des Analysanden verweisen jeweils auf ein geeignetes Gegenstück. Neue Entdeckungen werden innerhalb des übergreifenden Kontextes des Schemas gemacht, oder sie fallen in einem Ausmaß an, das den Wert des bestehenden Schemas in Frage stellt. Das führt dazu, daß ein neues vorgeschlagen wird.

Freud selbst ersann die Ich-Psychologie und die Signalangsttheorie. Das ist ein Beispiel für einen Ansatz, der so breit angelegt war, daß er nach der Entwicklung eines neuen Schemas als Ersatz für die Es-Psychologie verlangte. Nach und nach wurde ein Deutungsprogramm entwickelt. Mit Hilfe des Schemas wußte man, was man zu suchen hatte – einen Triebabkömmling, die Abwehr dagegen, eine Kompromißbildung, einen Konflikt, bei dem ein Verbot eine Rolle spielt, und ein Affektquantum, das die Effektivität oder Ineffektivität des Ich gegenüber den gestellten Anforderungen signalisiert. Das war im Kern das psychoanalytische Deutungsprogramm, das Stone als gegeben hinnahm.[1] Was seiner Ansicht nach der Klärung bedurfte, war die Frage, was Deutungen auf der Grundlage dieses Schemas wirksam oder unwirksam machte. Seiner Meinung nach liegt der Wirksamkeit die Dynamik der analytischen Situation zugrunde, weil dort die frühen Lebenserfahrungen des Analysanden anklingen. Wie ich erwähnt habe, wollte Stone mit seinem Verweis auf die frühe Kindheit kein neues Deutungsprogramm fordern. Dennoch ergaben sich aus der Erweiterung des Rahmens der Psychoanalyse neue Schemata für das Zuhören, für das Begreifen und für das Deuten. Diese neuen Schemata haben eines gemeinsam, nämlich neue, wenn auch sehr verschiedene Interpretationen der präödipalen Phasen.

Das Kleinianische Programm

Schon vor Stones Arbeit entwickelten die Kleinianer ein vollständiges Interpretationsschema, das die präödipalen Phasen fokussierte. Amerikanische Analytiker neigen dazu, den starken Rückhalt dieses Kleinianischen Programms zu unterschätzen, sowohl was die direkten Anhänger angeht, als auch was die indirekten Auswirkungen auf die Theoriebildung betrifft. Das Kleinianische Schema ergab sich aus der analytischen Arbeit mit recht stark gestörten Kindern, und in diesem Sinne hat es etwas mit der Erweiterung des Rahmens zu tun. Es wurde nicht entwickelt, um mit einer speziellen Gruppe von Patienten mit präödipalen Schwierigkeiten umzugehen. Man sieht es vielmehr so, daß alle Patienten ihre Grundstruktur aus dem Ergebnis dieser Konflikte entwickeln, und daher deckt das entsprechende Deutungsprogramm das Gesamtspektrum aller Fälle ab.

Der Kleinianische Analytiker verwickelt jeden Patienten – welcher Art sein Problem auch sein mag – in einen Diskurs, der eine nur ansatzweise bewußte Unruhe in symbolisch kodierte Aussagen über diese Unruhe übersetzt. Gute Brüste und giftige Milch, das liebende Selbst und der haßerfüllte andere sowie die Gegenpole – der Neid, der das Gute zerstören will, die Wiedergutmachung, die den Beschädigten wiederherstellen soll, die Dankbarkeit, welche die Hilfeleistung aufwiegen soll – all das sind äußerst beziehungsreiche Bilder, mit denen die Vorgänge zwischen einer gestörten

[1] Stone sagt, die günstigen Wirkungen der durch Deutung gewonnenen Einsicht seien "die Neutralisierung von Triebenergien, die Umwandlung von primärprozeßhaften Elementen in kontrolliertes Denken, die Erweiterung des integrierten Ich-Bereichs" (S. 122).

Person in einem regressiven Zustand und einem gewissenhaften, intelligenten und ärztlich eingestellten Analytiker erfaßt werden können. Mehr noch: obwohl die meisten Kleinianischen Vorstellungen über das infantile Leben von der jüngsten Informationsexplosion über die ersten 2 Lebensjahre nicht bestätigt werden, ist das bei eindrucksvollen Bruchstücken durchaus der Fall. Die Mutter-Kind-Interaktion beginnt z. B. mit der Geburt, und sie ist ein hochdynamisches Zusammenspiel. Mutter und Kind beteiligen sich an einem gegenseitigen Austausch, in dem es auch um die Affekte geht. Die Dynamik dieses Austausches hat allerdings in erster Linie das Ziel, eine Matrix regulierender Transaktionen zu festigen, welche die zeitlichen Abläufe der aufmerksamen Wachheit, des Fütterns und des Schlafens koordinieren. Diese Dynamik ist normalerweise von einer Menge lustvollen Austausches geprägt. Außer in höchst pathologischen Situationen kann ich nichts Beobachtbares finden, was der Kleinianischen "Star-wars"-Bildwelt entspricht, in der Destruktion auf Brüste projiziert und durch vergiftete Milch introjiziert wird. Ich kann auch keinerlei Nachweis für eine primäre Form von Neid finden, geschweige denn für die Fähigkeit, den frühesten Austausch mit der Mutter auf eine Weise zu erfassen und zu erleben, die von der kognitiven Organisation her einer Phantasie entpricht – wie primitiv diese auch sein mag. Auch wenn die Direktbeobachtung keine sicheren Nachweise liefern kann, die eine Annahme über das innerpsychische Leben widerlegen, so muß doch zwischen Säuglingsforschung und klinischen Annahmen ein gewisses Maß an Integration durch gegenseitige Absicherung gegeben sein, um eine solche Vorstellung über den Säugling überzeugend zu stützen.

Kernbergs Sichtweise

Ein weiteres Deutungsprogramm, eines, das ganz eng mit der Erweiterung des Rahmens der Psychoanalyse zu tun hat, ist Otto Kernbergs (1975, 1976) Schema zur Behandlung von Borderline-persönlichkeitsstörungen. In der Menninger Foundation beobachtete Kernberg, daß viele Formulierungen von Melanie Klein und der englischen Schule der Objektbeziehungstheorie zu den Äußerungen und zum Verhalten dieser Patienten passen. Bis dahin waren die Therapeuten verstört gewesen, wenn diese Patienten auf ihre Art offensichtliche Abhängigkeit und Bedürftigkeit mit unerklärlich feindseligen Haltungen vermischten. Welche Richtung der Therapeut auch immer einschlug, es schien eine Weile alles gutzugehen, dann aber kam es paradoxerweise zu Negativismus – oft in extremer Form. Kernberg schloß daraus, daß diese Patienten auf der Grundlage hauptsächlich negativer Erfahrungen einen Zustand mit schwankenden Beziehungsmodi verinnerlicht hatten. Sie hatten ihren Charakter um solche aggressionsbestimmten infantilen Beziehungen herum aufgebaut, teils als Ausdruck derselben, teils als Abwehr dagegen. Mit diesem Ansatz hatte Kernberg eine Theorie entwickelt, die mehr oder weniger effektiv die Konflikttheorie der Ichpsychologie, Jacobsons Theorie der internalisierten Selbst- und Objektrepräsentanzen und das Leitmotiv der Aggression aus dem Kleinianischen Schema miteinander verschweißte. Das Deutungsprogramm, das er entwickelte, ermöglichte es den Therapeuten und Analytikern zum ersten Mal, den "Text" der verwirrenden Neigungen solcher Patienten zu "lesen", die einen heranziehen und wegstoßen, preisen und beschimpfen, verehren und hassen, beneiden und schätzen. Mit dem, was die Therapeuten lesen konnten, konnten sie die Patienten konfrontieren, auf das, womit sie konfrontieren konnten, konnten sie eingehen und das, worauf sie eingehen konnten, konnten sie behandeln (und sie konnten vom Patienten als behandelnd wahrgenommen werden).

Wie steht es um Kernbergs Annahmen über die frühe Kindheit? Kernbergs Theorie paßt gut zu der Vorstellung von einer Mutter-Kind-Interaktionsmatrix, die den kindlichen Neigungen ihre Form gibt. Das, was im Erlebnisbereich geschieht, beeinflußt nach Ansicht einiger Forscher auf neurophysiologischer Ebene so grundlegende organische Phänomene wie die Myelinisierung sowie die Bildung und Stärke hemmender Rückkoppelungsschleifen. Die Regulierung von Hunger, Wachheit, Schlaf und Ausstoßung auf der Ebene der Verhaltensorganisation ergibt sich aus den Mustern des interaktionalen Austausches; also kann man diejenigen Erscheinungen, welche die Psychoanalyse als Triebabkömmlinge bezeichnet, als etwas auffassen, das sich in Abhängigkeit von den Objektbeziehungen entwickelt. Aber es gibt, so glaube ich, wesentliche Unterschiede zwischen den beobachteten und den von Kernberg erschlossenen Interaktionen. Der wichtigste betrifft die Spaltung. Auch wenn Kernberg den Kleinianischen Zeitplan und den Begriff des Todestriebs nicht beibehält, beruft er sich bei seinen Erklärungen weitgehend auf oralen Neid und andere primäre Erscheinungen des Aggressionstriebs. Die "Spaltung", die er für das fundamentale Hilfsmittel zur Organisation von Erfahrung im Kleinkindalter hält, hat in seiner Konzeption eine Schlüsselposition .

Diesem Ansatz zufolge ist der Säugling biologisch darauf ausgelegt, alle Erlebnisse in gut-lustvollen oder schlecht-schmerzlichen Gruppierungen zu organisieren. Die Aufgabe besteht dann darin, diese entgegengesetzten Gruppierungen zu integrieren. Diese Aufgabe wird vermutlich durch ein Übermaß an unlustvollen Erlebnissen, die mit primärer Aggression zusammenhängen oder ihr entspringen, erschwert oder verunmöglicht.

Hier gereichen einmal mehr die Ergebnisse der Säuglingsforschung kaum zur Stütze. Zum einen bestätigen sie nicht, daß frühe psychische Erfahrung entsprechend den allgemeinen Kategorien Lust/Unlust oder gut/schlecht organisiert wird. Statt dessen zeigen die Ergebnisse, daß von es von frühester Zeit an zahlreiche Affekte gibt, mit *Intensitätsabstufungen* innerhalb jedes einzelnen. Auch stützen die Ergebnisse die Vorstellung nicht, daß aus einer angeborenen Neigung zur Aggression unweigerlich Spaltung entspringt; die meisten, vielleicht sogar alle Erscheinungen von Zorn oder Wut scheinen beim Kleinkind Reaktionen auf Frustration zu sein (Parens 1979 a). Ebensowenig bestätigt die Säuglingsforschung die Annahme, daß das Selbstempfinden aus unverbundenen Abbildern oder Repräsentanzen zusammengestückelt wird. Die meisten Forscher machen sich ein eher holistisches Bild von der Organisation des Kleinkinds, was vermuten läßt, daß das Selbstempfinden als einheitliches Erleben daraus hervorgeht (s. Kap. 8). Die Säuglingsforschung zeigt, daß der 24-Stunden-Zyklus des Säuglingslebens eher von Momenten geringer oder mäßiger Intensität beherrscht wird als von Momenten hoher Intensität (das sind die konflikthaften Erlebnisse, denen die analytische Theorie großes Gewicht beigemessen hat). Dementsprechend mutmaßt man, daß der Säugling die Welt eher als einheitlich denn als diskontinuierlich und aufgespalten erlebt. Sogar in spannungsreichen Momenten kann die Einheitlichkeit des Erlebens bestehen bleiben, wenn der Streß nicht zu intensiv oder dauerhaft ist. Bei den Beispielen für spannungsreiche Erlebnisse, die immer wieder angeführt werden, handelt es sich um Zustände sinnlicher Erregung durch Aktivität der erogenen Zonen und um Augenblicke, in denen das Kleinkind hin- und hergerissen ist, weil es dringend in der Sicherheit des mütterlichen Umfelds bleiben will, aber auch sein Explorationsfeld zu erweitern wünscht. Etwas, das ein Beobachter als Spaltung einordnen könnte –, daß das Kleinkind eine Verbindung zwischen Selbst und Bezugsperson im psychologischen Sinne als "schlecht" bezeichnet, eine andere hingegen als "gut" – so etwas findet erst im 2. Lebensjahr statt, wenn es zu schwerem Streß kommt, weil angemessene empathische Unterstützung ausbleibt (manchmal ist das natürlich unvermeidlich). Zusammenfassend gesagt, weist das klinische Phänomen der Spaltung, das man bei erwachsenen Patienten findet, auf ein weitgehendes Scheitern der Regulierung hin. Es ist keine normale Entwicklungsschwierigkeit.

Die Schemata von Mahler und Kohut

Zwei der anregendsten Schemata, die heute dem Psychoanalytiker zur Verfügung stehen, gehen die Aufgabe aus entgegengesetzten Richtungen an. Margaret Mahler (1968; Mahler et al. 1975) geht von der Kleinkindbeobachtung aus und kommt zu einem Schema, das reichhaltige neue Perspektiven liefert. Sie bietet allerdings eigentlich kein richtiges Deutungsprogramm an. Im Gegensatz dazu geht Heinz Kohut (1971, 1977) von klinischen Daten aus und kommt zu einem radikal anderen Deutungsprogramm. Er äußert seine Skepsis gegenüber dem Zutrauen in die Direktbeobachtung. Sie gehört seiner Ansicht nach "begrifflich zum Bereich einer psychoanalytischen Interaktionslehre" (1971, S. 252). Andere jedoch haben Mahlers Schema zur Entwicklung eines Deutungsprogramms benutzt (es steht in gewisser Weise dem von Kernberg nahe), und wieder andere haben Kohuts Deutungsprogramm und seine Theorie als Grundlage für die Betrachtung infantilen Erlebens verwendet. Marian Tolpin (1980) hat z. B. die Metapher von "Kohuts Baby" geprägt – das ist ein lächelnder, fröhlicher Säugling, der Blickkontakt schafft und aufrechterhält, der gurrt und gackert. Dieses hypothetische Wesen paßt in der Tat mit dem Baby der Beobachtungen zusammen, es ersetzt das Neugeborene im Kokon, das der Theorie des primären Narzißmus entspricht. Aber indem er auf die empathische Rekonstruktion in der Erwachsenenanalyse als einzige Datenquelle setzte, hat Kohut die Chance übersehen, welche die Säuglingsforscher bieten, und zwar besonders die, welche für Entwicklungsrichtlinien hauptsächlich auf adaptive und nicht auf pathologische Prinzipien zurückgreifen.[2] Ohne Bindung an ein genaues Entwicklungsschema, das sich sowohl auf Beobachtung als auch auf Rekonstruktion stützt, ist nämlich der Kernbegriff der Selbstpsychologie – Selbstkohäsion – wegen seines Abstraktionsgrades anfällig für Konkretisierung oder Verwaschenheit.

Andererseits ist Kohuts Aussage, derzufolge Selbstbehauptung etwas Primäres ist und Aggression als Folge von Frustration angesehen wird, eine klare Behauptung, die nach direkter Beobachtung und einem Vergleich mit den Behauptungen Kleins, Kernbergs und Mahlers verlangt, die primäre Aggression unterstellen. Soweit ich die Ergebnisse verstehe, zeigen sie auf, daß Selbstbehauptung, mit den regulierenden Affekten der Funktions- und der Wirksamkeitslust, etwas Primäres ist. In der Tat ist üblicherweise die Behinderung der Funktions- und Wirksamkeitslust der Auslöser für reaktive Aggression. Diese 2 Möglichkeiten, Ereignissequenzen zu verstehen, bei denen Säuglinge und Kleinkinder greifen, krabbeln, stoßen, schlagen und schreien, führen zu verschiedenen Deutungsprogrammen. Eine Theorie über einen primären Aggressionstrieb mit Abkömmlingen, die abgewehrt und gezähmt werden verweist auf einen bestimmten Deutungsansatz; eine Theorie über primäre Selbstbehauptung, die mit Unterstützung in Funktions- und Wirksamkeitslust, bei Frustration aber in reaktiven Zorn mündet, verweist auf einen anderen Deutungsansatz.

Ein weiterer Unterschied hat damit zu tun, ob Losgelöstheit und Individuation als Teilziele (Kohuts Ansicht) oder als Endpunkte einer Entwicklungssequenz (Mahlers Ansicht) formuliert werden. Als Teilziel bedeutet Losgelöstheit, daß Funktionen von der Bezugsperson übernommen werden (wie die verinnerlichte Angstreaktion), während ein allgemeines Bedürfnis nach Unterstützung durch andere (reife Formen des Spiegelns und der Ide-

---

[2] Eine beiläufige Aussage von Kohut weist in diese Richtung: "Ich möchte an dieser Stelle erwähnen, daß insbesondere Sanders Arbeiten versprechen, die Selbstpsychologie zu bereichern und umgekehrt von ihr bereichert zu werden" (1980, S. 475).

alisierung) erhalten bleibt. Wenn man Loslösung und Individuation als Endpunkte der präödipalen Entwicklung ansieht, bedeutet das, daß die Suche des älteren Kindes und des Erwachsenen nach verschiedenen Formen des Spiegelns, nach Alter-Ego-Erfahrungen oder nach Idealisierung defensiv ist. Je nachdem, wie man diese Angelegenheit sieht, ergeben sich erhebliche Unterschiede in bezug auf die Deutung von Pathologie innerhalb der Analyse und in bezug auf die zu befolgenden Kriterien für die Beendigung.[3]

Weitere Fragestellungen für unser klinisches Vorgehen

Das Begriffsuniversum, das sich uns von der Säuglingsforschung her eröffnet, ist ja wirklich so komplex, daß es verständlich wäre, wenn die Analytiker demgegenüber skeptisch und distanziert bleiben wollten. Darüber hinaus ist Skepsis unvermeidlich, wenn so viele Leitsätze und Grundpfeiler unserer Theorie infrage gestellt werden. Die von Geburt an vorhandene Bezogenheit zwischen Mutter und Säugling und zwischen Vater und Säugling widerspricht z. B. einem Stadium des primären Narzißmus. Die Theorie der Symbiose wird zweifelhaft durch die aktive Rolle des Säuglings in der Interaktion, wo er Verhalten initiiert. Am stärksten aber wird die analytische Theorie dadurch erschüttert, wie der Säugling seine Erlebnisse verarbeitet. In der Psychoanalyse gibt es eine Reihe von Theorien über internalisierte Repräsentanzen, die Säuglingsforscher aber berichten uns über etwas, das ich in Kap. 1 und 2 eine biologische, neurophysiologische, und verhaltensbezogene Organisationsebene genannt habe. Im Laufe der Zeit bildet sich dann (im 2. Lebensjahr) eine Organisationsstufe, bei der die Kommunikation auf einem Austausch von Zeichen und Signalen basiert, und es entsteht zunehmend ein abgegrenztes Empfinden für das Selbst und den anderen. Wenig später wird eine vollständig symbolische Organisationsstufe erreicht und durch den Gebrauch von Sprache als einzigartig menschlicher kognitiv-affekiver Erlebnisweise dauerhaft gefestigt. Eine solche Ansicht läßt einen zunächst innerlich stutzen, und sie macht in vielerlei Hinsicht ein Umdenken nötig. Wir müssen uns fragen, was das für unser klinisches Vorgehen bedeutet.

In der Rolle eines Advocatus diaboli könnte ich dabei einmal unterstellen, daß man normalerweise die Psychoanalyse eines Erwachsenen ohne Rückgriff auf die Informationen aus der Säuglingsforschung durchführen kann. Zwischen Analytiker und Analysand wird Information mit Hilfe eines symbolischen Prozesses (Sprache) ausgetauscht. Darüber hinaus sind die dazugehörigen subjektiven Daten, zu denen der Analytiker mehr und mehr Zugang gewinnt, in symbolischen Repräsentanzen enkodiert. Wenn wir also

[3] Brody (1982) hat das weite Feld der psychoanalytischen Theorien über die frühkindliche Entwicklung durchforstet und jede auf dem Hintergrund der Ergebnisse der Säuglingsforschung eingeordnet.

das subjektive Erleben und die Vergangenheit des Analysanden nur insoweit verstehen wollen, wie beides bewußt und unbewußt die Gegenwart beeinflußt, dann können wir die wirklichkeitsgetreue Sicht der Kleinkindforscher auf die präsymbolische Entwicklung kaum brauchen. Das gilt insbesondere dann, wenn es sich bei den Einflüssen aus der Vergangenheit, um die es uns geht, um Erlebnisse handelt, die im 3. Lebensjahr oder später aufgetreten sind, also nach dem vollständigen Erlangen symbolischer Repräsentation. Aus einer wissenschaftlichen Haltung heraus könnten wir vielleicht wissen wollen, was ein außenstehender Beobachter gesehen hätte, aber als Analytiker haben wir das Interesse, empathisch vom ganzheitlichen Erlebnisstandpunkt des Analysanden aus wahrzunehmen. Wenn man das erreicht (man kann argumentieren, daß das regelmäßig bei Analysen von Psychoneurosen geschieht), dann kann man Erwachsene ohne Wissen über sein präsymbolisches Erleben analysieren.

Aber – könnten Sie jetzt fragen – ist diese Behauptung nicht eher hypothetisch als wirklichkeitsnah? Man kann auch argumentieren, daß in jeder Analyse bei der Kommunikation zwischen Analytiker und Analysand Information auf symbolischer und präsymbolischer Ebene ausgetauscht wird. Folgt man dieser Sichtweise, dann bereichert es die Analyse, wenn affektive und motorische Muster beachtet werden, die auf Erlebnisse verweisen, die von der frühen Mutter-Kind-Interaktion her überdauert haben. Unabhängig von der zeitgenössischen Säuglingsforschung haben Analytiker beschrieben, wie sie auf motorische Muster (McLaughlin 1982) und auf affektive Erscheinungen (die sog. Körpersprache) achtgeben, von denen man glaubt, daß sie direkte Verbindungen zur präsymbolischen Phase haben. Man hat davon gesprochen, daß der Analytiker "sein Unbewußtes zur Entzifferung des Unbewußten des Patienten" benutzt (Major u. Miller 1981, S. 459), und ich möchte meinen, daß das teilweise die vorbewußte Aufmerksamkeit des Analytikers für seine motorischen und affektiven Muster widerspiegelt. Zeitweise kann die Aufmerksamkeit des Analytikers von der symbolisch organisierten Kommunikation mit ihrer diskursiven, sogar defensiven Qualität abschweifen, und er kann sich dann auf den eher globalen inneren Zustand des Analysanden einstimmen, der, besonders bei einer regressiven Übertragung, die frühe präsymbolische Erfahrung des Babys mit seiner Bezugsperson vermittelt.

Gedo (1979) hat sich besonders mit der Frage beschäftigt, wie präsymbolische Erlebnisweisen ein Deutungsprogramm beeinflussen. Im wesentlichen lautet seine Frage: Wenn Verhalten zunächst präsymbolisch organisiert wird, bleiben dann einige dieser Verhaltensweisen – besonders die maladaptiven – bestehen? Wenn das so ist, müssen wir ihnen dann nicht in der Analyse begegnen? Da ihnen die geistige Repräsentation im üblichen Sinne fehlt, sie also nicht symbolisch verarbeitet sind, müssen wir da nicht unsere Beobachtungs- und Deutungsmethoden erweitern, um einen Wandel bei so grundlegenden Verhaltensweisen zu bewirken?

Ich glaube, daß Fragen wie diese wirklich für Kopfzerbrechen sorgen können. Um sie leichter faßbar zu machen, werde ich einige klinische Beispiele anführen. Aber schon von Anfang an haben wir mit einem Widerspruch zu kämpfen. Das Instrument, das uns zur Verfügung steht, um die von mir vorgebrachten Behauptungen über fehlende Repräsentation zu verstehen, ist die symbolische Repräsentation und die symbolische Logik. Sich vorzustellen, das nicht zu haben, was jeder von uns hat uns ständig benutzt, ist keine leichte Angelegenheit – besonders wenn ich auch noch unterstelle, daß recht kompliziertes Problemlösen ohne symbolische Repräsentation ablaufen kann und abläuft (s. Basch 1975). Eine einfache Überlegung kann vielleicht einen Schimmer von dem vermitteln, was ich meine: Das Kleinkind im *ersten* Lebensjahr, das mit der Mutter lernt, den Ball hin und her zu rollen, benötigt dafür nur die Wahrnehmungswirklichkeit der Situation – keine dauerhafte Repräsentanz des Balls, der Mutter oder des Selbst. Ich kann nicht beweisen, daß das Kleinkind diese Repräsentanzen nicht hat, aber man kann gut begründen, daß sie nicht nötig sind. Für Operationen, die das Kleinkind gegen Ende des *zweiten* Lebensjahres ausführt, *ist* die symbolische Repräsentation nötig.

Klinische Beispiele

Ich werde 3 klinische Vignetten aus abgeschlossenen Erwachsenenanalysen darstellen. Die erste verdeutlicht, wie ein Regulierungsdefizit fortbestehen kann; in der zweiten werden Residuen einer frühen Erfahrung in Form eines körperlichen Symptoms sichtbar; die dritte zeigt Probleme mit einem primären kognitiven Defekt. Das Material verweist in den ersten Fällen auf eine Form der Pathologie, die sich vor und unabhängig von der Gedächtniskodierung mittels symbolischer Repräsentation entwickelt. Das Material im 3. Fall deutet auf Probleme hin, die außerhalb des Bereiches von Trauma und zwischenpersönlichem Konflikt liegen. Sie führen ihrerseits, als unabhängige Quellen, zu Störungen bei der symbolischen Repräsentation und zu intrapsychischen und Beziehungsproblemen.

Fall 1

Zu der Zeit, als Herr K. die Analyse begann, war sein Leben voller Unentschlossenheit. Er zweifelte an der Wahl seiner beruflichen Laufbahn, an seiner noch jungen Ehe und an der Beziehung zu seiner Familie. Ich werde mich hier nur mit einer Facette seiner langen und größtenteils erfolgreichen

Behandlung beschäftigen. Im Laufe der Analyse nahm er stark an Gewicht zu. Zur Gewichtszunahme kam es in Schüben, die in etwa parallel zu Zeiten mit intensivem Widerstand gegen die Arbeit an dem ein oder anderen Problembereich verliefen. Eine von Herrn K.s Ängsten – anfänglich formulierte er sie als bedrohliche Vorhersage – bestand darin, daß er so werden würde wie seine fettsüchtige Mutter. Die Bedeutungen seines Körperbildes und seine Angst vor der Identifikation mit seiner Mutter waren ein Schwerpunkt der Analyse. Mit seiner Mutter identifiziert zu sein, bedeutete, nicht mit dem Vater identifiziert zu sein, den er für mächtig, aber ethisch verwerflich hielt. Nicht mit dem Vater identifiziert zu sein, bedeutete jedoch, eine bestimmte Form der Regulierung der Nahrungsaufnahme aufzugeben. (Sein Vater, der ein übergewichtiges Kind gewesen war, hatte einen Weg gefunden, dünn zu bleiben: Er ließ plötzlichen Freßattacken eine extreme Einschränkung der Nahrungsaufnahme folgen. Während seiner abstinenten Perioden tyrannisierte der Vater alle anderen, wenn es ums Essen ging.) Mit der Mutter identifizert zu sein, war andererseits in seiner idiosynkratischen Phantasie ein Quell der Stärke – er verstand Körpermasse als eine Art Rüstung, die es ihm erlauben würde, der Penetration zu widerstehen, oder er stellte sich vor, daß der Phallus des Eindringenden von seinem Fett umschlossen werden würde. Aber die Identifikation mit der Mutter war auch ein Quell der Schwäche, da sie bedeutete, daß er zu einem deprimierten Märtyrer werden würde, dessen weitgehende Unempfänglichkeit für die Gefühle von Kindern ihn unbeliebt, aber leicht ausbeutbar machen würde (Herr K. fürchtete, seinem Kind diese Form der elterlichen "Fürsorge" angedeihen zu lassen).

Ich führe diese Beispiele an, um die reichen "Funde" symbolischer Repräsentanzen im Umkreis eines Kernsymptoms darzustellen. Aus diesen Entdeckungen ergaben sich analytische Fortschritte – technisch erreichte ich sie durch ein komplexes Gewebe von Übertragungserfahrungen, die sich hauptsächlich um mein vermutetes und oft tatsächliches Scheitern beim empathischen Wahrnehmen seiner hin und her wogenden sexuellen und karrierebezogenen Strebungen drehten. Er traf Entscheidungen über seine Laufbahn, seine elterliche Fürsorge wurde besser, die Störung der Geschlechtsidentität verschwand, die Ehe festigte sich, und seine depressiven Neigungen ließen stark nach. Aber Herrn K.s mäßig starke Fettsucht blieb.

Die ganze Analyse hindurch versuchte ich ihn, wann immer das möglich war, über Einzelheiten seines Eßverhaltens zu befragen. Diese Erkundigungen stießen auf stärksten Widerstand, ganz so, als ob er wie seine Mutter ein heimlicher Fresser wäre, der Salate in der Öffentlichkeit und sackweise Kekse im Verborgenen ißt. Aber mit der Zeit wiesen kleinste Nuancen auf eine andere Möglichkeit hin. Eine Frage, die ich über Hunger stellte, führte zu Zorn und Verleugnung. Irgendwie war ich mir bei dieser speziellen Gelegenheit so sicher, daß ich ihm behilflich sein könnte, daß mir sein Widerstand plötzlich wie eine repetitive *Pro-forma*-Handlung vorkam, und ich entdeckte ein kleines Anzeichen dafür, daß er sehnsüchtig zu antworten wünschte. Ich gab dieser Vermutung Ausdruck, und zu unser beider Erleichterung stimmte Herr K. dem zu, aber er sagte, daß er zum Thema Hunger wirklich nicht antworten könne. Normalerweise war Herr K. ein Mann voller Antworten, ein glänzender Student, für den es sehr peinlich war, etwas nicht zu wissen. Seine platte Aussage verblüffte mich, aber es kam mir in den Sinn, sie für bare Münze zu nehmen. Das war der Ausgangspunkt, von dem aus wir ein Bild seiner Kindheit konstruieren (nicht rekonstruieren) konnten, das vermuten ließ, daß er ein größeres Defizit im Bereich der Regulierung der Nahrungsaufnahme hatte.

Herr K. wußte tatsächlich nicht, wann er hungrig war. "Hunger" war ein Wort, daß er gebrauchte, ohne es sinnvoll mit einem wahrgenommenen physiologischen Zustand in Verbindung zu bringen. Erst in den letzten Stadien der Analyse begann er, wenn er seine Nahrungsaufnahme einschränkte, eine Körperempfindung zu spüren. Das schien uns beiden, ausgehend von seinen Beschreibungen, Hunger zu sein. Er erlebte auch keine Sättigung. Er aß Nahrungsmittel, die er als begehrenswert bezeichnete, so lange er konnte, bis zur Übelkeit. Geschmack schien als Unterscheidungsmerkmal sehr unterentwickelt zu sein – einzelne Nahrungsmittel hielt er aufgrund von äußeren Faktoren für begehrenswert (z. B. weil sie der Vater haßte oder weil sie sein bester Jugendfreund mochte). Eine weitere Konstruktion, die sich aus unserem Wissen um spätere Interaktionen ergab, war, daß Vater und Mutter, statt in normaler Weise auf ihr Baby zu achten, weitgehend mit ihren Streitigkeiten um das Essen beschäftigt waren. Absorbiert von ihren Ängsten um die Nahrungsaufnahme des Sohnes, gelang es keinem von beiden, dem Kind seinen basalen inneren Zustand einfühlsam zu spiegeln. Solches Spiegeln ermöglicht es, das Muster von Hunger und Sättigung im Austausch zwischen Säugling und Bezugsperson konsensuell zu validieren. Folglich konnte bei Herrn K. die Regulierung von Hunger und Sättigung nicht aus diesem Austausch übernommen, internalisiert und später in angemessener Form symbolisiert werden. Die höchste erreichte Stufe war die Internalisierung der Zeichen- und Signalkommunikation "Iß – Iß nicht" als Teil eines Austausches, der von Dominanz, Unterordnung und Rebellion geprägt gewesen war. Anschließend wurde das Essen in Verbindung mit dem Körperbild und der Angstregulierung auf vielerlei Weise symbolisch repräsentiert, aber diese Repräsentanzen überdeckten das basale Regulierungsdefizit.

Zum Zeitpunkt der Beendigung der Behandlung fühlte sich Herr K. freier von Konflikten und anderer Selbstdestruktivität, welche die basalen Regulierungsprobleme überdeckten. Durch sorgfältige autodidaktische Aufmerksamkeit hoffte er, sein Eßverhalten angemessener und lustvoller gestalten zu können. Sein Fall erinnert an meinen früheren Bericht über die

Analyse eines 27jährigen Mannes, der im Säuglingsalter eine Milchallergie und ein zöliakieartiges Syndrom gehabt hatte (Lichtenberg 1978 a). Dieser Mann "überfraß sich manchmal, sonst kümmerte er sich nicht ums Essen; er hielt Fäzes und Urin zurück, bis er schmerzhaft aufgebläht war, erst dann bemerkte er seine Not; er schlief unregelmäßig und wurde müde, ohne daß er einen Grund dafür ausmachen konnte, oder er spielte Tennis bis zur Erschöpfung, ohne seine Grenzen zu erkennen" (S. 374).

Diskussion

Herr K. steht für eine Gruppe von Patienten, die scheinbar spezielle Reglierungsdefizite haben, die mit der Überwachung innerer Körperprozesse zusammenhängen, also etwa mit dem Essen, dem Schlafen, der Darmfunktion oder der Müdigkeit. Diese Patienten beachten und prüfen die inneren Körpersignale nicht, die zur Bestimmung von Hunger und Sättigung, von körperlicher Erschöpfung sowie von Stuhl- und Harndrang notwendig sind. Bei einigen scheint ein regelmäßiger Schlaf-Wach-Rhythmus, der Tag und Nacht trennt, kaum gefestigt zu sein. Alle scheinbar normalen regulierenden Funktionen, welche diese Patienten haben, sind durch Imitation erworben. In diesen Fällen läßt einen das Wissen um normale und pathologische Entwicklung das basale Defizit erkennen, das den Konflikten im jeweiligen Einzelbereich zugrundeliegt. Nur mit einem umfassenden Verständnis für die Konflikte *und* die regulatorische Dysfunktion kann es zu wirklichem Fortschritt kommen.

Regulierungsdefizite können neben vegetativen Aktivitäten andere Funktionen beeinflussen. Ich glaube – zum jetzigen Zeitpunkt ist das nur eine Vermutung –, daß einige der sog. alexithymischen Patienten eine Regulierungsstörung haben, die auf präsymbolische Erfahrungen zurückgeht. Man schreibt über sie, daß sie unfähig sind, Affekte zu benennen, zu erkennen, zu überprüfen und zu erleben (Nemiah 1975; Krystal 1974). Ihre perzeptuell-handlungsbezogenen und perzeptuell-kognitiven Erfahrungen werden nicht durch das umfassende Erleben einiger oder vieler Affekte intensiviert – so bleibt ihnen nur ein flaches und verarmtes Leben. Eine Analyse oder explorierende Psychotherapie ist oft für beide Teile verwirrend und enttäuschend, ohne daß der Grund dafür klar wird. Eine Untersuchung dieser klinischen Probleme unter dem Gesichtspunkt der frühen regulatorischen Affektentwicklung könnte uns einen neuen, klinisch relevanten Zugang ermöglichen.

Wir können die Probleme bei der Regulierung von Hunger und Schlaf (das sind Anfälligkeiten der Regulierung, auf welche m. E. die Analytiker mehr achten müßten) mit dem Problem der Regulierung sexueller Erregung vergleichen. Was die Sexualität angeht, enthält die psychoanalytische Theorie seit langem reichhaltige, bis ins einzelne ausgearbeitete Vorstellungen über die Gefahren sexueller Überstimulation und die Faktoren, die dafür verantwortlich sind. Freud fragte sich, zu welchem Teil das Problem eine Frage der Konstitution sei. Erlebnisse im Umkreis von Urszenenerfahrungen, offener oder verdeckter Verführung, Kastrationsängsten, Penisneid- und Penisfurchtphantasien sind bei der Untersuchung dieses Bereiches der Kindheit im einzelnen erfaßt worden. Die Säuglingsforschung zeigt aber, daß die Stimulationsregulierung in *allen* Funktionsbereichen des Säuglings ein bedeutsamer Bestandteil der Interaktion des Neugeborenen mit der Bezugsperson ist. Die Muster der stimulationsabhängigen Reaktionsbereitschaft des Neugeborenen reichen normalerweise von hoher Aktivität über durchschnittliche Aktivität bis hin zu ruhiger Aktivität. An den abnormalen Endpunkten finden wir einerseits Säuglinge, die beim Versuch, normale Stimulation zu verarbeiten, "zerfallen", und andererseits unterreaktive Säuglinge, die schwierig zu binden und anzusprechen sind. Wenn man den Normalbereich betrachtet, ist es sehr wahrscheinlich, daß der "basale Kern" (Weil 1970) der allgemeinen Reizverarbeitung eines Säuglings eine Vorbedingung dafür ist, wie das entstehende Kind auf die Spannweite sinnlicher Erregung reagiert, mit der es konfrontiert wird. Wie ich in Kap. 9 besprochen habe, hat die Kleinkindforschung ein Entwicklungsstadium (ungefähr mit 18 Monaten) ausfindig gemacht, in dem es zu Aufwallungen der Genitalempfindungen und der entsprechenden Exploration kommt (Roiphe 1968; Kleeman 1975). Amsterdam u. Levitt (1980) vermuten, daß die Reaktion darauf Auswirkungen auf Verlegenheits-, Scham- und Angstreaktionen hat. Im selben Alter kommt es zu ähnlichen Aufwallungen im Bereich der Selbstbehauptung, und dies verlangt nach andersartigen regulierenden Bemühungen. Diese Ergebnisse zeigen, daß das 18monatige Kind an der Schnittstelle zwischen dem früheren Organisationsmodus und der symbolischen Repräsentation steht. Zu diesem Zeitpunkt kann man zum ersten Mal Symptombildungen erkennen, an denen intrapsychische Konflikte beteiligt sind. Wenn Regulierungsstörungen durch den Symbolprozeß enkodiert werden, ergeben sich daraus konflikthafte Konfigurationen, die als Symptome und Charaktereigenschaften die Formen annehmen, die der Psychoanalyse vertraut sind. Unsere Technik ist dafür gemacht, diese Konflikte zu erkennen und daran zu arbeiten. Vielleicht wäre es für uns von Vorteil, wenn wir gegenüber verschiedenen Regulierungsschwierigkeiten aufmerksamer wären, die noch keine genügend vollständige symbolische Enkodierung haben und daher durch unser herkömmliches Vorgehen nicht erfaßt werden können.

Fall 2

Die Analyse von Frau G. drehte sich hauptsächlich um ihre phobischen Symptome, ihre Depression und ihre übergroße Angstanfälligkeit. In der

Frühzeit ihrer Analyse beschrieb sie ein Symptom, das mir noch nie untergekommen war. Ihr Mund stand dabei offen wie zum Gähnen, aber anders als beim Gähnen atmete sie nicht ein. Statt dessen versuchte sie ihren Mund zu schließen. Mangels einer besseren Bezeichnung nannten wir das ein Gähnen, und betrachteten es mit als eine Reaktion auf steigende Angst. Aber diese Verknüpfung mit der Angst fand ich unbefriedigend, weil ich nicht herausbekommen konnte, warum gerade diese Reaktion auftauchte und nicht irgendeine ihrer anderen Reaktionen auf Angst.

Im Verlauf der langen Phase ausführlichen Durcharbeitens in der Mitte der Analyse wurde Frau G. ganz allgemein fähiger, ihre Angst an etwas festzumachen und zu bewältigen. Ihr "Gähnen" verschwand – genauer gesagt, es tauchte nicht mehr auf (und keinem von uns war das bewußt). Schließlich, es war in den letzten Monaten ihrer Analyse, erzählte mir Frau G. eine Anekdote über ihr neues Baby und ihre 5jährige Tochter. Sie schien sich dabei ziemlich wohlzufühlen, und ich hörte zu, wobei ich mich leicht in ihr Innenleben [state of mind] hineinversetzen konnte. Sie beschrieb, wie sie ihr Baby mit der Flasche gefüttert hatte; ihre Tochter hatte dabei zugeschaut und dann gefragt, ob sie helfen könne. Frau G. antwortete mit "ja" und gab ihr das Baby und die Flasche. Nachdem sie sich einen Moment abgewendet hatte, drehte sie sich um und sah, daß das Baby ein wenig in Schwierigkeiten war, weil die 5jährige Amme die Flasche zu tief in den Mund des Babys gedrückt hatte. Frau G. fuhr fort und erklärte, warum sie diese Anekdote eingebracht hatte – anfangs war sie nahe daran gewesen, mit einem panischen Schrei zu reagieren, aber sie konnte sich unter Kontrolle bringen und ganz einfach der Tochter helfen, die Flasche in eine geeignetere Position zu bringen. Während sie sprach, sonnte ich mich ein wenig in ihrem Stolz über die bewältigte Panikneigung und in der darin enthaltenen Wertschätzung meiner Person als Vater-Analytiker, der ihr geholfen hatte, das zu schaffen. Unwillkürlich, ohne einen bewußten Gedanken, bemerkte ich, daß ich meinen Mund öffnete und einen Sauger spürte, der zu weit hineingestoßen worden war, so daß man ihn weder herausstoßen noch daran saugen konnte. Ich wiederholte ihr diesen Aspekt ihrer Beschreibung, bevor ich sie fragte, was sie von meiner Vermutung hielt, daß ihr sog. Gähnsyndrom ein somatisches Gedächtnis von einem zu weit in ihren Mund gestoßenen Sauger sei. Bevor ich noch die Frage in Worte fassen konnte, reproduzierte sie das Symptom zum ersten Mal seit etlichen Jahren.

Die Konstruktion, die wir vornahmen, stützte sich auf eine Menge Informationen über die Frühzeit ihres Lebens. Als Frühgeburt hatte sie 2 Monate in einem Brutkasten verbracht, bevor sie nach Hause kam. Diese Kluft erschwerte offenbar die Bindung zwischen Mutter und Säugling, die durch die allgemeine Ängstlichkeit der Mutter und deren starke Beschäftigung mit der körperlichen Krankheit ihrer eigenen Mutter weiter beeinträchtigt wurde. Wir nahmen an, daß ihre Mutter, abgelenkt von dieser Sorge, manchmal der älteren Schwester von Frau G. die Versorgung teilweise überlassen hatte. Welche Schwierigkeiten auch immer entstanden sein mögen, besonders "mechanische" im Zusammenhang mit einem zu weit vorgeschobenen Sauger, sie könnten durch die erhöhte Mundempfindlichkeit des frühgeborenen Kindes in Verbindung mit einer Schwäche beim Wegstoßen der Flasche verschlimmert worden sein. Für mich war es besonders faszinierend, daß Traummaterial, das offenbar in Verbindung zu diesem Erlebnis stand, *nach* der analytischen Arbeit auftauchte. Die Arbeit an diesem Material brachte assoziative Verbindungen zu Konflikten mit Übergriffen ans Licht. Die Träume vor dieser Konstruktion zeigten – so weit ich entdecken konnte – auch im Rückblick nicht, daß das körperlich Registrierte symbolisch repräsentiert worden war.

Diskussion

Beispiele für diese Art von physischen oder körperlichen Residuen früher Erfahrungen sind Bestandteil der psychoanalytischen Fabelwelt. Keiser (1977) beschreibt eine seltsame Erscheinung bei einer Analysandin: sie hielt ihre Hände auf besonders starre Weise. Keiser schloß daraus, daß der Patientin im Säuglingsalter die Hände gefesselt worden waren. Die Patientin konnte sich an dieses Ereignis nicht erinnern, konnte es aber durch direkte Befragung bestätigen. Dieses Wissen spielte eine nützliche Rolle in der Analyse.

Ich vermute, daß die Erlebnisse von Frau G. und von Keisers Patientin nur im perzeptuell-affektiven Handlungsmodus enkodiert und später nicht zu symbolischen Repräsentanzen rekodiert wurden. Sie können also nur analytisch erfaßt werden, wenn sich der Analytiker (so weit wie möglich) empathisch auf die Art einläßt, in der Körperzustände, Handlungen und Affekte vom Säugling erlebt werden. Durch schlußfolgerndes Denken, das vom Wissen über die Säuglingsforschung geleitet wird, kann der Analytiker dann eine für beide Seiten überzeugende Deutung formulieren. Gut dokumentierte Beispiele dieser Art sind zwar selten, aber sie stellen die Frage nach dem Überdauern von Gedächtnis aus dem präsymbolischen Stadium, da offenbar Reaktionen aus dieser Zeit pathologische Folgen haben können. Engel (1979) berichtet z. B. von seiner Nachuntersuchung über Monica, die mit Ösophagusatresie geboren worden war, sich aber sehr schön von den Folgen des Deprivationszustandes erholte, in dem die Mundfütterung und alle damit zusammenhängenden Beziehungen gefehlt hatten. Monica schaffte es, zu heiraten und ihre Schwangerschaft gut zu gestalten. Zur Überraschung der Forscher gab sie allerdings ihrem Baby genauso verkrampft und distanziert die Brust, wie sie während der Bauchöffnung gefüttert worden war. Ich habe über einen anderen Fall berichtet, wo eine sonst warme und fürsorgliche Mutter ihre Babys unwillkürlich mit ausgestreckten Armen fütterte – sie übernahm eine seltsame Praktik ihrer Mutter (Lichtenberg 1982 c). Eines ihrer Kinder hatte eine kurze psychotische Episode; das andere wurde eine deutlich schizoide Persönlichkeit mit Schwierigkeiten beim Aufnehmen von Blickkontakt.

Die Säuglingsforscher haben eine Reihe von Verhaltensweisen erfaßt, die man sinnvollerweise als Residuen der frühen normalen und abnormalen Interaktion zwischen Säugling und Bezugsperson in Betracht ziehen sollte – z. B. Blickkontakt als Zeichen der Zuwendung und Blickvermeidung als aversive Reaktion. Auch wurden die Beziehungen zwischen physiognomischem Ausdruck und Affekt gründlich untersucht. Diese Beobachtungen werfen Fragen nach dem Wesen der Mutter-Kind-Empathie auf, und auch danach, wie gestörte Affektzustände – Depression, Haß etc. – übernommen werden.[4] Wenn Vorgänge, bei denen Affekte als physiognomisches "Verhalten" ausgetauscht werden, das frühe Erleben – sagen wir einmal, im 1. Lebensjahr – stark prägen, dann kann es nötig sein, bestimmte Aspekte unserer analytischen Technik zu hinterfragen. Ich habe bereits Gedo (1979) erwähnt, der von der Möglichkeit sprach, daß frühe Erlebnisreste "jenseits der Deutung" auf der alleinigen Grundlage von verbaler Assoziation existieren. Allgemein gefragt: Zwingen wir Analysanden zur Kommunikation auf der Ebene sprachlicher, symbolischer Repräsentanzen? Überhöhen wir so die Ebene der Kommunikation? Wenn das so ist, verstümmelt das dann die Mitteilungen, die uns einige Patienten über ihre früheren Erfahrungen machen könnten und müßten? Äußern sich diese frühen Erfahrungen in andersartigen Verhaltensweisen, außerhalb und sogar innerhalb des Sprechzimmers? Bringt es Vor- oder Nachteile für den Analytiker, das Gesicht des Patienten im Auge zu behalten (s. Jacobs 1973)?

---

[4] Dowling (1982) vermutet, daß einzelne traumatische Erlebnisse die entstehende Fähigkeit zu symbolischer Repräsentation tendenziell überwältigen und das Kind in einen affektiven und handlungsbezogenen Modus zwingen. In dieser Hinsicht ist es interessant, was McLaughlin (1982) über die symbolprozeßhafte Rekodierung perzeptuell-affektiver Erfahrungen berichtet, welche die Form von Isakower-Phänomenen angenommen hatten. Er beschreibt 3 Analysanden, die über Jahre hinweg beim Einschlafen lebhaft das Gefühl hatten, daß sich eine formlose Masse zusammenballen und auf rhythmische, einhüllende Weise auf sie zu bewegen würde. Bei zwei der Patienten ging das mit ängstlichen und verzweifelten Affekten einher; beim dritten bestand der Affekt in einer leisen Vorahnung von Lust. Alle empfanden ihren Mund als voll und hatten das Gefühl, es sei schwer zu atmen. "Alle hatten sehr konfliktreiche und anfangs wohlverborgene Beziehungen zu ihrer Mutter, mit schweren Prozeß- und Schocktraumen, z. B. durch Krankheit oder Tod der Mutter in den ersten 2 Lebensjahren. In allen 3 Fällen ließ die Lebendigkeit der Isakower-Erfahrungen allmählich nach, als die analytische Arbeit an der Mutterübertragung mit der Zeit Erfolg zeigte" (S. 233). Verblüffend finde ich, daß mit dem Nachlassen der perzeptuell-affektiven Erfahrung selbst entsprechende Bilderwelten in Träumen und Phantasien auftauchten, wo sie einem assoziativen symbolischen Prozeß eher zugänglich waren.

Fall 3

Herr N., ein Patient den ich an anderer Stelle ausführlich beschrieben habe (Lichtenberg 1983), war in der Lage, ein starkes Arbeitsbündnis einzugehen. Trotz erheblichen Übertragungswiderstands gegen das Annehmen von Deutungen beteiligte er sich am Prozeß des Durcharbeitens. Der Aspekt seiner Analyse, den ich hier ins Auge fassen will, betrifft seine Beschränkung beim Gebrauch von Analogien und Metaphern. Lange Zeit hielt ich das für ein Zeichen seines zwanghaften "Stils" und nahm an, daß es, dynamisch gesehen als eine Art Charakterwiderstand gegen primärprozeßhaftes Material diente. Also erwartete ich, daß Herrn N.s zwanghaftes Kleben am sekundärprozeßhaften Denken nachlassen würde, wenn er weniger ängstlich und introspektionsfähiger geworden wäre, und daß er dann besser mit Metaphern und Analogien zurechtkommen würde. Im Verlauf der Analyse revidierte ich allerdings diese Einschätzung. In dem Maße, in dem Herr N. weniger ängstlich wurde, wurde er tatsächlich beim Berichten von Träumen und, was wichtiger war, von spontanen Phantasien freier – was auf eine Lockerung gegenüber primärprozeßhaftem Denken hindeutete. Aber diese Lockerung geschah, ohne daß sich an seiner Unfähigkeit, das Material dieser Träume durch den aktiven Gebrauch von Analogien und Metaphern zu verarbeiten, irgendetwas veränderte. Wenn ich andererseits aktiv mit ihm arbeitete und dabei Analogien in Verbindung mit genaueren Erklärungen verwendete, zog er willig und aufnahmebereit aus der Information Nutzen. Das verstand ich als Hinweis darauf, daß sein eigenes Scheitern bei der Verwendung von Analogien und Metaphern kein Pseudodefizit im Dienst des Widerstands war. Darüber hinaus brachte er selbst Beispiele aus Gesprächen mit anderen Leuten und konnte darin sein Defizit erkennen. Wir lernten ähnliche Beispiele in der Analyse kennen, wo er schmerzliche Gefühle der Verwirrung und der Erniedrigung erlebte, wenn er eine Andeutung, die ich auf der Grundlage eines metaphorischen Brückenschlags gemacht hatte, nicht "kapierte".

Rückblickend konnte ich erkennen, daß sein Gespür für seine Behinderung einen Teil seines Zögerns gegenüber der "analytischen" (symbolischen) Arbeit an Übertragungsmaterial ausgemacht hatte – dieses Problem hatte eine rätselhafte Mauer vor dem Vorankommen errichtet. Seine Frustration konnte ich im Rückblick als einen der Hintergründe seiner zahlreichen an mich gerichteten Hilfeappelle verstehen – er wollte mich als empathische Bezugsperson, die seine kognitive Grenze und deren nachteilige Wirkung auf sein Selbstvertrauen erkennen sollte. Er wollte, daß ich ihm zu Hilfe käme, um seine Schwierigkeiten zu überbrücken – um seinen Geist zu "entkrampfen" –, und wollte nicht, daß ich ihm analytische Fragen stellte. Die üblichen Fragen, die ihm zur Bildung von assoziativen Verbindungen verhelfen sollten, lieferten ihn Gefühlen des Ungenügens aus, ohne daß sie ihm halfen, die Quelle des Problems zu erkennen. Nachdem seine Behinderung beim Aufnehmen und Verarbeiten von Analogien und Metaphern begriffen war, wurden seine Versuche zur symbolischen Assoziation wagemutiger.

Diskussion

Herrn N.s Behinderung beim Gebrauch von Analogien und Metaphern ist ein spezifisches, wenn auch recht harmloses Beispiel für eine Reihe von kognitiven Defiziten, die weite Bereiche von Lernschwierigkeiten umfassen (z. B. Dyslexie). Ein weiteres Beispiel aus meiner laufenden Praxis ist ein berufstätiger Mann mit einem sehr hohen IQ, der Unmengen von Fakten im Gedächtnis anhäufen kann, der aber beträchtliche Schwierigkeiten hat, hierarchische Anordnungen zu erfassen. Seine akademische Karriere wirkte aus unerklärlichen Gründen wechselhaft, da weder er noch seine Lehrer das Ungleichgewicht seiner Fähigkeiten erkannten. Seine Fähigkeiten als Faktenspeicher ließen ihn in einigen Kursen zum Star werden, sein Defizit beim hierarchischen Strukturieren führte jedoch dazu, daß er in anderen Kursen beinahe durchfiel. Der ganze Bereich kognitiver Verarbeitungsstörungen wird in pädagogischen Kreisen und im Bereich der Kinderpsychiatrie zunehmend berücksichtigt (Weil 1977). Die Zahl der Personen mit solchen Schwierigkeiten ist nicht unerheblich (die Statistiken bewegen sich im Bereich zwischen 2 und 10 % [A. Lichtenberg 1981]). Daher ist die Wahrscheinlichkeit groß, daß ein Analytiker auf eine gewisse Zahl von Analysanden mit solchen Schwierigkeiten trifft. Das zu erkennen, wird oft zum Problem, weil die Lernschwierigkeit mit intrapsychischen und interpersonalen Problemen zu interagieren pflegt, die dann das primäre Defizit überdecken.

Da Dyslexie, Dysgraphie, Dyskalkulie sowie Behinderungen bei der Bildung von Abfolgen, hierarchischen Anordnungen und bei der Handhabung von Symbolen Störungen der Verarbeitung symbolischer Organisationsmodi sind, könnte man argumentieren, daß sie fehl am Platze sind, wenn es darum geht, die Relevanz der Säuglingsforschung für die analytische Situation nachzuweisen. Solche Befunde, wie die über die Mängel beim Gebrauch von Metaphern, die der Zeit nach den ersten 2 Lebensjahren entspringen, belegen die Notwendigkeit, die neurophysiologische Funktionsebene stärker zu berücksichtigen. Die Säuglingsforschung hat normale Entwicklungsverläufe durchleuchtet, die von dieser "Substratebene" der perzeptuell-affektiven Handlungsweisen und auch der symbolisch organisierten Reaktionen bestimmt sind. Die Verbindung zwischen Funktionsmodi des Neugeborenen – z. B. werden Sehen und Hören und dies beides mit dem Greifen verknüpft – lenkt die Aufmerksamkeit des Analytikers auf die

Mittel, mit denen sich fundamentale auftauchende Aktivitäten, die durch neurophysiologische Reifung bestimmt sind, mit Entwicklungen in den zwischenmenschlichen Beziehungen verschränken. Jede solche Entwicklung erweitert die Flexibilität der Funktionen und hebt das Regulierungsniveau. Das Scheitern einer solchen Entwicklung schafft ein Potential für Störungen im Bereich zwischenmenschlicher Bezogenheit und der Selbstregulierung. Diese Störungen können in der Analyse in Form von organisierten Konflikten oder als perzeptuell-kognitive Defizite auftauchen. Wenn man sie erkennt, sind analytisches Verstehen *und* heilende Interventionen gefragt.[5]

Anwendungen auf die psychoanalytische Situation

Ich sage voraus, daß das neue Wissen aus der Säuglingsforschung eine tiefgreifende, aber vielschichtige Wirkung auf die psychoanalytische Praxis ausüben wird. Das auffälligste Merkmal der entsprechenden Ergebnisse liegt in der Umkehrung des Vorgehens; der Schwerpunkt liegt auf der normalen Entwicklung. Am Anfang steht die Frage: Wie wird die erstaunlich komplexe Organisationsstufe des Neugeborenen, das innerhalb einer interaktionalen Matrix mit einer Bezugsperson operiert, so transformiert, daß die Organisationsstufen späterer Stadien entstehen? Ein solcher Ansatz geht nicht von den Neurosen oder Psychosen aus rückwärts, um "normale" frühe Stadien aus den Verzerrungen bei diesen Störungen zu erschließen. Die zeitgenössische Säuglingsforschung ist nicht auf eine "dämonische" Bilderwelt der frühen Kindheit aus. Sie nimmt vielmehr Abstand von der Beschäftigung mit psychischer Bewußtheit, mit Phantasien und mit dem Unbewußten, d. h. sie wendet sich von den Schwierigkeiten des konflikthaften Erlebens ab (Sander [1980 a] bezeichnet das als die unvermeidlichen Polaritäten). Bei vielen dieser Punkte wird und sollte die Psychoanalyse ihre Standpunkte nicht aufgeben. Wenn man aber einsieht, daß die Kleinkindforschung zu einer nützlichen neuen Vorstellung von der normalen infantilen Organisation führt und daß sie eine nützliche neue Vorstellung von Problembereichen ermöglicht, wie ich sie in meinen klinischen Vignetten beschrieben habe, dann wird die Analyse davon profitieren, ohne irgendetwas von ihrer Fähigkeit einzubüßen, die Tiefen des Unbewußten zu durchdringen.

Wie können wir das, was man über die frühe Kindheit weiß, auf die psychoanalytische Situation anwenden? Stone (1961) hat den Rahmen beschrieben, in dem die Analyse zustandekommen kann, und auch die formalen Operationen benannt, die ihre Hauptaufgabe sind. Der Rahmen ist

---

[5] Glauber (1982) macht eine ähnliche Bemerkung in bezug auf das Stottern: "Die klassische psychoanalytische Technik kann bei der Auflösung der neurotischen Elemente erfolgreich sein. Zur erfolgreichen Behandlung der primären Fixierung sind nacherziehende Methoden erforderlich" (S. 168).

die Beziehung zwischen dem zuverlässigen, wohlgesonnenen, erwachsenen Arzt und dem reifen, verantwortungsbewußten Patienten. Die Beziehung zwischen der Mutter, die befriedigt und trennt, und dem Säugling, der mit der Intimitätsdeprivation fertig werden muß, klingt hier an. Die formalen Operationen sind die Deutungen, die in diesem Kontext zustandekommen. Stone verweist auf die Kontroverse über die Manipulation des Rahmens, auf einen Streit, der bis zum heutigen Tag fortbesteht. Ist das Medium die Message? Ist die psychoanalytische Situation – die ärztliche Sorge und Fürsorge, die empathische Athmosphäre – ist das selbst der Heilfaktor? Natürlich meinen einige Analytiker, daß ein Fokus auf frühen Entwicklungsdefiziten – seien sie nun regulatorisch, beziehungsbedingt oder kognitiv – eine Heilung durch Ersetzung, durch eine zweite Version der Kindererziehung impliziert. In Wirklichkeit ist das, ausgehend von den Transformationen zwischen Säuglings- und Erwachsenenalter, sowohl unmöglich als auch unnötig. Es ist unmöglich, weil die Erlebniswelt des Kleinkinds im 1. Lebensjahr so anders ist – und unnötig, weil ein Erwachsener die symbolische Repräsentation erworben hat und sie mit Hilfe der üblichen Methode der verbalen Deutung als Lösungsmodus für seine Probleme anwenden kann.

Die Frage, die bleibt, lautet dann: Deutung von was? Ich würde das so beantworten: Deutung von allem, was den Mitteilungen der Analysanden zufolge innerhalb der psychoanalytischen Situation Reaktionen und Erschütterungen ausgelöst hat. Der Analysand kann auf den Analytiker als abgegrenzte, getrennte Person reagieren; er kann ihm gegenüber einen sexuellen Wunsch, einen Wunsch nach Linderung von Einsamkeit oder einen Wunsch nach Bestätigung seiner Überlegenheit verspüren. Oder der Analysand kann auf die analytische Situation reagieren, die er in irgendeiner Weise als hilfreich empfindet. Mit anderen Worten, das Medium ist nicht die Message. Das Medium ist eine Person (der Analytiker) und ein Milieu (die analytische Situation). Beides dient als wunderbar vieldeutiger Stimulus, der einzelne Begierden und regulatorische Bedürfnisse aus Vergangenheit und Gegenwart anklingen läßt. Die Message ist das Mitteilen von Deutungen an den Analysanden. Diese fördern das introspektive Verständnis für die Bedeutung dessen, was er mitgeteilt hat.

Vordergrund- und Hintergrundkommunikation

Ich habe behauptet, daß Analytiker ihre Konstruktionen bilden, indem sie ihre Wahrnehmung hin- und hergleiten lassen zwischen dem, was Analysanden meiner Terminologie zufolge im "Vordergrund" und im "Hintergrund" erleben. Der unmittelbare Kontext und die Bedeutung der Assoziationen, die der Patient damit verbindet, stehen im Vordergrund. Hier kann der Analytiker Empfänger wohlorganisierter Wünsche sein, und er kann benötigt werden, um eine außer Kraft gesetzte, nicht verfügbare oder unterentwickelte Funktion zu erfüllen. Im Hintergrund gibt es ein umfassendes Empfinden für die Aufnahmebereitschaft, von welcher der Analysand vermutet, daß sie ihm der Analytiker als Übertragungsfigur oder als Milieu entgegenbringt. In jedem gegebenen Augenblick können Patienten bewußt oder gar vorbewußt die psychische Realität erkennen, die ihre Wahrnehmung vom Hintergrund einfärbt, oder auch nicht. Es kann z. B. bei einem Patienten so weit gekommen sein, daß er habituell das Gefühl hat, daß seine Männlichkeit oder seine Kompetenz in Frage gestellt werden; folglich ist ihm möglicherweise nicht bewußt, daß er sein Leben und sogar seine Analyse so lebt, als ob er sich in einem ständigen Belagerungszustand befände. Im großen und ganzen kreisen die Übertragungen, welche die Hintergrundkommunikation der Analyse prägen, tendenziell um das übergreifende Empfinden für die "unterstützenden Systeme", die mehr oder weniger erfolgreich Selbstkohäsion und Urvertrauen, Optimismus und die Fähigkeit zur Freude ausgeformt haben. Der Fokus des Analytikers beim Zuhören und seine Orientierung beim Deuten müssen beide zwischen Vorder- und Hintergrund hin- und herpendeln, um nach und nach dem Analysanden dazu zu verhelfen, sein Bewußtsein für beides zu erweitern. Dabei sollte man den Erfolg und das Scheitern gegenwärtiger und früherer "unterstützender Systeme" so systematisch wie möglich untersuchen.

Wenn man die psychoanalytische Situation nach Maßgabe der Mitteilungen des Patienten als Reaktion auf Vordergrund- und Hintergrundstimuli auffaßt, dann ist damit eine wichtige Analogie zum Erleben des Säuglings gegeben. Sander (1980 b) hat einmal folgendes gesagt: "Wir gehen traditionellerweise von einem linearen Ursache-Wirkungs-Modell aus – eine Sache führt zu einer anderen. ... Wir müssen das ... durch ein Modell ersetzen, in dem es Vordergrund und Hintergrund geben kann" (S. 195). Vordergrundereignisse, wie das Aufnehmen von Blickkontakt im Säuglingsalter und das Hervorbringen von Assoziationen in der Analyse, erhalten ihre Bedeutung innerhalb eines Rahmens im Hintergrund, also durch gemeinsam organisierte Erwartungen; diese Organisation hat sich aus den regulierenden Anstrengungen zwischen Mutter und Kind und aus den Arbeitszusammenhängen der Psychoanalyse heraus aufgebaut. Für die frühe Kindheit und die psychoanalytische Situation sollte man sich Vordergrund und Hintergrund eher als erlebte, weniger als konkrete Entitäten vorstellen. Diese beiden Aspekte der psychischen Realität entwickeln sich, weil ein Wesen, das die Stufe der symbolischen Repräsentation erreicht hat, in seinem Selbst- und Fremderleben zwischen einer Neigung zum Generalisieren und einer Neigung zum Spezifizieren (Lichtenberg 1979) schwankt. Die Neigung zum Generalisieren baut den Hintergrund auf. Die Neigung zum Spezifizieren führt zu einem Fokus im Vordergrund. Die Neigung, zwischen beidem hin-

und herzuschalten, bildet die wahrnehmungs- und vorstellungsbezogene Wurzel für die assoziativen Reihungen in der Analyse.

Eine Einschränkung scheint hier angebracht. Ebenso wie die Redundanzen zwischen Mutter und Baby die Hintergrundmuster der frühen Kindheit formen, bauen Wiederholungen im Austausch zwischen Analytiker und Analysand Erwartungen auf. Aber die Reaktion auf diesen Effekt ist jeweils unterschiedlich. In der frühen Kindheit verändert die Mutter ihre Muster, um das Wachstum in Gang zu bringen; sie lockert einige Kontrollen und Regeln, um größere Unabhängigkeit zu fördern. Im Gegensatz dazu legt es der Analytiker nicht darauf an, die Grundmuster des analytischen Austausches zu verändern, um Fortschritte zu erzielen. Der Analytiker versucht vielmehr, die Auswirkungen der Wiederholungen und Erwartungen zu untersuchen, um ihre Bedeutung zu erfassen.

Der Stellenwert der Empathie

An dieser Stelle möchte ich einige Anmerkungen zur Empathie machen. Wenn das Medium nicht die Message ist, wie steht es dann um die Empathie? Wenn generalisierte Empathiefehler bei der Kinderversorgung zu einer Störung der beiderseitigen Erwartungen geführt haben, was einen Hintergrund des Mißtrauens entstehen ließ, oder wenn ganz bestimmte Empathiefehler zu traumatischen Überlastungen geführt haben, in deren Umkreis sich pathologische Phantasiesysteme gebildet haben, was wiederum affektiv-kognitive Störungen im Vordergrund enstehen ließ, ist dann Empathie das Mittel zur Schadensbehebung?

Ich glaube, daß Empathie ein Hilfsmittel für das Mittel zur Schadensbehebung ist. Zunächst einmal ist eine allgemein empathische Athmosphäre Bestandteil des "ärztlichen" und warmen Engagements des Analytikers; sie ist also, wie Stone (1961) aufzeigt, das Mittel zur Herstellung der psychoanalytischen Situation. In einem technischen Sinne aber ist Empathie ein besonderer analytischer Zuhör- (Schwaber 1981) und Wahrnehmungsmodus (Lichtenberg 1981 a). Sie ist ein Hilfsittel, mit dem sich das lebendige affektive und kognitive Gespür für den inneren Zustand des Analysanden erfassen und begreifen läßt. In der Analyse ist der empathische Wahrnehmungsmodus eine Form der Einstimmung, die größtenteils darin besteht, daß der Analytiker auf symbolischem Repräsentationsniveau Information erfaßt, die der Analysand ebenfalls in symbolisch repräsentierter Form mitgeteilt hat.

Also ist die empathische Abstimmung, wie sie im 1. Lebensjahr zwischen Säugling und Mutter vorkommt, nicht der übliche kommunikative Austauschmodus der Analyse. Sie mag tatsächlich vorkommen, und viele Analytiker, darunter Freud, haben der unbewußten Kommunikation große

Bedeutung beigemessen – sie drangen damit zum Kern des Unbekannten vor (Major u. Miller 1981). Wie in meiner 2. Vignette dargestellt, kann der Analytiker seine körperlichen Reaktionen benutzen, um bei unbewußten Kommunikationen des Patienten mitzuschwingen, und das mag "etwas damit zu tun haben, daß der Körper zwischen Mutter und Kind als wichtigster Übermittler von Affekten benutzt wird" (Jacobs 1973, S. 87). Dennoch beruht bei normaler Durchführung der Analyse der empathische Zuhörmodus meist auf der Wahrnehmung der symbolischen Kommunikationsebene, und wenn er von der Körperebene abgeleitet ist, wird er dann symbolisch erfaßt. Also sollte der Analytiker alle Verständnisversuche auf symbolischer Ebene ausgeschöpft haben, bevor er zu dem Schluß kommt, daß Residuen aus der Zeit vor deren Bildung ohne entsprechende Kodierung geblieben sind. Ich vermute – und bin bereit, mich vom Gegenteil überzeugen zu lassen –, daß wir, mit Ausnahme weniger Beispiele körperlichen Zuhörens, das, was wir außerhalb des symbolisch repräsentierten empathischen Hörmodus wahrnehmen, durch Ausschließung, Ableitung und plötzliches intuitives Schlußfolgern erfassen – vor dem Hintergrund beträchtlicher empathischer Abstimmung.

Die Besonderheit, die ich der analytischen Empathie zuschreibe, beeinträchtigt die Analogie zum Austausch zwischen Mutter und Säugling nicht. Stern (1982) beschreibt Momente empathischer Vereinigung, die "ein *Sprungbrett* zu bilden scheinen, von dem aus Mutter und Baby ihr interaktives Repertoire erweitern können".[6] Wenn ich eine Abfolge zunehmend tiefergehender Deutungen formuliere, finde ich es hilfreich, mit Deutungen zu beginnen, die folgendem Schema entsprechen: "Also ist es vielleicht das, was sie sagen oder fühlen oder denken...?" Wenn also der Analytiker durch empathische Wahrnehmung in der Lage ist, das, was er von der unmittelbaren Innenwelt [state of mind] des Patienten versteht, in Worte zu fassen, dann kann er eine erste Brückendeutung anbieten. Das gibt ihm die Möglichkeit zu versichern, daß ein Zustand emotionsgeladener verständnisvoller Teilhabe besteht. Diese Eingangsdeutung kann sich auf den offenen oder etwas versteckten Versuch des Analysanden beziehen, etwas direkt anzusprechen, oder auf eine Widerstandssituation und das Motiv dafür. Besonders bei Patienten, die an einer durchgehenden, oft automatischen Überzeugung festhalten, daß ihre Mitteilungsversuche mit Enttäuschung aufgenommen werden, kann eine solche Bestätigung des Erfolgs der Kommunikation einem chronischen Widerstand gegenüber dem Besprechen von heiklerem Material vorbeugen. Zusätzlich bekommt der Patient so eine Gelegenheit, für einen Moment an einer "Beobachtungsplattform" teilzuhaben und sich die Daten anzuschauen, die der empathischen Wahrnehmung des Analytikers und der Introspektion des Analysanden zur Verfügung stehen. Diese Beobachtungsplattform für Analytiker und Anaysand

[6] Das Zitat entstammt einem Vortrag. Wohl daher fehlt die Seitenangabe (Anm. d. Übers.).

unterscheidet sich in einer Hinsicht von Sterns Sprungbrett für Mutter und Säugling. Stern spricht von Vereinigung [communion] (Abstimmung der Affektzustände) im Gegensatz zu Kommunikation (Austausch von Information in der Absicht, die Handlungen oder Überzeugungen des anderen zu verändern). Das, was ich anspreche, ist gelingende Nähe (oder ein momentanes Empfinden von Vereinigung), die sich aus erfolgreicher Kommunikation ergibt.

Die Mutter-Kind-Interaktion als Metapher

Aus dem, was ich bislang gesagt habe, sollte es klar geworden sein, daß der hauptsächliche Nutzen, den ich in einem neuen Verständnis für die Mutter-Kind-Interaktion sehe, nicht darin besteht, daß der Analytiker gutes Bemuttern imitiert. Wertvoll sind vielmehr die Metaphern zur begrifflichen Erfassung des analytischen Austausches, welche dieses neue Verständnis mit sich bringt.[7] Metaphern beitragen – das klingt vielleicht nach einem geringen Nutzen, solange wir uns nicht ins Gedächtnis rufen, welche erklärende Hebelwirkung Freud durch Metaphern erzielte, die er der Physik und der Archäologie entliehen hatte. Zusätzlich zu den Aspekten der Vordergrund- und Hintergrundkommunikation und der Empathie, die ich weiter oben erwähnt habe, ist der Begriff der Regulierung eine wichtige Vorstellung, die ich der Säuglingsforschung entliehen habe. Eine Anwendung dieser Vorstellung ist in Sterns (1982) Bemerkungen über die positiven regulierenden Auswirkungen enthalten, die es hat, wenn die Mutter im Dialog mit dem Säugling steht und sich dabei vorstellt, vermutet oder wünscht, wie er sein wird und soll. Die Anwendung liegt vor allem in seiner erfindungsreichen Analogie zur Ausrichtung des Analytikers auf den potentiellen Seinszustand des Analysanden (diesen Punkt arbeitete Friedman [1982] heraus).

Das, was die Mutter zu regulieren versucht, indem sie die Hinweise des Kindes verarbeitet, sind die vielen Ambitendenzen im Verhalten des sich entwickelnden Säuglings. Die Stärke dieser Ambitendenzen und der Erfolg oder das Scheitern der Mutter bei deren Regulierung tragen zum Erfolg oder zum Scheitern der Selbstregulierung des Kindes bei. Wenn die Ergeb-

[7] Es ist wichtig festzuhalten, daß das Ziel des Analytikers nicht elterliche Fürsorge ist. Der Analytiker versucht die bewußten und unbewußten Wünsche, welche die gegenwärtigen Erfahrungen des Analysanden beeinflussen, und deren Vorgänger zu verstehen, so wie sie in der Übertragung auftauchen. Also wird der Analytiker weder versuchen, das zu tun, was die Mutter tat, noch wird er versuchen, wettzumachen, was sie versäumt hat. Auch wenn viele Aktivitäten des Analytikers - Zuverlässigkeit, ärztliche Besorgnis, Takt und Aufmerksamkeit - sich mit guter Erziehung decken, wird der Analytiker seine Anstrengungen im wesentlichen nur darauf ausrichten, Erfahrungen der Vergangenheit und Gegenwart in ihrer einzigartigen Bedeutung für den Patienten begreiflich zu machen.

nisse dieser interaktiven und selbstregulierenden Anstrengungen symbolisch repräsentiert werden, können sie die Form normaler oder pathologischer Konflikte annehmen – das ist ein Bereich, den die psychoanalytische Theorie ans Licht gebracht hat. Es gibt also komplexe Beziehungen zwischen Regulierungsbemühungen und intrapsychischen Konflikten. Eine Untersuchung dieser komplexen Beziehungen könnte das Verständnis der Analytiker für ihre Patienten bereichern. Und sie kann helfen, die vielen regulatorischen Vorstellungen zum Vorschein zu bringen, die m. E. in der herkömmlichen analytischen Theorie implizit enthalten sind. Die Untersuchung der Beziehung zwischen Regulierung und Konflikt könnte auch helfen, den Streit um die wertvollen Beiträge der Selbstpsychologie beizulegen, in denen Vorstellungen über die Regulierung des Zustands des Selbst ohne eine angemessene Erklärung für die intrapsychischen Konflikte vorgebracht werden, die unweigerlich mit Regulierungsstörungen einhergehen.

Zur Rekapitulation: Stone (1961) schreibt der frühkindlichen Entwicklung eine große Bedeutung für die psychoanalytische Situation zu. Er fragt sich: Welches Erbe aus kritischen frühen Entwicklungsperioden bildet den Unterbau der Übertragungen? Die Säuglingsforschung gibt eine Antwort auf Stones Frage, indem sie das Wesen der Mutter-Kind-Interaktion und die Muster von Bindung und Ablösung genauer bestimmt, die deren dynamische Kraft ausmachen. Aber die Säuglingsforschung wirft neue Fragen auf. Indem sie betont, daß die Erlebnisorganisation vor dem 18. Lebensmonat eine andere ist, weist die Säuglingsforschung darauf hin, daß es schwierig ist, die Relevanz ihrer Ergebnisse für die klinische analytische Arbeit zu bestimmen. Die analytische Therapie baut auf Daten auf, die durch symbolische Repräsentation verarbeitet worden sind. Wenn ein präsymbolischer Organisationsmodus – also das, was ich den Modus der perzeptuellen, affektiven und handlungsbezogenen Reaktionen genannt habe – bei einigen klinischen Leiden fortbesteht, dann läßt sich ein Verständnis für die Beobachtungen aus dieser frühen Zeit unmittelbar anwenden. Indem ich Fälle dargestellt habe, die dazu anregen, diese Möglichkeit klinisch zu untersuchen, habe ich versucht, die Art und Weise zu erweitern, in der wir aus Stones Schlußfolgerungen Gewinn ziehen können.

Stone zog auch zwischen der Intimitätsdeprivation in der analytischen Beziehung – als deren Grundlage sah er die frühe Kindheit an – und dem Inhalt der Deutungsbemühungen implizit eine Grenze. Ich habe zu veranschaulichen versucht, daß neue Forschungsergebnisse diese Position in Frage stellen. Sie führen zu Fragen nach den Schemata, die den Deutungen zugrundeliegen, und nach den Erlebnismodi, welche die Interaktionen zwischen Analytiker und Analysand prägen.

Man könnte argumentieren, daß der Ertrag für die klinische Arbeit – die einzelnen Fälle, die ich angeführt habe, die Kritik an Deutungsprogrammen, der Gewinn aus Analogien und Metaphern – begrenzt ist. Ich fände es ratsam, dabei zu bedenken, wie relativ kurz die Zeit ist, die wir Kliniker gehabt haben, um diese Daten und Ergebnisse zu verarbeiten. Ich habe nicht das Gefühl, daß wir bereits in der Lage sind, das gesamte Potential abzuschätzen, das die zeitgenössische und zukünftige Säuglingsforschung der Psychoanalyse bietet.

13. Eine erlebnisnahe Auffassung von der Heilwirkung der Psychoanalyse

Ich habe vor, das Thema der Heilwirkung auf traditionelle Weise abzuhandeln – d. h. ich will dieses enorm komplexe Thema analysieren (zergliedern) und dann aus den Teilen eine Synthese aufbauen. Mein Grundgedanke dabei ist, daß eine erlebnisnahe Perspektive von unschätzbarer Bedeutung ist, wenn es darum geht, die Psychoanalyse zu begreifen. Gemäß dieser Perspektive entspringt der Erfolg in einer Analyse aus dem ganzheitlichen Erleben zweier Menschen, das sich aus den ineinandergreifenden, aber verschieden ausgerichteten Anstrengungen jedes einzelnen ergibt. Die eine Person, der Analytiker, versucht mit Körper und Geist sein Können, seine Einfühlung und Erfahrung so einzusetzen, daß er der anderen Person, dem Analysanden, dabei hilft, mit seinen Problemen zurechtzukommen. Der Analysand seinerseits versucht, mit Körper und Geist die introspektive Information beizutragen, die beide brauchen, um in ihren vereinten Bemühungen erfolgreich zu sein. Innerhalb des ganzheitlichen Erlebens geschehen viele Dinge – unbewußte Widerstände lassen sich verstehen, Übertragungen bilden sich, wandeln sich und lösen sich auf, scheinbares Verstehen wird zum Mißverstehen, scheinbar katastrophale Mißverständnisse liefern Schlüsselinformationen für späteres Verständnis usw. Wenn wir Technik lehren, können wir besonderes Gewicht darauf legen, wie man Widerstände, Übertragungen, Regulierungsdefizite, therapeutische Hindernisse u. ä. erkennt und analysiert. Wenn wir nicht jeden einzelnen dieser Bereiche verstehen, können wir das ganzheitliche Erleben nicht begreifen. Aber wenn wir eifrig versuchen, eine bestimmten Facette des Analysierens zu lehren, die wir für entscheidend halten, verlieren wir vielleicht manchmal das im Fluß befindliche Wesen des umfassenden Ganzen aus den Augen.

Man könnte argumentieren, daß ein erlebnisnaher Fokus nur eine Bescheibung dessen erlaubt, was in der Analyse vorgeht – daß er nicht zu einer kausalen Erklärung verhilft. So wie es formuliert ist, ist dieses Argument unangreifbar. Wenn ich beschreibe, was man für heilsam hielt und hält, dann verhilft das bestenfalls zu einer Klärung dessen, was die Heilung fördert. Man muß auf einen darunter liegenden und nicht erlebbaren Prozeß zurückgreifen, der parallel zur inhärenten Wachstumstendenz des Menschen besteht bzw. damit koexistiert, um Antworten zu finden, die über das Erleben hinausgehen. Wenn es gelingt, deskriptiv zu erfassen, was man in der Analyse als heilsam erlebt, dann schafft das ein Verständnis im Sinne von

Bedeutung: "Bedeutung kann man nur als dispositionierende Kraft, als Absicht oder als Verhalten erfassen, also als das, was sie zu einem gegebenen Zeitpunkt hervorruft" (Basch 1981, S. 166). Ich werde zu zeigen versuchen, daß sich letzten Endes die dispositionierende Kraft in der Analyse aus der einzigartigen Interaktion zwischen Analytiker und Analysand ergibt, an deren Schnittstelle es Belastungen gibt und deren Arbeitsgrundlage die gemeinsame Suche nach Einsicht mittels Empathie und Introspektion ist.

Verschiedene Vorstellungen von Heilung

Das, was man traditionellerweise für heilsam hielt, ergab sich aus den Antworten auf 3 Fragen: Wie arbeitet der menschliche Geist? Was muß geheilt werden bzw. was führt zur Pathologie? Und: Worin besteht der therapeutische Austausch? Wenn z. B. Körper und Geist als abgeschlossene Einheit aufgefaßt werden, dann kann da etwas hineingeraten oder sich innerhalb der Hülle zusammenbrauen, was dem normalen Funktionieren fremd ist (z. B. böse Geister oder schlechte Stimmungen). Eine Heilung ergibt sich dementsprechend, wenn der fremdartige destruktive Einfluß durch einen Exorzisten oder einen Doktor entfernt wird. Dessen Autorität und Macht sollte der Leidende so vollständig akzeptieren, daß die verhängten Rituale – ob Gebet, Abführmittel oder Aderlaß (mit oder ohne Trance) – die Bedingungen für das Erleben eines veränderten Zustands schaffen können.

Frühe Ansichten

Wenn wir diese Sichtweise auf die Psychoanalyse anwenden, treffen wir wieder auf ein Modell eines abgeschlossenen Geistes, mit den Abteilungen des Bewußten, des Vorbewußten und des Unbewußten. Der frühen Theorie zufolge finden sich im Unbewußten Erregungsspuren, die eingeklemmte Affekte aus früheren Traumen repräsentieren; der späteren Theorie entsprechend handelt es sich um nicht annehmbare Wünsche, die unvereinbar mit dem dominanten Großteil der Vorstellungen sind. Wenn eingeklemmte Affekte die Symptomursache sind, dann müssen sie und die entsprechenden Traumen wiedererlebt, unter dem überzeugenden Einfluß des hypnotisierenden Analytikers der Katharsis unterzogen und abreagiert werden. Wenn unannehmbare Wünsche der Grund des Problems sind, dann müssen diese unbewußten Wünsche mittels freier Assoziation aus dem Unbewußten über das Vorbewußte ins Bewußtsein gebracht werden. Dieser Übergang wird mit Hilfe eines Analytikers bewerkstelligt, der die Abkömmlinge der Wünsche in den Assoziationen erkennt und dem Patienten deren wahres Wesen deutet.

Bei der kathartischen Methode ist das Warum der Heilung erlebnismäßig unmittelbar einsichtig: Wenn man etwas Unerwünschtes in sich hat, sei es ein Splitter, ein Exkrement oder ein besorgniserregendes Geheimnis, dann fühlt es sich gut an, es herauszubekommen; wenn man seine Ängste, seinen Zorn, seine sexuellen Wünsche im Gespräch mit jemandem "herausbekommt", der einfühlsam ist, fühlt man sich erleichtert. Bei der Preisgabe der unannehmbarer Wünsche ist das Warum der Heilung vielschichtiger. Dem symptombelasteten Individuum verschafft die Demaskierung des wahren Wesens der eigenen entstellten sexuellen und aggressiven Wünsche Information, die bis dahin dem Bewußtsein und damit dem dominanten Großteil der Vorstellungen (dem Ich) nicht zur Verfügung stand. Der Konflikt zwischen beiden Seiten kann nun offen ausgefochten werden. Das Ich kann nun das kindische Wesen des Wunsches, seine Undurchführbarkeit und moralische Verwerflichkeit erkennen. Die unannehmbaren Aspekte des Wunsches werden besonders in ihrer gegenwärtigen Form deutlich, wenn sie sich in der Übertragung an die Person des Analytikers heften. Die Motivation seitens des dominierenden Großteils der Vorstellungen, diesen Konflikt zu lösen, kommt sowohl vom Begehren nach Symptomfreiheit, als auch vom Wunsch, Scham, Befremden und Schuldgefühl über das Fortbestehen der nun bewußten Wünsche loszuwerden. Man erkennt, daß diese kindisch und unerreichbar sind und der eigenen Moral und den Idealen nicht entsprechen. Die Heilung stellt sich ein, wenn die meisten Überreste der einst unbewußten Wünsche aufgegeben werden und der Rest sublimiert wird.

Das strukturelle Modell

Das vollständig ausformulierte strukturelle Modell hat Schichten über Schichten komplexer Gedanken zu den Überlegungen über die Heilwirkungen beigetragen. Diesem Modell folgend stellt man sich vor, daß der Geist mittels Differenzierung und Integration von 3 getrennten psychischen Organisationen arbeitet – Ich, Es und Über-Ich. Jede Organisation ist ihren Funktionen entsprechend definiert: das Es ist ganz triebhafte Dringlichkeit; das Ich besteht aus einer Reihe regulierender, kanalisierender und ausführender Funktionen, und es sorgt ebenfalls für längerdauernden Befriedigungsaufschub und für Wahrnehmungsverzerrungen in Form von Abwehr; das Über-Ich ist ein Leitsystem, das ethische und moralische Verbote und ebenso Ideale und Standards enthält. Jede Organisation interagiert mit den anderen und mit der Außenwelt; jede Interaktion beinhaltet Spannung und möglicherweise Konflikte. Spannung und Konflikte können auch zwischen Bestandteilen jeder der Organisationen zustandekommen. Bei diesem Ansatz wird es einfacher anzugeben, was geheilt werden muß und was die Ursache von Pathologie ist – es sind ungelöste Konflikte.

Was den therapeutischen Austausch ausmacht, kann man ebenso klar benennen: Der Analytiker nimmt eine Position ein, die vom Es, vom Ich und vom Über-Ich jeweils gleich weit entfernt ist. Die Neutralität dieser Position garantiert, daß der Analytiker nicht bedrängend wird; gleichzeitig schafft die allgemeine ärztliche Grundhaltung des Analytikers ein therapeutisches oder Arbeitsbündnis. Obwohl der Analytiker in der Position eines "außenstehenden" Beobachters ist, kann er Augenblicke der Probeidentifizierung dazu nutzen, um emotionale Nähe zum inneren Zustand des Patienten zu sichern.

Ich glaube, daß allgemeine Übereinstimmung darüber besteht, daß gemäß der Perspektive der strukturellen Hypothese Einsicht die Heilung bewirkt. Aber Einsicht in was? Einsicht in die komplexen Transaktionen zwischen den 3 psychischen Organisationen (intersystemischer Konflikt), zwischen Bestandteilen der einzelnen Strukturen (intrasystemischer Konflikt) und zwischen jeder Organisation und der äußeren Realität. Die Stärke dieser Heilungskonzeption liegt in ihrer bemerkenswerten Breite. Weil die aufeinander bezogenen Organisationen so abstrakt sind, kann ein Analytiker, der die theoretischen Konstrukte der Ich-Psychologie beherrscht (z. B. Rapaport 1960; Hartmann, 1964; Hartmann et al. 1964), sehr ausgeklügelte Aspekte der Determination multipler psychischer Funktionen erklären und berücksichtigen. Die Begrenztheit dieser Art der Konzeption liegt darin, daß man bei jedem Versuch zu benennen, was das nun für ein Konflikt ist, für den sich Einsicht als heilsam erwiesen hat, das abstrakte Niveau der Theorie verlassen und auf eine erfahrungsnahe Ebene übergehen muß.[1] Diese Begrenzung hat zu harter Kritik an dieser erstaunlich umfassenden Theorie geführt, und man hat mehrfach versucht, sie zu revidieren oder fallen zu lassen.

Die strukturelle Theorie ist um eine erlebnisnahe theoretische Konstruktion herum aufgebaut. Darin wird behauptet, daß jedesmal, wenn eine Person einen motivierenden Drang verspürt, die Repräsentanz des entsprechenden Wunsches, seines Ziels und seines Objekts einer intrapsychischen "Probehandlung" unterworfen wird. Wenn es die Erinnerung an eine vergangene Gefahrensituation gibt, die mit diesem Drang und seiner Befriedigung verknüpft ist, dann wird automatisch ein Angstsignal abgegeben, und mit mehr oder weniger großem Erfolg werden Abwehrmaßnahmen in Gang gesetzt. Diesem Ansatz zufolge wird der Wunsch durch eine Phantasie repräsentiert, die sich aufdecken läßt; die frühere Gefahrensituation ist als Erinnerung an ein bedrohlich erscheinendes Erlebnis gespeichert (das auch aufgedeckt oder rekonstruiert werden kann); die Abwehr schließlich erscheint

---

[1] Ich stimme mit der Einschätzung von L. Friedman (persönliche Mitteilung) überein, daß trotz der verwendeten erlebnisfernen Sprache "die Arbeiten von Hartmann und Rapaport im Innersten darauf abzielten, erlebnisnahe Bedeutungsschichten zu erschließen, die bis dahin nicht bearbeitet worden waren".

als bestimmbarer Modus kognitiver Manipulation. Man kann sogar das Aufflackern der Angst erkennen. Einsicht hat dann damit zu tun, dieses Reaktionsmuster ins Bewußtsein zu bringen, wobei jede Komponente erfaßt und erkannt wird. Für den Analysanden führt das zu einer sehr eindrucksvollen Erfahrung. Er lernt, wie seine Innenwelt [mind] funktioniert. Aber die Einsicht in die Arbeitsweise der Innenwelt stellt eine konzeptionsbedingte Einschränkung dar, die – bei all ihrem Wert – davon ablenkt, wo man die eigene Welt erlebt – nämlich im Kontext zwischenmenschlicher Beziehungen, die momentan aktiv sind oder bewußt und unbewußt erinnert werden. Wenn in der klinischen Praxis der Schwerpunkt auf der Übertragung liegt, besteht eine solche konzeptionsbedingte Einschränkung eher dem Schein nach als tatsächlich. Man kann also die Ansicht vertreten, daß ein Teil der Kritik und der Revisionen dieses Ansatzes sich eher gegen eine theoretische als eine klinische Unausgewogenheit richtet.

Die Fokussierung des Selbst und der Objektbeziehungen

Es wurden zahlreiche Versuche unternommen, diese scheinbare Unausgewogenheit zu korrigieren und gleichzeitig die strukturelle Theorie in irgendeiner Form beizubehalten. Jacobson (1964) legt Gewicht auf die intrapsychischen Selbst- und Objektrepräsentanzen. Sandler u. Rosenblatt (1962) entwerfen eine Repräsentanzenwelt. Melanie Klein (1952) beschreibt eine innere Phantasiewelt, in der es um Austauschvorgänge zwischen dem Selbst und guten oder schlechten ganzen oder Teilobjekten geht. Mahler (1968) umreißt eine Entwicklungssequenz, in der ein übendes Selbst in ein sich loslösendes und individuierendes Selbst übergeht und in der ein kognitiv nicht permanentes Objekt zu einem emotional konstanten Objekt entwickelt wird. Kohut (1971) formuliert eine Entwicklungssequenz, die zur Kohäsion des Selbst und zur Verinnerlichung der idealisierten Elternimagines führt. Jeder dieser Entwürfe setzt etwas andere Schwerpunkte: Konstitutionelle Faktoren (wie die Stärke von Aggression und Libido), Auswirkungen der Eltern-Kind-Interaktion sowie perzeptuell-kognitive Verzerrungen, die mit Entwicklungsschwierigkeiten der Triebstärke und der Ich-Funktionen zusammenhängen, werden jeweils unterschiedlich gewichtet. Einige der Theorien leiten Objektbeziehungen aus dem Schicksal des Ich und der Triebe ab; einige leiten das Schicksal des Ich und der Triebe aus den frühesten Objektbeziehungen ab (Loewald 1971; Kernberg 1975). Diese Themenbereiche haben wertvolle Anstöße für die Versuche geliefert, Kausalfaktoren emotionaler Erkrankung zu begreifen und zu gewichten.

Aber was ein Theoretiker für den wichtigsten ätiologischen Faktor bei einer bestimmten Störung hält, verliert in der analytischen Situation stark an Bedeutung. Hier tritt der Analytiker in die erlebte Welt des Patienten ein, in den *subjektiven* inneren Zustand des Patienten. Im subjektiven inneren Zustand des Analysanden findet der Analytiker nur die Ablagerungen [record] der individuellen Versuche, sich auf positive und negative Einflüsse einzustellen und sich daran anzupassen. Diese Ablagerungen erzählen mit Hilfe von Rekonstruktionen eine individuelle Entwicklungsgeschichte, die in aufeinanderfolgenden Phasen organisiert und reorganisiert worden ist. Wenn ein analytischer Theoretiker kausale Erklärungen formuliert, zieht er Schlußfolgerungen aus vielen Datenquellen. Der behandelnde Analytiker, der allein den Assoziationen des Patienten seine gleichschwebende Aufmerksamkeit zukommen läßt, nimmt im Gegensatz dazu nur die Wirkung der Kausalfaktoren wahr. Ihm eröffnen sich die subjektiven "Lesarten" der Welt, so wie sie der Analysand erlebt. Innerhalb der Behandlungssituation achtet der Analytiker natürlich auf die Selbsteinschätzung und Überzeugung des Analysanden darüber, ob etwas "wirklich" und "objektiv" seine Entwicklung beeinflußt hat. Das ist ein Teil der bedeutungsvollen Kommunikation über die Subjektivität des Patienten.

In der klinischen Praxis hat man von jeher unmittelbar mit Interaktionen zwischen Personen zu tun gehabt, bei denen das Phänomen der Übertragung im Vordergrund stand. Die Theorien von Jacobson, Sandler und Rosenblatt, von Klein und Mahler, von Kernberg und Kohut führen nur zur Fokussierung des Selbst und der Objektbeziehungen, und sie wenden sich vom vorher zentralen Fokus der Interaktionen zwischen hypothetischen strukturellen Organisationen ab. Diese Wende selbst verlangt also nicht nach einer Neubewertung der Heilwirkung. Aber da jede Theorie zu einem anderen Blick auf das führt, was es zu heilen gilt, beeinflußt auch jede tiefgreifend die Methode. Zum Zweck der Kontrastierung und der Diskussion lassen sich die methodischen Differenzen auch in Form von *hypothetische*n polaren Positionen darstellen und als konfrontierendes bzw. empathisches Vorgehen bezeichnen.

Konfrontierendes vs. empathisches Vorgehen

Theorien, welche die vermuteten Nöte des Kindes im Umgang mit seiner eigenen Destruktivität für die Ursache von Pathologien halten (wie die von Klein, Kernberg und, in geringerem Maße, die von Mahler), legen grob gesagt den Analytiker auf ein stärker konfrontierendes Vorgehen fest. Theorien, welche die Überforderung durch die Ansprüche der libidinösen Entwicklung für die Ursache von Pathologien halten (wie die von A. Freud [1965], Sandler u. Rosenblatt [1962] und auch die Theorie der Selbstpsychologie), legen den Analytiker auf ein eher empathisches Vorgehen fest. Wenn der eigene theoretische Standpunkt den Analytiker dazu bringt, die Entfaltung der Übertragung in Begriffe wie "unerledigter primitiver Neid", "mörderische Wut", "Abwertungstendenzen" oder "defensive Idealisierung" zu fassen, dann wird der Analytiker ganz logischerweise versuchen, den Patienten das Wesen ihres Drangs zur Aggression zu vermitteln. Allgemein gesagt, behauptet ein solcher Ansatz, daß sich solche aggressiven Erscheinungen in geschichteten Modi entfalten, wobei jeweils einer benutzt wird, um den nächsten defensiv zu überdecken. Da der Analytiker den Patienten deuten muß, daß sie ihn zwangsläufig zur Zielscheibe ihrer erhöhten Aggression machen, ist es diesem Standpunkt zufolge egal, wie neutral die wirkliche emotionale Haltung und Ideologie des Analytikers ist – der Analytiker ist für die Patienten in jedem Fall ein "Konfrontator". Wenn jemand die Mitteilungen der Patienten als Ausdruck von Feindseligkeit einstuft, mit dem sie gefühlsmäßig bereits im Kampf stehen, dann kann das von ihrer Warte aus bedeuten, daß subjektiv zeitweise alles noch viel schlimmer wird. Zumindest aber wird durch so etwas die gestörte Welt der Vergangenheit in der Übertragung lebendige Wirklichkeit. Den Vertretern dieser technischen Haltung zufolge sorgt allerdings eine konstruktive Kommunikationsgrundlage für die zur Deutungsarbeit notwendige Distanzierung. Durch die deutende Konfrontation wird bei jedem therapeutischen Austausch Einsicht in das Wesen des momentanen Kampfes mit der Aggression gewonnen und ebenso über dessen Position in der geschichteten Abwehrstruktur. Man glaubt also, daß Analysanden, die das Wesen ihrer aggressiven Neigungen und die dadurch bewirkten Verzerrungen fremder Absichten erkennen, fähig werden, ihre inneren Zorn- und Wutsignale wahrzunehmen – und vollständige persönliche Verantwortung für ihr Scheitern und ihre Erfolge in diesem Bereich zu übernehmen. Flexible Selbstbehauptung und die Fähigkeit, Meinungsverschiedenheiten auszutragen, sind die antizipierten Ergebnisse der Analyse.

Im Gegensatz dazu kann man auch glauben, daß die Pathologie eines Analysanden nicht primär aus Permutationen der Aggression, sondern aus dem vergeblichen Versuch entstand, zu *lieben* und *geliebt* zu werden. Dann kann die Neutralität des Analytikers in eine mitfühlendere, weniger konfrontierende Probeidentifizierung mit den Wünschen des Analysanden übergehen, und er kann sich auf deren Ursprung in glücklosen infantilen Fixierungen einlassen. Analytiker, die dieser Ansicht sind, sehen sich als zwangsläufige Zielscheibe der erotisierten Befriedigungswünsche des Patienten. Folglich werden sie, auch wenn sie vielleicht Distanzierung fordern, meistens nichtdistanzierende Deutungen benutzen, denn die lassen sich leichter für gescheiterte Liebesmüh als für fortgesetzte Destruktivität formulieren. Eine Deutung kann z. B. besagen, daß das bislang unbewußte sexuelle Begehren des Patienten gegenüber der Analytikerin eine Wiederbelebung seines jungenhaften Begehrens gegenüber der Mutter sei; mit der habe er sich wohl an Dingen erfreuen wollen, nach denen sein kleiner, erregter Körper verlangte und um die er den Vater beneidete, der sich ihrer erfreuen konnte.

Hier klingt ein sehnsüchtiges Verlangen an. Ein Affekt sehnsüchtigen Verlangens oder eine ähnliche Form emotionaler Teilhabe stellt sich viel leichter ein, wenn man einen vergeblichen Versuch deutet, sinnliche Zuneigung zu vermitteln oder zu empfangen, als wenn man einen mörderischen Impuls interpretiert. Ein solcher Affekt kann helfen, die Lücke zwischen dem infantil "fordernden" Analysanden und dem Analytiker zu überbrücken, der angemessenerweise die Forderung nicht befriedigt.

Bei keiner der beiden Vorgehensweisen ist das Verbreitern oder Schmälern der Lücke zwischen Analytiker und Analysand Selbstzweck, unabhängig davon, ob der Schwerpunkt auf aggressiv-destruktiven oder auf libidinösen Konflikten liegt. Die Genauigkeit der analytischen Schlußfolgerungen und Deutungen ist das Ziel. Für beide theoretische Positionen gilt, daß der Analytiker durch Empathie in Form von zwischengeschalteten Probeidentifizierungen versucht, sich das Verstehen von ödipalen und präödipalen Konflikten zu erleichtern. Einsicht in Verzerrungen, die sich aus unbewältigten Konflikten ergeben, wird als Mittel zur Erhöhung der Objektivität des Analysanden angesehen. Von solchen Verzerrungen befreit, gelangt der Analysand zu einer dauerhaften Veränderung, indem er sein Verstehen dafür einsetzt, bislang unflexible Muster umzugestalten.

Vom Standpunkt der Selbstpsychologie aus heißt das: Wenn der Analytiker seinem theoretischen Standpunkt entsprechend Selbstpathologien hervorhebt, die aus elterlichen Empathiefehlern entstehen, und wenn er meint, daß in der Übertragung hauptsächlich jemand gesucht wird, dessen aktive Reaktionsbereitschaft als notwendig empfunden wird, um eine verzögerte Entwicklung in Bewegung zu bringen, dann *muß* das Verständnis für diesen Zustand aus dem Inneren der subjektiven Wirklichkeit des Patienten kommen, so wie sie sich im momentanen Austausch darstellt (Lichtenberg 1981 a, 1983). Eine solche theoretische Einstellung macht es unbedingt erforderlich, daß sich der Analytiker *durchgängig* mit einem empathischen Wahrnehmungsmodus auf das Innere der subjektiven Welt des Patienten einstellt und eben nicht zwischen eingeschobenen Probeidentifizierungen und einer "objektiven" Beobachtung der tatsächlichen Verzerrungen "von außen" umschaltet. Die Heilung verschränkt sich untrennbar mit diesem Modus des Zuhörens[2] und mit einer Atmosphäre, die von mitfühlendem Verstehen und von Reaktionsbereitschaft geprägt ist. Das Gefühl des Analysanden, verstanden zu werden, wird als unverzichtbare Grundlage für den Zustand der Selbstkohäsion angesehen, der analytischen Fortschritt und funktionsdienlichen Wandel ermöglicht. Deutungen, die sich aus der Art herleiten, in welcher der Patient subjektiv die Welt erlebt, können dem Patienten gefallen oder – was öfter der Fall ist – mißfallen. Normalerweise ist

---

2 Schwaber (1981) hat darauf hingewiesen, daß der empathische Modus des Zuhörens ein technischer Ansatz ist, dessen Anwendung in der Analyse unabhängig von der theoretischen Einstellung ist, die bei der Organisation der Daten wirksam wird.

ihnen aber der Stachel durch die geringere Distanz gezogen, die möglich wird, wenn der Analytiker innerhalb des unmittelbaren Fokus der affektiven und vorstellungsmäßigen Interessen des Patienten verbleibt.

In der Selbstpsychologie, die pathologische Defizite der Selbststrukturen für eine Folge von Empathiefehlern hält, ist die Rolle der Empathie bislang unklar gewesen. Es gab deutliche Bemühungen, die Funktion der Empathie in der Analyse einzugrenzen und sie als Mittel aufzufassen, das Wandel durch die Art der *Informationsaufnahme* erleichtert. Trotzdem hat es, ausgehend von einigen klinischen Beschreibungen, den Anschein, als sei die Empathie selbst zum *Agens des Wandels* durch "Empathischsein" (durch das Vermitteln empathischer Reaktionen) geworden. Die Selbstpsychologie hat bemerkt, daß der Analysand genau an solchen Stellen nach Reaktionen des Analytikers verlangt, wo es seiner Wahrnehmung zufolge die Eltern versäumt haben, Errungenschaften zu spiegeln und Nähe zu vermitteln. Um zwischen dem Vermitteln empathischer Reaktionen selbst und der Deutung des Bedürfnisses nach solchen Reaktionen zu unterscheiden, wurde eine Theorie der Heilung aufgestellt, in der es um den Aufbau von Strukturen durch umwandelnde Verinnerlichung geht. Dieser Theorie zufolge gestatten es kurze, nicht zu schwere Empathiefehler, bei denen der Analytiker nicht spiegelnd oder bestätigend reagiert, die Funktion genau zu erkennen, die der Analysand vom Analytiker verlangt. Die Theorie behauptet, daß diese Funktion des Analytikers für den Patienten notwendig ist, weil infolge elterlicher Empathiefehler wichtige Selbststrukturen nicht ausgebildet wurden. Die Selbstwertregulierung und die Idealisierung von anderen sind so auf archaischem Niveau geblieben. Wenn in der konkreten psychoanalytischen Arbeit die Funktion, die der Analysand vom Analytiker verlangt, in teilnahmsvollen, affektiv bedeutsamen Worten zur Sprache kommt, aber nicht direkt vom Analytiker erfüllt wird, dann wird diese Funktion vom Patienten als Teil seines psychischen Räderwerks internalisiert.

Ich werde auf die Argumente für und wider diesen Ansatz nicht näher eingehen, sondern lediglich sagen, daß ich ihm skeptisch gegenüberstehe. Ich glaube nicht, daß Analysanden im Regelfall während einer Analyse neue Grundstrukturen aufbauen – weder durch Empathie noch durch Einsicht. In den Fällen, bei denen Regulierungsstörungen aus der frühen Kindheit weiterbestehen (Beispiele finden sich in Kap. 12), entwickeln erwachsene Analysanden kompensatorische Adaptationsweisen, indem sie Reaktionen umlernen. Ich glaube, daß in genau jenen kurzen Momenten, die Kohut (1971, 1977) herausgearbeitet hat, eine bedeutsame vergangene gestörte *Beziehung* wiederbelebt wird. Die Störung dieser Beziehung (entweder traumatisch oder – was üblicher ist – chronisch) stand der Konsolidierung von Fähigkeiten auf optimalem Niveau entgegen. Mit anderen Worten, die Person hat die Fähigkeit, kann aber nicht durchgängig darauf zurückgreifen. In der Analyse wird die gestörte Beziehung reaktiviert. Die Spannung, welche diese Reaktivierung auslöst, taucht in einer Situation auf, in der die schmerzliche Veränderung des Selbstempfindens und Nuancen ihrer Bedeutung untersucht werden. Daher ist eine Regression auf archaische Bedürfniszustände als Antwort auf die reaktivierte Deprivation weniger wahrscheinlich. Statt dessen können die Erwartungen über Hilfeleistungen von anderen neu bilanziert werden. Wenn der gegenwärtige Empathiefehler genau analysiert wird, stellt er oft ganz einfach die Bedeutungen und die Absichten der subjektiv betrachtet enttäuschenden Elternfigur – jetzt ist es der Analytiker – in ein völlig anderes Licht. Auf diese Weise kann der Analysand nun Menschen und Umstände mit Verständnis und Mitleid betrachten, während vorher sein Blick eingeschränkt war, weil er immer noch einen solipsistischen infantilen Standpunkt einnahm. Diese veränderte Sichtweise ermöglicht eine Reorganisation unbewußt determinierter und belasteter menschlicher Interaktionen. Als Folge dieser veränderten Erwartungen an menschliche Interaktionen wird die unterbrochene oder nicht zugängliche Funktionsfähigkeit wieder zu vollständigerer regulierender Kontrolle ausgebaut. Die analytischen Beobachtungsdaten stützen meiner Ansicht nach eher eine solche Sichtweise als eine, die behauptet, daß eine nichtexistente Funktionsfähigkeit *de novo* aufgebaut worden ist.

Die Augenblicke, in denen man sich während der Analyse gemeinsam Empathiefehler und ihre Wirkungen anschaut, bedeuten für den Analysanden, daß er ein authentisches Selbstempfinden im Kontext einer empathischen Unterredung gefahrlos offenbaren kann. In neueren Überlegungen zur therapeutischen Aktivität in jenen Momenten des Tiefenverstehens, die zur empathischen Kommunikation gehören, hat Kohut die Ansicht vertreten, daß der Analysand nicht nur die Resonanz zwischen Analytiker und Patient spürt, sondern solche rückversichernden Ereignisse optimaler (Anreize schaffender) Befriedigung auch innerhalb und außerhalb der Analyse zu schätzen lernt. Auf diese Weise kann der Analysand seine Zurück- und Abwehrhaltung überwinden und dabei deutlich mehr Flexibilität in allen seinen Reaktionen gewinnen (E. Wolf, persönliche Mitteilung).

Bevor ich mich wieder den Fragen nach den geistigen Funktionen, der Pathogenese und dem therapeutischen Austausch zuwende, möchte ich noch einen abschließenden Kommentar zur Dichotomie zwischen konfrontierendem und empathischem Vorgehen abgeben. Ich glaube schon, daß meine Hypothese über eine Polarisierung hinsichtlich der Betonung von Konfrontation oder Empathie tatsächliche technische Unterscheidungen widerspiegelt. Trotzdem kann es sein, daß die klinischen Unterschiede nicht so drastisch sind, wie man das angesichts der Theorien selbst und der zur Illustration der Theorien vorgebrachten klinischen Beispiele in der Literatur meinen könnte. Natürlich kann ein Analytiker, der einen Patienten mit Beweisen für dessen oralen Neid konfrontiert, für sich beanspruchen, daß er empathisch den inneren Zustand des Patienten und seine Bedürfnisse wahrnimmt. Auf der anderen Seite kann jede analytische Abwehrdeutung vom Standpunkt des Patienten aus als konfrontierend empfunden werden. Des weiteren kann man bei der Frage nach der Empathie den Fokus verändern. Neben den Probeidentifizierungen kann man die Art, in der Deutungen formuliert werden, oder die allgemeine Haltung des Anaytikers gegenüber dem Patienten betrachten. In dieser Hinsicht sind meiner Ansicht nach falsche Untertöne in eine notwendige Beschäftigung mit bedeutsamen technischen Differenzen hineingeraten. Unglücklicherweise hat man in Werturteilen Empathie mit Freundlichkeit und Konfrontation mit Intensität gleichgesetzt. Begriffliche Wirrungen haben den Gebrauch des Ausdrucks "Empathie" selbst zusätzlich in Verruf gebracht.

Als Beispiel für diese Wirrungen werde ich den Begriff des "empathischen Bemutterns" verwenden. Ein 20monatiger Junge wird von seiner Mutter zum Essen gerufen. Er fährt fort, mit seinen Klötzen zu spielen. Weiteres, eher befehlendes Rufen führt zu aktiver Verweigerung. Seine Mutter nimmt einen Klotz aus seiner Hand. Wütend schlägt er seine Mutter und stößt die Klötze um, die er aufgebaut hat. Nach einem hitzigen Augenblick zwischen den beiden erschlafft der Widerstand des Jungen, und er bricht in Tränen aus. Seine Mutter zieht ihn an sich, drückt ihn an ihre Brust. Sie trägt ihn dann zum Abendessen, muntert ihn auf, bringt ihn von seiner Traurigkeit und Verdrießlichkeit ab. War sie empathisch? Es ist gut möglich, daß der Junge, möglicherweise in Form einer Verschmelzungsphantasie, ihre Brust, ihr Schmeicheln und ihre Aufheiterungen als etwas erinnert, das bis zu einem gewissen Maß für Befriedigung gesorgt hat – für eine Befriedigung, die er bei ihr und anderen wieder suchen wird. Aber was ist mit den anfänglichen Momenten der Konfrontation? Werden sie in seinem Erleben weitgehend verbindungslos bleiben, als böse Momente vom späteren Schmeicheln abgetrennt – wobei der Übergang verloren geht? Wenn das so ist, bliebe als verbindungsloser Gedächtnisinhalt das Empfinden eines recht ungelösten Kampfzustands. Wenn sich so etwas ständig wiederholt, bleibt ein Regulierungsdefizit im Bereich der Fähigkeit, Differenzen selbstbewußt anzugehen. War die Mutter also empathisch? Die Antwort könnte "ja" lauten, falls ein vollständiges Verständnis für den inneren Zustand des Kindes aufzeigen würde, daß Trost bis zur Passivität und ein Verschmelzungsempfinden die Dinge waren, die das Kind in diesem Moment brauchte. Die Antwort wäre eher "nein" als "ja", wenn ein vollständiges Verständnis des inneren Zustandes des Kindes aufzeigen würde, daß das Kind lediglich genügend Trost gebraucht hätte, um den Übergang zu einem neuerlichen Verhandlungskontakt zu schaffen. Dem hätte dann ein Wortaustausch über die für das Abendessen notwendigen Regelungen folgen können. Eine solche Interaktion kann ein oder zwei autonomiebildende Momente der Ablehnung ermöglichen, bevor Gehorsam erwartet wird.

Lassen Sie mich, um das in einen analytischen Kontext einzuordnen, zunächst noch einmal betonen, daß es in der Analyse nicht das Ziel des Analytikers ist, als empathische Mutter zu handeln. Er will vielmehr die Wünsche *verstehen*, welche die Wiederbelebungen solcher Erfahrungen in der Übertragung bestimmen. Also wird der Analytiker nicht versuchen, das zu tun, was die Mutter nicht tat. Der Analytiker wird versuchen, diese Erfahrung in ihrer Bedeutung für den Patienten zu erfassen. Auf einer Mikroebene werden sich Ton und Betragen des Analytikers bei der Reaktion unweigerlich ein wenig in Richtungen bewegen, die der Patient entweder als beruhigend oder als konfrontierend erleben kann – und beides kann als angemessen empathisch empfunden werden. Aber diese mikrokosmischen Schwankungen des Analytikers, ob sie nun als angemessen empathisch erlebt werden oder nicht, machen die Analyse nicht aus. Die *Analyse* beruht auf einem *Verständnis* für deren Bedeutung und Wirkung. Dennoch verschafft man sich – was ich noch darlegen werde – Zugang zu einer einzigartigen Verständnisquelle, wenn man sorgfältig darauf achtet, wie der Patient den Analytiker wahrnimmt. Die Verwirrung beruht hierbei auf dem Gebrauch der Wendung "empathisch sein". Meinem Ansatz zufolge läßt sich der Begriff "Empathie" nur in Verbindung mit der psychoanalytischen Technik angemessen verwenden: Empathie ist ein Modus zur Wahrnehmung des inneren Zustands [state of mind] des Analysanden (Lichtenberg 1981 a; s. auch Schwaber 1981). Sie ist lediglich ein Mittel zur Informationssammlung. Der empathische Wahrnehmungsmodus bezeichnet ganz speziell den *systematischen* (und nicht nur gelegentlichen) Versuch des Analytikers, bewußte und unbewußte Konfigurationen gleichsam von der inneren Warte und Perspektive des Patienten aus zu erhorchen und zu erfassen.

Eine überarbeitete Auffassung vom therapeutischen Prozeß

Ich werde jetzt mit verwirrenden Fragen ringen, die sich darum drehen, wie das Innenleben arbeitet, was es zu heilen gilt und worin der Austausch zwischen Analytiker und Analysand besteht. Ich halte den Analysanden (ebenso wie den Analytiker) für ein Wesen, dessen Innenleben durch einen komplexen Symbolprozeß funktioniert, an dem 2 gesonderte perzeptuell-kognitiv-affektive Organisationen beteiligt sind (McKinnon 1979). Die eine Organisation entspricht dem, was die Psychoanalyse den Sekundärprozeß genannt hat; die andere entspricht dem Primärprozeß. Jede Organisation trägt eine andere Schattierung zum bewußten, vorbewußten und unbewußten Erleben des Individuums bei.

Wie ich in Kap. 10 erklärt habe, werden im *sekundärprozeßhaften* Modus die Regeln der linguistischen Syntax und Logik verwendet. Er steuert menschliche Beziehungen, die durch Getrenntheit, Objektivität, Abgegrenztheit, soziale Formen und durch Rituale gekennzeichnet sind. In der Analyse beherrscht die sekundärprozeßhafte Organisation Erfahrungen, bei denen der Analysand sein Selbst als individuierte Person empfindet, die mit einer deutlich abgegrenzten anderen Person zu tun hat – dem Analytiker. Der Sekundärprozeß arbeitet mit introspektiven Assoziationen, deren Grundlage die möglichst objektive Überprüfung des Zustands der eigenen Körpererfahrungen oder der eigenen Emotionen und geistigen Aktivitäten ist.

Der *primärprozeßhafte* Organisationsmodus ist durch eine simultane Integration von Teilen zu einem komplexen Ganzen gekennzeichnet. Gleichzeitige Präsenz wird mit Hilfe der Verschiebung bewerkstelligt, bei der ein Teil ein anderes ersetzt, und mit Hilfe der Verdichtung, bei der vielerlei Elemente räumlich zusammenfallen. In der Analyse herrscht der primärprozeßhafte Modus über Situationen, in denen der Analysand Qualitäten, Funktionen und Gefühle des Selbst und des Analytikers als fließend und verschränkbar (als leicht verschieb- und verdichtbar) erlebt. Er beherrscht auch Situationen, in denen Emotionen als generalisierte Stimmungen und globale Gefühlszustände erlebt werden. Er steuert Erlebnisweisen, bei denen Lust oder Schmerz in einem Körperteil das gesamte Selbstempfinden überfluten. Er ist Quell jener seltenen, aber denkwürdigen Gelegenheiten, bei denen Gegensätze, die zu verwirrenden Ungereimtheiten geführt haben, sich plötzlich im integrativen Verstehen eines "Aha"-Erlebnisses auflösen.

Wenn ich darauf hinweise, welches Element welcher perzeptuell-kognitiv-affektiven Organisation entstammt, dann kann das allerdings den Nachteil haben, daß wir weniger würdigen, wie bemerkenswert die beiden Organisationen im Zusammenspiel funktionieren. Wie ich bereits erwähnt habe, geht man, wenn man die primär- und sekundärprozeßhaften Organisationen bestimmt, als außenstehender Beobachter vor, der einzelne Komponenten katalogisiert; vom Erlebniszustand einer Person aus ist das Ergebnis der Arbeit der Organisationen eine einzige Ganzheit. Die Integration der beiden Organisationen erlaubt uns, einen empfindungsnahen Repräsentationsmodus aus der frühen Kindheit beizubehalten (den Primärprozeß), der sich auf die zweideutigen und metaphorischen Eigenschaften der Sprache stützt. Gleichzeitig haben wir eine Organisation zur diskursiven Behandlung unseres Erlebens zur Verfügung (den Sekundärprozeß), welche die subtilen Unterscheidungen nutzt, die ein denotativer Sprachgebrauch ermöglicht.

Das, was es in der Analyse zu heilen gilt, sind meiner Ansicht nach Störungen in einem von drei breit angelegten Erlebniszuständen (Lichtenberg 1975). In einem ersten Zustand erleben Analysanden sich selbst als losgelöst und verschieden von den anderen (tatsächlich und intrapsychisch). In diesem Zustand konzentrieren sich die Störungen auf die bewußten und unbewußten Liebes- und Haßbeziehungen des Analysanden, besonders auf diejenigen, die von Dringlichkeit bestimmt sind. Sie sind rigide, unflexibel und stereotyp geworden. In einem zweiten Zustand erleben Analysanden, daß sie mit einer anderen Person interagieren (wirklich oder intrapsychisch), deren Reaktionen sie als so wichtig für die Regulierung eines positiven Selbstempfindens auffassen, daß sie diese andere Person als Erweiterung des Selbst erleben. In diesem Zustand konzentrieren sich die Störungen auf das Selbstempfinden bei Erfahrungen, die sich um Expansivität, Macht, Selbstdarstellung und Idealisierung drehen. In einem dritten Zustand liegt die Betonung auf dem Körpererleben des Analysanden. Personen und unbelebte Objekte werden in erster Linie gemäß ihrem Beitrag zur erfolgreichen Regulierung körperlicher Bedürfnisse und als Quell der Linderung körperlichen Unwohlseins erlebt. Die Erlebnisweisen, um die es geht, reichen von physiologischem Hunger über die Körperbetonung des Athleten und der Ballerina bis hin zu den Körpererfahrungen, die symbolische Repräsentanzen gegenwärtiger und früherer zwischenmenschlicher Interaktionen sind.

In meiner Konzeption von analytischer Therapie geht es hauptsächlich um das Erkennen und Deuten der wechselnden bewußten und unbewußten Erlebenszustände. Daher lege ich Gewicht auf die systematische Verwendung des empathischen Hörmodus, mit dessen Hilfe der Analytiker versucht, ständig mit dem inneren Gesamtzustand des Analysanden in Kontakt zu sein. Bei der Anwendung des empathischen Wahrnehmungsmodus bildet der Analytiker Konstruktionen, indem er seine Wahrnehmung hin- und hergleiten läßt zwischen dem, was der Analysand seinen Assoziationen zufolge im Vorder- und im Hintergrund erlebt (Lichtenberg 1981 a, 1983). Noch einmal: mit Vordergrund meine ich den *unmittelbaren* Inhalt und die Bedeutung der Assoziationen, die der Patient dazu bringt. Mit Hintergrund meine ich die eher allgemeinen Vermutungen hinsichtlich der Aufnahmebereitschaft, die der Analysand vom Analytiker als Übertragungsperson oder -milieu erwartet. Ich achte besonders auf symptomatische Veränderungen des Selbstempfindens und der Intentionen des Patienten, besonders solcher Intentionen, die nach Ansicht des Analysanden widersprüchlich sind. Ich versuche, in jeder Stunde und in jeder Stundenfolge Mustern nachzugehen, die auf subtile und grobe Fluktuationen in der Wahrnehmung des Analytikers und des analytischen Milieus durch den Analysanden hinweisen.

Beim Besprechen des empathischen Wahrnehmungsmodus sollte man sinnvollerweise berücksichtigen, daß alle Wahrnehmung von positiven und negativen Erwartungen geprägt ist: Liebe "sieht mit dem Gemüt, nicht mit den Augen" (Shakespeare, *Ein Sommernachtstraum*, 1. Akt, 1. Szene). Freud (1909) trug diesem Faktor Rechnung, indem er darauf hinwies, daß der Analytiker jedes vorschnelle Urteil über die Bedeutung eines Symptoms "in Schwebe" halten und "alles zu Beobachtende mit gleicher Aufmerksamkeit hin[nehmen]" muß (S. 22; s. auch 1912, S. 377). Völlig gleichmäßige Aufmerksamkeit ist meiner Ansicht nach weder möglich noch wünschenswert. Ich meine vielmehr, daß die flexibel schweifende Aufmerksamkeit des Analytikers auf 2 Ziele ausgerichtet sein sollte:

1) Er sollte so nah wie möglich am inneren Gesamtzustand des Patienten bleiben.
2) Er sollte sein Wissen darüber, wie Assoziationen zu verfolgen und unbewußte Konfigurationen zu erkennen sind, so einsetzen, daß er immer tiefer in die Erlebniswelt des Analysanden vordringt.

Die Abkömmlinge des unbewußten Erlebnisbereiches, an denen sich der Analytiker orientiert und ausrichtet, können ödipale Beziehungen enthalten, Urszenenphantasien, orale, anale und phallische Phantasiebildungen, Wandlungen der Selbstbefindlichkeit [self-state], oder Separations- und Individuationskrisen. Welche Form diese unbewußten Konfigurationen auch immer annehmen, der Analytiker wird sie sich so weit als möglich in enger Abstimmung auf die subjektive Sichtweise des Analysanden anschauen. Diese vertrauten Konfigurationen sollte man sich nicht aus der Perspektive eines Diagnostikers ansehen, der eine recht abstrakte Einschätzung vornimmt, oder aus der eines Analytikers, der an einer Fallkonferenz teilnimmt. Sie sollten vielmehr entsprechend ihrem begrenzten, unmittelbaren Sinn in der klinischen Situation betrachtet werden. Dort wird eine unbewußte Konfiguration verstehend-empathisch aufgenommen und kognitiv integriert, und zwar in der besonderen individuellen Form, in der sie *innerhalb* der subjektiven Gefühle und Gedanken des Analysanden als Reaktion auf den dynamischen Austausch der Analyse erscheint.

Meinem Ansatz liegt folgende theoretische Position zugrunde: Wenn sich das Tor zur introspektiven Bewußtheit des Patienten allmählich öffnet, dann kommt das, was völlig unzugänglich gewesen ist, näher an das Vorbewußte heran und kann eher vom Analytiker empathisch erkannt und miterlebt werden. In einer erfolgreichen Analyse ist es vorauszusehen, daß die Bewußtheit mit der Zeit zunimmt. Das sorgt dafür, daß das tiefere Unbewußte sich ständig in Richtung auf größere Zugänglichkeit bewegt. Also muß der Analytiker in jeder Stunde nur das berücksichtigen, was der bewußten oder vorbewußten Aufmerksamkeit relativ zugänglich ist. Dieser Sichtweise zufolge haben Bewußtsein und Deutung von Abwehrvorgängen etwas mit dem wachsenden Bereich der intrapsychischen Kommunikation des Analysanden zu tun, d. h. mit der Freiheit der Innenbeobachtung und inneren Sprache des Analysanden. Die Widerstandsanalyse hat mit dem Erweitern des Bereiches der Kommunikation zwischen Analytiker und Analysand zu tun.

Die Schwerpunktsetzung auf dem Erleben weist die Richtung für eine Reihung der Deutungsbemühungen des Analytikers. Im großen und ganzen hat diese Reihung zum Ziel, es den Analytikern zu ermöglichen, für sich und ihre Analysanden eine "Beobachtungsplattform" zu errichten, auf der beide stehen und die Daten wahrnehmen können, die der Introspektion des Analysanden und der Empathie des Analytikers entstammen (Lichtenberg 1981 a, 1983). Wenn der Analytiker durch empathische Wahrnehmung in der Lage ist, ein verbal mitteilbares Verständnis des unmittelbaren inneren Gesamtzustands des Patienten zu konstruieren, dann bietet er diese erste Brückendeutung an, als eine Art Versicherung und Bestätigung eines gemeinsamen Zustands emotionsgeladener, verständnisvoller Teilhabe. Diese Eingangsdeutung kann sich auf den offenen oder ein wenig versteckten Versuch des Analysanden beziehen, etwas direkt anzusprechen, oder auf eine Widerstandssituation und das Motiv dafür. Besonders bei Patienten, die an einer durchgehenden, oft automatischen Überzeugung festhalten, daß ihre Mitteilungsversuche mit Enttäuschung aufgenommen werden, kann diese Eingangsdeutung einem chronischen Widerstand gegen das Einlassen auf eher heikles, persönlich besetztes Material vorbeugen. Analysanden, die das Gefühl haben, daß sie ihren inneren Zustand erfolgreich übermittelt haben, und die in der Analyse die Atmosphäre eines stützenden Bündnisses erleben, können bei der Selbstbeobachtung mutiger sein. Statt defensiv Aspekte eines Problems zu verleugnen, können sie vielleicht einen höheren Grad von persönlicher Verantwortung dafür annehmen und vertreten. Wenn die Analysanden erst einmal in der Lage sind zu erkennen, daß ihre Symptome, Verhaltensstörungen, pathologischen Wünsche usw. ihren eigenen (bewußten und unbewußten) Entscheidungen entspringen, dann werden sie in ihren Assoziationen oft Hinweise auf eine verleugnete (oft potentiell normalere) Selbstalternative oder -variante geben – auf das liebevolle oder zärtliche oder energische oder ehrgeizige oder schüchterne kleine Kind, das sie einmal waren. Wenn der Analytiker diesen enstehenden alternativen Selbstaspekt entdeckt, öffnet sich oft der Weg zum Verständnis eines konfliktreichen Tiefenkampfes (aus der Gegenwart oder aus der Entwicklung), der für den Analysanden oft in eine wahrgenommene Entgleisung zwischen Analytiker und Analysand oder zwischen Eltern und Kind eingebettet ist.

In den Augenblicken, in denen Analysanden auf das Gefühl reagieren, verstanden zu werden und ihre Erlebnisse angesprochen zu haben, bringen sie Assoziationen unter dem Eindruck vor, im Rahmen eines Dialogs zu arbeiten. Das gemeinsame Ziel ist die Analyse und Exploration eines Gefühls, eines Symptoms, eines Traums oder einer verwirrenden Transaktion. Zu diesen Zeiten erlebt der Analytiker oft etwas ziemlich Einzigartiges, was mit blitzartigem Wechseln seines inneren Standpunkts zu tun hat. Der Analytiker kann vorübergehend in seinem Inneren eine Szene aufbauen, in der er, wie ein außenstehender Beobachter, ein affektiv aufgeladenes Erlebnis, eine Phantasie, einen Traum oder eine Empfindung vor Augen hat, die der Patient beschreibt. Die Empathie des Analytikers kann zwischen dem Patienten und den anderen Beteiligten hin- und hergehen. Die Aufmerksamkeit des Analytikers kann dann darauf übergehen, wie der Analysand den Analytiker erlebt, obwohl der Schwerpunkt des Patienten dem Anschein nach nicht auf der Übertragung liegt. Die schnell oszillierende Aufmerksamkeit des Analytikers kann dann wieder zu seiner eigenen Reaktion auf die teilnahmsvolle Nähe übergehen. Zeitweise kann sich der Analytiker von der eher emotionalen Seite der Empathie bzw. Introspektion fortbewegen und plötzlich von der gemeinsamen Plattform aus ein Panorama des Erlebens der Stunde, der vorhergehenden Stunden und der bereits unternommenen Rekonstruktionen der Vergangenheit vor sich sehen. Aus diesem plötzlichen Ineinandergreifen kann der Analytiker einen neuen Satz von Integrationen aufbauen. Diese Neufassung [new formulation] wird die Fähigkeit des Analytikers stärken, das Problem einer tieferen, eindringlicheren Untersuchung zu unterziehen. Dieser Prozeß zeigt die optimale Einheitlichkeit der primär- und sekundärprozeßhaften Funktionen des Analytikers. Der Analytiker kann dann dafür bereit sein, die Neufassung dem Patienten anzubieten. Um das zu tun, wird allerdings der Analytiker zunächst in einen Zustand der Eingestimmtheit auf die Innenwelt des Patienten zurückkehren, um Hinweise für das optimale Timing und die Formulierung [phrasing] der Deutung zu bekommen.

Zur Beschreibung dieses technischen Vorgehens sind genaue klinische Darstellungen erforderlich (s. Lichtenberg, 1981 b, 1983). Anstatt die Anwendung empathischer Wahrnehmung Schritt für Schritt darzustellen, werde ich eine kurze Vignette vorbringen, in der es um eine Störung in meiner Zuhörfähigkeit geht. Diese Beschreibung meiner Bemühungen, die Bedeutung meiner veränderten empathischen Aufmerksamkeit analytisch zu verstehen, vermittelt vielleicht einen Eindruck von meinem Vorgehen.

Herr A. war ein Patient, bei es mir meinem Eindruck nach ungewöhnlich schwergefallen war, meiner Absicht entsprechend systematisch einen empathischen Wahrnehmungsmodus zu verwenden. In der mittleren Phase seiner Analyse fühlte ich mich während der ersten 10 oder 15 Minuten, in denen er bedeutsame Ereignisse oder Träume zu berichten pflegte, noch einigermaßen in der Lage, seinen Assoziationen von seinem Standpunkt aus zu folgen. Dann schweifte meine Aufmerksamkeit normalerweise ab. Als ich versuchte, diesen hartnäckigen Verlust mitschwingender Aufmerksamkeit zu analysieren, gelang es mir nicht, ihn mit irgendeiner konflikthaften Reaktion meinerseits, mit dem Inhalt seiner Assoziationen oder mit ihm als Person zu verbinden. In der Stunde fiel mir einmal zum Abschweifen meiner Aufmerksamkeit das Gefühl ein, das ich hatte, wenn ich mit meinen Kindern eine Fernsehshow ansah, für die ich mich nur entfernt interessierte – ich pflegte genug darauf zu achten, um mit ihnen darüber zu reden, ansonsten aber ging ich meinen eigenen Gedanken nach. Wenige Augenblicke später erwähnte Herr A. (was er schon früher getan hatte), daß er, als er nach der Arbeit nachhause gekommen war, den Fernseher anstellt hatte. Der Abend sei vorbeigegangen, ohne daß er an seinem lange überfälligen Antrag auf Steuerrückzahlung gearbeitet hätte. Durch meine Assoziation sensibilisiert, befragte ich ihn, wieso er das Einschalten des Fernsehers erwähnt habe. Er beschrieb einen inneren Zustand, in dem er anfänglich die Nachrichten anhörte und in dem dann der Fernseher zu einem unspezifischen Hintergrundgeräusch wurde, das er aus seiner Aufmerksamkeit aus- und wieder einzublenden pflegte. Seine Freundin hatte sich darüber beklagt, sich aber dann daran gewöhnt.

Nachdem der ziellose innere Zustand für uns erst einmal in den Mittelpunkt gerückt war, konnten wir ihn mit seiner Art, zu trinken und Haschisch zu rauchen, in Verbindung bringen – er tat das nicht, um seine Erlebnisse zu steigern (wie er behauptet hatte), sondern um dieses Empfinden hervorzubringen: um in einem Zustand der zurückgezogenen Ziellosigkeit mit jemandem zusammen zu sein. Angeregt durch Traumbilder der Möbelpositionen in der Wohnung seiner Kindheit, begann er sich an eine scheinbar bedeutungslose Szene zu erinnern. Sie diente als Knotenpunkt für die Rekonstruktion bedeutsamer Beziehungen und deren intrapsychischer Wirkung auf ihn. In dieser Szene war er auf dem Boden ausgestreckt und hatte den eingeschalteten Fernseher direkt vor sich. Seine Mutter saß hinter ihm, auf der anderen Seite des Zimmers, und strickte oder las. Sein Vater war zur Arbeit gegangen, er hatte ihn – so sah er es – zurückgelassen, damit er der depressiven Mutter Gesellschaft leistete. Planlos sah er fern und schwang dabei ein Stück Schnur über einen Stuhl, das in seiner Phantasie ein Cowboylasso war. Es gab keine Unterhaltung zwischen ihm und seiner Mutter; die einzigen Geräusche kamen aus dem Fernseher. Seine Aufmerksamkeit war von zornerfüllten Phantasien über heldenhafte Schlachten erfüllt. Eine Stimmung deprimierter Unnahbarkeit, Reizbarkeit und gegenseitiger Zurückhaltung kennzeichnete den Austausch zwischen ihm und seiner Mutter. Die Analyse dieser Szene bot willkommenen Anlaß, in die Übertragungsbeziehung einzusteigen, die sich auf diese verwirrende Weise entwickelt hatte. Diese analytische Arbeit bereitete dann den Boden für Veränderungen bei vielen seiner konflikthaften Strebungen.

Ich glaube, diese Vignette verdeutlicht, daß es für den Analytiker von Wert ist, systematisch zu versuchen, einen empathischen Wahrnehmungsmodus aufrechtzuerhalten und jeder Störung bei der Anwendbarkeit dieses "Zuhörinstruments" des Analytikers nachzugehen. Sie erhellt auch das Zusammenspiel der primär- und sekundärprozeßhaften Modi der perzeptuell-kognitiv-affektiven Organisation, und man sieht die Suche nach Konfigurationen, die sich aufeinander beziehen lassen und die Errichtung einer gemeinsamen Beobachtungsplattform ermöglichen. Schließlich zeigt die Vignette, wie sich ein innerer Hintergrundzustand [background state of mind] in den Vordergrund bewegt – im vorliegenden Fall war es das Empfinden von Zurückgezogenheit in der Interaktion, das im Hintergrund als unbewußter Widerstand wirkte, im Vordergrund aber für assoziatives Schlüsselmaterial sorgte. Was die Vignette nicht zeigt, ist die systematische, ständige Anwendung des empathischen Wahrnehmungsmodus zur Informationsaufnahme und der Gebrauch dieser Information zur Erweiterung des Deutungsmusters.

Eine abschließende Stellungnahme

Ich werde nun versuchen, die Stränge meiner Darstellung zusammenzuführen und die Umrisse einer erlebnisnahen Auffassung von der Heilwirkung der Psychoanalyse skizzieren. Der herkömmlichen Darstellung zufolge entspringt die Gesamterfahrung, die eine erfolgreiche Analyse ausmacht, der Beziehung zwischen Analytiker und Analysand und der Einsicht, die sich darin entfaltet. Viele Ansätze schreiben einer der Komponenten – der Beziehung oder der Einsicht – eine gewichtigere oder geringere Rolle zu; andere halten beide für gleich wichtig, aber klar unterscheidbar. Es herrscht allgemeine Übereinstimmung darüber, daß weder die Beziehung noch die Einsicht allein heilen können; ich jedoch glaube, daß ihre Heilkraft sich aus ihrer einzigartigen Interaktion im Erleben ergibt und nicht einfach die Summe der Teile ist.

Die Partner in der Beziehung kommen nicht zusammen, um eine Beziehung zu haben; sie kommen zusammen, um das Wesen irgendeines Problems (oder mehrerer Probleme) tiefgreifend zu verstehen und dadurch eine positive Veränderung beim Analysanden zu bewirken. Eine einfache Schlußfolgerung wäre, daß dieses gemeinsame Ziel, an und mit einem Problem zu arbeiten und es so verstehend "durchzuarbeiten", die Heilung allein durch Einsicht ermöglicht. Dabei würde aber das Wesen der einzigartigen Interaktion übersehen, welche die Analyse bestimmt. Wie sehr auch immer Analytiker und Analysand zu einem gegebenen Zeitpunkt das Ziel – das Wesen eines Problems zu verstehen – teilen: ihre verschiedenen Standpunkte werden dazu führen, daß unterschiedliche Motive auftauchen. Jeder ist Belastungen ausgesetzt, die in ihrer Interaktion für die hauptsächliche dynamische Hebelwirkung der Behandlung sorgen (s. Friedman 1982).

Der Analysand wird unter all den Belastungen und Spannungen stehen, die er als Folge angehäufter ungelöster Regulierungsstörungen und Konflikte aus der Vergangenheit in die Analyse gebracht hat. In der Analyse wird sich der Analysand von innen her unausweichlich (für die Analyse ist das notwendig) dazu hingezogen fühlen, seine wahrgenommenen Wünsche und Bedürfnisse vollständig auszudrücken – als unmittelbare "Forderung". Zur gleichen Zeit wird der Analysand vom Begehren getrieben sein, sich auf das mit dem Analytiker geteilte Ziel einzulassen und Aktionen und Interaktionen auf das Erforschen von Bedeutungen zu beschränken.

Ganz ähnlich haben die Belastungen des Analytikers interaktionale und historische Ursprünge. In der Interaktion muß der Analytiker die Wünsche und Bedürfnisse des Analysanden ebenso spüren wie seine eigenen dadurch ausgelösten subjektiven Neigungen; der Analytiker aber muß wohl oder übel eine direkte Reaktion zurückhalten und statt dessen die Reaktion so organisieren, daß sie dem Ziel der Erforschung von Bedeutung förderlich ist. Wenn der Analytiker versucht, die Bedeutung der Information zu untersuchen, die der Analysand mitteilt, strebt er das Ideal an, frei von Vorannahmen zu sein, damit er vollständig auf das individuelle Erleben des Patienten eingehen kann. Zur gleichen Zeit hat er als Analytiker an einer Tradition teil, deren Grundlage die Inspiration durch Freuds Fallgeschichten und klinische Schriften ist. Diese hat der Analytiker um die Ausführungen einer oder mehrerer analytischer Schulen über typische Entwicklungskrisen ergänzt. Solche bekannten Konfigurationen dienen als unverzichtbare Wegweiser, welche die scheinbar unendliche Datenvielfalt organisieren. Zwischen dem maximalen Eintauchen in die unmittelbare Innenwelt [state of mind] des jeweiligen Analysanden und dem Gebrauch einer etwas distanzierten kognitiven Ebene, die ein Vergleichen von Mustern ermöglicht, baut sich also für den Analytiker eine Spannung auf.

Die analytische Beziehung gründet sich also auf ein wechselndes Ausmaß von Belastungen am Schnittpunkt der Aktivitäten zweier Personen, die beide zugleich in verschiedenem Ausmaß innerlich belastet sind. Infolge der wechselnden Belastung bildet der Analysand Assoziationen, welche die Ausgangsinformation der Analyse darstellen. Durch Empathie und das Eintauchen in diese Information, angeleitet durch ein introspektives Verständnis für seine eigenen Spannungen, erfährt der Analytiker etwas von ihrer Bedeutung und übermittelt das in Form von Konstruktionen und Deutungen an den Patienten. Das Erreichen von Bewußtheit über unbewußte Konfigurationen durch das Vergleichen von Mustern ist allerdings nicht für sich allein der wichtigste Aspekt des Informationsaustausches. Diese Muster haben nur insofern Bedeutung, als sie zu einer Beziehung gehören. Es ist eine einzigartige Eigenschaft der Analyse, daß die wechselnden Belastungen am Schnittpunkt zwischen Analytiker und Analysand zu einem aufeinander bezogenen Austausch führen, der nach genauer Bestimmung und einem verstehbaren, emotional gefüllten Bedeutungsfeld [set of emotion-laden meanings] verlangt. Also ist die Beziehung zwischen Analytiker und Analysand mehr als die Arbeitsgrundlage für die Analyse; die wechselnden Belastungen darin sorgen für wichtige Daten, aus denen die bedeutsamsten Aspekte des Verstehens gewonnen werden.

Damit man meinen Gedankengängen folgen kann, ist ein erlebnisnaher Standpunkt notwendig. In der Anfangsphase der Analyse kann der Analysand scheitern oder Erfolg haben, wenn er vermittelt, wie er das Auf und Ab der Verbindung als solcher erlebt. Das kann ein Einstieg in die Innenwelt des Analysanden werden. Ein anderer Einstieg könnte das empathische Bemühen des Analytikers sein zu erspüren, was der Eifer oder die Widerständigkeit des Analysanden bei der Beziehungsaufnahme und auch die damit verbundene Beruhigung oder Erregung usw. bedeuten. Man kann davon ausgehen, daß die ganze Analyse hindurch all die Erfahrungen, die ich erwähnt habe und die in der ein oder anderen Theorie als heilsam erachtet werden, zeitweise die Belastung am Arbeitsschnittpunkt lindern. Weil daraus das Empfinden erwächst, daß man aus der Sache Nutzen zieht, können diese Erfahrungen ein Quell weiteren Verstehens sein, wenn die Bedeutung dieser Wirkung ihrerseits untersucht wird. Eine zusammenfassende Liste analytischer Wirkungen, die als heilsam erachtet worden sind, enthält folgendes: die Erfahrung der Katharsis oder Abreaktion; das Empfinden, empathisch verstanden worden zu sein; das Verbinden eines gegenwärtigen unbewußten Wunsches mit seinem Ursprung in der Kindheit, was zum Aufgeben des Wunsches und zu einem Wandel der Ziele führt; die Reparatur eines fragmentierten Empfindens kontinuierlicher Lebenserfahrung; die Aufdeckung einer Anfälligkeit für idiosynkratische Wahrnehmungsauslegung; das Empfinden von reichhaltiger Einsicht, das schmerzliche Mystifikation ersetzt; das Erkennen einer Regulierungsstörung im Bereich des Schlafes, der Erregung oder der Nahrungsaufnahme, was heilungsfördernde Maßnahmen ermöglicht; und eine erfolgreiche Konfrontation, die zu einem stärkeren Empfinden von Autonomie führt und die Atmosphäre reinigt. Jede dieser hilfreichen Wirkungen kann, wenn sie in der Analyse auftaucht, in ihrem Zusammenhang mit verringerter Belastung in der Beziehung zwischen Analytiker und Analysand begriffen werden. Dennoch sind diese Beispiele für hilfreiche Erfahrungen nicht die entscheidende dynamische Kraft, die zur analytischen Heilung führt. Der *Impetus* zur Veränderung entspringt vielmehr den groben oder partiellen Fehlschlägen, die den Erfolgen vorangehen. Diese Fehlschläge zwingen zur Aufmerksamkeit, damit das Wesen der Problembereiche verständlich wird.

Zu groben Fehlschlägen kommt es, wenn die Botschaften der Analysanden ihnen selbst so unvertraut (dynamisch unbewußt) sind und sie so stark gegen ihre habituelle Selbstverschleierung (unbewußte Abwehr) anarbeiten müssen, daß ihre Mitteilungen obskur, überspannt und redundant sind. Wenn der Analytiker versucht, empathisch wahrzunehmen, stößt er auf diese Grenze. Eine Zeitlang kann der Aufmerksamkeitsfokus des Analytikers auf einem Frustrationsgefühl aufgrund des gegenseitigen Mißverstehens liegen. In diesem Gefühl der Frustration und der Unsicherheit muß der Analytiker der Versuchung widerstehen, unter Rückgriff auf die Theorie einen vorschnellen Abschluß herbeizuführen, bevor er Zugang zum gesamten inneren Erleben des Patienten gewonnen hat. Wie im Fall des Patienten, der sozusagen sich aus- und den Fernseher eingeschaltet hatte und eine sinnvolle Kommunikation weder führte noch erwartete, müssen Analytiker und Analysand ständig kämpfen, um sich in solchen Situationen zu finden. Wenn Analytiker und Analysand (hauptsächlich durch verbalen

Austausch, zeitweise ergänzt um nichtverbale Zeichen) anfangen, die Lücke zu überbrücken, wird das beiderseitige Erkennen der Innenwelt des Analysanden in Austauschvorgängen vermittelt, die meist partielle Fehlschläge sind. Ich glaube, daß die Austauschaktivität beider Partner, zu der es im Kontext der Überbrückungsversuche kommt, die wichtigste Analogie zwischen dem analytischen Prozeß und dem Prozeß der normalen Entwicklung ist.

In der normalen Entwicklung wird das Wachstum des Kindes in wechselnden Bedürfnissen und zunehmenden Fähigkeiten deutlich. Die Bemühungen der Bezugsperson, Lücken zwischen deren divergierenden Motiven zu schließen, fördern das Wachstum. Die zwischen einem Elternteil und dem Kind divergierenden Motive führen zu Belastungen. Das Bestreben, diese Belastungen durch empathisches Verstehen und angemessene Reaktionen zu vermindern – zunächst nur seitens des Elternteils, später auf beiden Seiten – dieses Bestreben bringt die beiden zusammen. Die Gemeinsamkeit, die sich daraus ergibt, ist der Kontext, in dem der Wachstumsprozeß gedeiht. Diese Analogie ist für die Psychoanalyse von Wert, weil wir damit bestimmen können, was für eine heilende Erfahrung förderlich ist. Ähnlich erfahren wir durch die bemerkenswerten Studien über die Neugeborenen- und Säuglingszeit, die ich besprochen habe, was normale Entwicklung möglich macht und behindert. Aber der entscheidende Prozeß, durch den die Heilung zustandekommt, steht mit dem Wachstum in Zusammenhang, und wie dieses ist er noch nicht erkannt – und im Erleben nicht erkennbar.

Zusammenfassend gesagt, kommt die analytische "Heilung" als Ergebnis eines inhärenten Wachstumsprozesses zustande, der durch eine Abfolge intrapsychischer Aktivitäten gefördert und in erster Linie durch verbale Austauschprozesse kommuniziert wird (durch freie Assoziation und Deutung). Zu manchen Zeiten benutzt der Analytiker den empathischen Wahrnehmungsmodus und der Patient die Introspektion, um ein durch die Assoziationen des Analysanden gegebenes Stück Vordergrundinformation (z. B. über eine Auseinandersetzung mit dem Ehepartner) in einen bedeutsamen Beziehungskontext einzufügen. Zu anderen Zeiten kann das subjektive Empfinden des Analysanden über erhöhte oder verringerte Belastungen am Arbeitsschnittpunkt zum Fokus weiterer Arbeit werden. Solches Empfinden ensteht durch Erfolg oder partielle Fehlschläge beim Verstehen. Was in der Beziehung geschieht, macht Nachforschungen nötig und Erfolg möglich; die erfolgreiche und erfolglose Suche nach Bedeutung fördert die Erforschung der Beziehung in ihren bewußten und unbewußten, aktuellen und übertragenen Anteilen. Die einzigartige Interaktion innerhalb einer Beziehung mit einem spannungsreichen Schnittpunkt wird mit der gemeinsamen Suche nach Bedeutung kombiniert. Diese Kombination macht die Analyse aus, oder besser: sie macht die heilsame Erfahrung aus, die eine erfolgreiche Analyse ist.

Literatur

Abelin B (1977) The role of the father in core gender identity and in psychosexual differentiation. (Paper resented at meeting of American Psychoanalytic Association, Quebec, May)

Ablon S, Mack J (1980) Children's dreams reconsidered. Psychoanal Study Child 35:179–218

Agosta L (1984) Empathy and intersubjectivity. In: Lichtenberg J, Bornstein M, Silver D (eds) Empathy I. Analytic Press, Hillsdale/NJ

Ainsworth MD (1979) Attachment as related to mother-infant interaction. In: Rosenblatt JB, Hinde RA, Beer C, Bushel M (eds) Advances in the study of behavior. Academic Press, New York, pp 1–51

Ainsworth M, Bell RQ (1969) Some contemporary patterns of mother-infant interaction in the feeding situation. In: Ambrose A (ed) Stimulation in early infancy. Academic Press, London, pp 133–170

Aleksandrowicz M, Aleksandrowicz D (1976) Precursors of ego in neonates. J Am Acad Child Psychiatry 15:257–268

Amsterdam B, Levitt M (1980) Consciousness of self and painful self-consciousness. Psychoanal Study Child 35:67–84

Arlow J (1963) Conflict, regression, and symptom formation. Int J Psychoanal 44:12–22 (dt. 1963: Konflikt, Regression und Symptombildung. Psyche 17: S. 23–43)

Barnett C, Leiderman P, Grobstein R, Klaus M (1970) Neonatal separation: Maternal side of interactional deprivation. Pediatrics 46:197–205

Basch MF (1975) Toward a theory that encompasses depression: A revision of existing causal hypotheses in psychoanalysis. In: Anthony EJ, Benedek T (eds) Depression and human existence. Little Brown, Boston, pp 485–534

Basch MF (1976) The concept of affect: A re-examination. J Am Psychoanal Assoc 24:759–778

Basch MF (1977) Developmental psychology and explanatory theory in psychoanalysis. Annu Psychoanal 5:229–266

Basch MF (1981) Psychoanalytic interpretation and cognitive transformation. Int J Psychoanal 62:151–176

Beebe B, Sloate P (1982) Assessment and treatment in mother-infant attunement in the first three years of life: A case history. Psychoanal Inquiry 1:601–624

Beebe B, Stern D (1977) Engagement-disengagement and early object experiences. In: Freedman M, Grand S (eds) Communicative structures and psychic structures. Plenum, New York, pp 35–55

Bell RQ (1975) A congenital contribution to emotional response in early infancy and the preschool period. Ciba Found Symp 33:201–212

Bennett S (1976) Infant-caretaker interactions. In: Rexford E, Sander L, Shapiro A (eds) Infant psychiatry. Yale Univ Press, New Haven, pp 79–90

Blum HP (1978) Symbolic processes and symbol formation. Int J Psychoanal 59:455–471

Bower T (1971) The object in the world of the infant. Sci Am 225:30–38

Bower T (1976) Receptive process in child development. Sci Am 235:38–47

Bowlby J (1969) Attachment and loss, vol 1: Attachment. Basic Books, New York (dt. 1975: Bindung. Eine Analyse der Mutter-Kind-Beziehung. München, Kindler)

Brazelton TB (1973) Neonatal behavioral assessment scale. Heinemann, London (National Spastics Society Monograph)

Brazelton TB (1980a) Neonatal assessment. In: Greenspan SI, Pollock GH (eds) The course of life: Psychoanalytic contributions toward understanding personality development, vol 1: Infancy and early childhood. NIMH, Rockville/MD, pp 203–234

Brazelton TB (1980b) New knowledge about the infant from current research: Implications for psychoanalysis. (Paper presented at meeting of American Psychoanalytic Association, San Francisco, May 3)

Brazelton TB, Als H (1979) Four early stages in the development of mother-infant interaction. Psychoanal Study Child 34:349–371

Brazelton TB, Troschnick E, Adamson L, Als H, Wise S (1975) Early mother-infant reciprocity. Ciba Found Symp 33:137–155

Brenner C (1974) On the nature and development of affects: A unified theory. Psychoanal Q 43:532–556

Bridger W (1961) Sensory habituation and discrimination in the human infant. J Am Psychiatr Assoc 118:991–996

Brody S (1982) Psychoanalytic theories of infant development and its disturbances: A critical evaluation. Psychoanal Q 51:526–597

Brooks J, Lewis M (1974) Infants' response to pictures of self, mother and other. Educational Testing Service, Princeton, no 100 (unpublished)

Brooks J, Lewis M (1976) Visual self recognition in infancy: Contingency and the self-other distinction. (Paper presented at Southeastern Conference on Human Development, Nashville, April)

Brooks-Gunn J, Lewis M (1979) Infant social perception: Responses to pictures of parents and strangers. Educational Testing Service, Princeton, no 215 (unpulished)

Broucek F (1979) Efficacy in infancy: A review of some experimental studies and their possible implications for clinical theory. Int J Psychoanal 60:311–316

Broucek F (1982) Shame and its relationship to early narcissistic developments. Int J Psychoanal 63:369–378

Bruner J, Sherwood V (1980) Thought, language, and interaction in infancy. (Paper presented at First World Congress on Infant Psychiatry, Portugal, March 30–April 3)
Bühler K (1930) Kindheit und Jugend. Hirzel, Leipzig
Call J (1980) Some prelinguistic aspects of language development. J Am Psychoanal Assoc 28:259–290
Call J, Marschak (1976) Styles and games in infancy. In: Rexford E, Sander L, Shapiro A (eds) Infant psychiatry. Yale Univ Press, New Haven, pp 104–112
Carpenter G (1974) Mother's face and the newborn. New Scientist 61:742
Carpenter G, Tecce J, Stechler G, Friedman S (1970) Differential visual behavior to human and humanoid faces in early infancy. Merrill Palmer Q 16:91–108
Cobliner W (1968) Appendix: The Geneva school of genetic psychology and psychoanalysis: Parallels and counterparts. In: Spitz R (ed) The first year of life. Int Univ Press, New York, pp 301–356 (dt. [5]1975: Anhang: Die Genfer Schule der genetischen Psychologie und Psychoanalyse: Parallelen und Gegensätze. In: Spitz, René [unter Mitarbeit von W. Godfrey Cobliner]: Vom Säugling zum Kleinkind, S 312–367. Klett-Cotta, Stuttgart)
Condon WS (1977) A primary phase in the organization of infant responding. In: Schaffer HR (ed) Studies in mother-infant interaction. Academic Press, New York, pp 153–176
Condon WS, Sander L (1974) Neonate movement is synchronized with adult speech. Science 183:99–101
Décarie TG ([1]1962, 1965) Intelligence and affectivity in early childhood. Univ Press, New York
Demos V (1982) Affect in early infancy: Physiology or psychology. Psychoanal Inquiry 1:533–574
Dowling S (1977) Seven infants with esophageal astresia: A developmental study. Psychoanal Study Child 32:215–256
Dowling S (1982) Dreams and dreaming in relation to trauma in childhood. Int J Psychoanal 63:157–166
Emde RN (1980) Toward a psychoanalytic theory of affect. In: Greenspan SI, Pollock GH (eds) The course of life: Psychoanalytic contributions toward understanding personality development, vol 1: Infancy and early childhood. NIMH Rockville/MD, pp 63–112
Emde RN (1981a) Changing models of infancy and the nature of early development: Remodeling the foundation. J Am Psychoanal Assoc 29:179–219
Emde RN (1981b) Paper presented to interdisciplinary colloquium on infant research. American Psychoanalytic Association, New York

Emde RN, Robinson J (1979) The first two months: Recent research in developmental psychobiology and the changing view of the newborn. In: Noshpitz J (ed) Basic handbook of child psychiatry, vol 1. Basic Books, New York, pp 72–105

Emde RN, Gaensbauer T, Metcalf D, Koenig K, Wagonfeld S (1971) Stress and neonatal sleep. Psychosom Med 33:491–497

Emde RN, Gaensbauer T, Harmon R (1976) Emotional expression in infancy: A biobehavioral study. Psychol Issues Monogr 37

Engel G (1962) Anxiety and depression-withdrawal: The primary affects of unpleasure. Int J Psychoanal 43:89–97

Engel G (1979) Monica: A 25-year longitudinal study of the consequences of trauma in infancy. (Paper presented at meeting of the American Psychoanalytic Association)

Erikson EH (1950) Growth and crises of the "healthy personality". In: The healthy personality, suppl 2. Progress Associates, Caldwell/NJ (dt. 1953: Wachstum und Krisen der gesunden Persönlichkeit. Klett-Cotta, Stuttgart)

Erikson EH (1959) Identity and the life cycle. Psychol Issues (Monogr 1). Internat Univ Press, New York (dt. [5]1979: Identität und Lebenszyklus. Suhrkamp, Frankfurt am Main)

Fantz R (1961) The origin of form perception. Sci Am 204:66–84

Fast I (1979) Developments in gender identity: Gender differention in girls. Int J Psychoanal 60:443–453

Field T, Woodson R, Greenberg R, Cohen D (1982) Discrimination and imitation of facial expressions by neonates. Science 218:179–181

Flavell J (1963) The developmental psychology of Jean Piaget. Van Nostrand, Princeton/NJ

Fox R, McDaniel C (1982) The perception of biological motion by human infants. Science 218:486–487

Fraiberg S (1969) Libidinal object constancy and mental representation. Psychoanal Study Child 24:9–47

Fraiberg S (1971) Smiling and stranger reaction in blind infants. In: Hellmuth J (ed) The exceptional infant, vol 2: Studies in abnormalities. Brunner Mazel, New York, pp 110–127

Fraiberg S (1974) Blind infants and their mothers: An examination of the sign system. In: Lewis M, Rosenblum L (eds) The effect of the infant on its caregiver. Wiley, New York

Fraiberg S, Freedman D (1964) Studies in the ego development of the congenitally blind child. Psychoanal Study Child 19:113–169

Frankel S, Sherick I (1977) Observations on the development of normal envy. Psychoanal Study Child 32:257–282

Freud A (1936, 1946) The ego and the mechanisms of defense. Int Univ Press, New York (dt. 1964: Das Ich und die Abwehrmechanismen. Kindler, München)

Freud A (1965) Normality and pathology in childhood. Int Univ Press, New York (dt. 1968: Wege und Irrwege der Kinderentwicklung. Klett-Cotta, Stuttgart)

Freud S ([1]1895, 1966) Project for a scientific. (Standard edition, vol 1, Hogarth, London, pp 295–387) (dt. 1962: Entwurf einer Psychologie. In: Freud S, Aus den Anfängen der Psychoanalyse. Fischer, Stuttgart)

Freud S ([1]1905, 1953) Three essays on the theory of sexuality. Standard edition, vol 7, pp 135–243 (dt. 1960: Drei Abhandlungen zur Sexualtheorie. Gesammelte Werke 5, S 27–145. Fischer, Stuttgart)

Freud S ([1]1909, 1955) Analysis of a phobia in a five-year-old boy. Standard edition, vol 10, pp 3–152 (dt. 1960: Analyse der Phobie eines fünfjährigen Knaben. Gesammelte Werke 7, S 241–377. Fischer, Stuttgart)

Freud S ([1]1912, 1958) Recommendations to physicians practicing psychoanalysis. Standard edition, vol 12, pp 109–120 (dt. 1960: Ratschläge für den Arzt bei der psychoanalytischen Behandlung. Gesammelte Werke 8, S 375–387. Fischer, Stuttgart)

Freud S ([1]1915, 1957) Repression. Standard edition, vol 14, pp 146–158 (dt. 1960: Die Verdrängung. Gesammelte Werke 10, S 247–261. Fischer, Stuttgart)

Freud S ([1]1926, 1959) Inhibitions, symptoms and anxiety. Standard edition, vol 20, pp 87–172 (dt. 1960: Hemmung, Symptom und Angst. Gesammelte Werke 14, S 111–205. Fischer, Stuttgart)

Friedman L (1980) The barren prospect of a representational world. Psychoanal Q 49:215–233

Friedman L (1982) How does the analyst know what's what? (Paper presented to Baltimore DC Society for Psychoanalysis, April 17)

Galenson E, Roiphe H (1974) The emergence of genital awareness during the second year of life. In: Friedman R, Richart R, Wides R van de (eds) Sex differences in behavior. Wiley, New York, pp 223–231

Gay E, Hyson M (1976) Blankets, bears, and bunnies: Studies of children's contacts with treasured objects. In: Shapiro T (ed) Psychoanalysis and contemporary science, vol 5. Int Univ Press, New York, pp 271–316

Gedo JE (1979) Beyond interpretation: Toward a revised theory for psychoanalysis. Int Univ Press, New York

Gill MM (1963) Topography and systems in psychoanalytic theory. Psychol Issues 10

Glauber IP (1982) Dysautomatization: A disorder of preconscious ego functioning. In: Glauber HM (ed) Stuttering – A psychoanalytic understanding. Human Sciences Press, New York

Goldberg A (1983) Self psychology and alternative perspectives on internalization. In: Lichtenberg J, Kaplan S (eds) Reflections on self psychology. Analytic Press, Hillsdale/NJ

Goldberg S, Lewis M (1969) Play behavior in the year-old infant: Early sex differences. Child Dev 40:21–31

Graves P (1980) The functioning fetus. In: Greenspan SI, Pollock GH (eds) The course of life: Psychoanalytic contributions toward understanding personality development, vol 1: Infancy and early childhood. NIMH, Rockville/MD, pp 235–256

Greenacre P ([1]1941, 1952) The predisposition to anxiety. In: Trauma, growth, and personality. Int Univ Press, New York, pp 27–52

Greenacre P (1954) Problems of infantile neurosis: A discussion. Psychoanal Study Child 9:18–24

Greenspan SI (1979) Intelligence and adaptation. Psychol Issues 47/48

Greenspan SI (1981) Psychopathology and adaptation in infancy and early childhood. Univ Press, New York (Clinical infant reports, no 1)

Greenspan SI (1982) Three levels of learning: A developmental approach to "awareness" and mind-body relations. Psychoanal Inquiry 1:659–694

Hales D, Losoff B, Sosa R, Kennell J (1977) Defining the limits of the maternal sensitive period. Dev Med Child Neurol 19:454–461

Hartmann H ([1]1933, 1964) An experimental contribution to the psychology of obsessive-compulsive neurosis: On remembering completed and uncompleted task. In: Essays on ego psychology. Int Univ Press, New York, pp 404–418 (dt. 1972: Ein experimenteller Beitrag zur Psychologie der Zwangsneurose: Über das Behalten unerledigter und unerledigter Handlungen. In: (ders.) Ich-Psychologie, S 386–398. Klett-Cotta, Stuttgart)

Hartmann H ([1]1939, 1958) Ego psychology and the problem of adaptation. Int Univ Press, New York (dt. [2]1970: Ich-Psychologie und Anpassungsproblem. Klett-Cotta, Stuttgart)

Hartmann H ([1]1956, 1964) Notes on the reality principle. In: Essays on ego psychology. Univ Press, New York, pp 241–267 (dt. 1972: Bemerkungen zum Realitätsproblem. In: Hartmann H, Ich-Psychologie, S 236–260. Klett-Cotta, Stuttgart)

Hartmann H (1964) Essays on ego psychology. Int Univ Press, New York (dt. 1972: Ich-Psychologie. Klett-Cotta, Stuttgart)

Hartmann H, Kris E, Loewenstein RM (1946) Comments on the formation of psychic structure. Psychol Issues 14:27–55

Hartmann H, Kris E, Loewenstein RM (1964) Papers on psychoanalytic psychology. Psychol Issues 14

Hendrick I (1942) Instinct and the ego during infancy. Psychoanal Q 2

Herzog J (1980) Sleep disturbance and father hunger in 18- to 20-month-old boys: The Erlkonig syndrome. Psychoanal Study Child 35:219–236

Holt RR (1967) The development of the primary process. Psychol Issues 18/19:344–383

Inhelder B, Piaget J ([1]1955, 1958) The growth of logical thinking from childhood to adolescence. Basic Books, New York (dt. 1977: Von der Logik des Kindes zur Logik des Heranwachsenden. Walter, Olten)
Izard C (1977) Human emotions. Plenum Press, New York (dt. 1981: Die Emotionen des Menschen. Beltz, Weinheim)
Jacobs T (1973) Posture, gesture and movement in the analyst: Cues to interpretation and countertransference. J Am Psychoanal Assoc 21:77–92
Jacobson E (1964) The self and the object world. Int Univ Press, New York (dt. 1973: Das Selbst und die Welt der Objekte. Suhrkamp, Frankfurt am Main)
James W ([1]1890, 1950) Principles of psychology. Dover, New York
Jones J (1981) Affects: A nonsymbolic information processing system (unpublished)
Kagan J, Kearsley R, Zelazo P (1978) Infancy: Its place in human development. Harvard Univ Press, Cambridge/MA
Kaufman I (1976) Developmental considerations of anxiety and depression: Psychobiological studies in monkeys. In: Shapiro T (ed) Psychoanalysis and contemporary science, vol 5. Int Univ Press, New York, pp 317–366
Keiser S (1977) Discussion group: Reconstruction and unconscious fantasy in psychoanalytic treatment
Kennell J, Gordon D, Klaus M (1970) The effect of early mother-infant separation on later maternal performance. Pediatr Res 4:473–474
Kernberg OF (1975) Borderline conditions and pathological narcissism. Aronson, New York (dt. [2]1978: Borderlinestörungen und pathologischer Narzißmus. Suhrkamp, Frankfurt am Main)
Kernberg OF (1976) Object relations theory and clinical psychoanalysis. Aronson, New York (dt. 1981: Objektbeziehungen und Praxis der Psychoanalyse. Klett-Cotta, Stuttgart)
Klaus MH et al. (1972) Maternal attachment: The importance of the first postpartum days. N Engl J Med 286:460–463
Kleeman J (1973) The peek-a-boo game: Its evolution and associated behavior, especially bye-bye and shame expression, during the second year. J Am Acad Child Psychiatry 12:1–23
Kleeman J (1975) Genital self-stimulation in infant and toddler girls. In: Marcus I, Francis J (eds) Masturbation: From infancy to senescence. Int Univ Press, New York, pp 77–106
Klein M (1952) Development in psycho-analysis, ed. J. Riviere Hogarth, London
Kohut H (1971) The analysis of the self. Int Univ Press, New York (dt. 1973: Narzißmus. Suhrkamp, Frankfurt am Main)
Kohut H (1977) The restoration of the self. Int Univ Press, New York (dt. 1979: Die Heilung des Selbst. Suhrkamp, Frankfurt am Main)

Kohut H (1980) Reflections. In: Goldberg A (ed) Advances in self psychology. Int Univ Press, New York, pp 473–554

Kohut H (1983) Selected problems of self psychological theory. In: Lichtenberg J, Kaplan S (eds) Reflections on self psychology. Analytic Press, Hillsdale/NJ

Korner A (1973) Sex differences in newborns with special reference to differences in the organization of oral behavior. J Child Psychol Psychiatry 14:19–29

Korner A (1974) The effect of the infant's state, level of arousal, sex and ontogenetic stage on the caregiver. In: Lewis M, Rosenblum L (eds) The effect of the infant on its caregiver. Wiley-Interscience, New York, pp 105–201

Korner A, Thoman E (1970) Visual alertness in neonates as evoked by maternal care. J. Exp Child Psychol 10:67–78

Krystal H (1974) The genetic development of affects and affect regression. Annu Psychoanal 2:98–126

Krystal H (1979) Alexithymia and psychotherapy. Am J Psychother 33:17–31

La Barre W (1978) Freudian biology magic, and religion. J Am Psychoanal Assoc 26:813–380

Langer SK (1951) Philosophy in a new key, 2nd edn. Harvard Univ Press, Cambridge/MA (dt. 1965: Philosophie auf neuem Wege. Fischer, Frankfurt am Main)

Laplanche J, Pontalis J-B ([1]1967, 1973) The language of psycho-analysis. Norton, New York (dt. 1972: Das Vokabular der Psychoanalyse, 2 Bde. Suhrkamp TB, Frankfurt am Main)

Lester E (1982) Panel: New directions in affect theory. J Am Psychoanal Assoc 30:197–212

Lewin B (1950) The psychoanalysis of elation. Norton, New York

Lewis M, Brooks-Gunn J (1979) Social cognition and the acquisition of self. Plenum, New York

Lichtenberg J (1975) The development of the sense of self. J Am Psychoanal Assoc 23:413–484

Lichtenberg J (1978a) The testing of reality from the standpoint of the body self. J Am Psychoanal Assoc 26:357–385

Lichtenberg J (1978b) Transmuting internalization and developmental change. (Paper presented to Psychology of Self Conference, Chicago)

Lichtenberg J (1979) Factors in the development of the sense of the object. J Am Psychoanal Assoc 27:375–386

Lichtenberg J (1981a) The empathic mode of perception and alternative vantage points for psychoanalytic work. Psychoanal Inquiry 1:329–356

Lichtenberg J (1981b) Implications for psychanalytic theory of research on the neonate. Int Rev Psychoanal 8:35–52

Lichtenberg J (1982a) Categories of aggression and frames of reference within which to view them. Psychoanal Inquiry 2:213–231

Lichtenberg J (1982b) Continuities and transformations between infancy and adolescence. Adolesc Psychiatry 10:182–198

Lichtenberg J (1982c) Reflections on the first year of life. Psychoanal Inquiry 1:695–730

Lichtenberg J (1983) An application of the self-psychological viewpoint to psychoanalytic technique. In: Lichtenberg J, Kaplan S (ed) Reflections on self psychology. Analytic Press, Hillsdale/NJ

Lichtenberg J, Pao P-N (1974) Delusion fantasy and desire. Int J Psychoanal 55:273–281

Lichtenberg J, Slap J (1971) On the defensive organization. Int J Psychoanal 52:351–457

Lichtenberg J, Slap J (1972) On the defense mechanism: A survey and synthesis. J Am Psychoanal Assoc 20:776–792

Lichtenberg J, Slap J (1973) Notes on the concept of splitting and the defense mechanism of splitting of representations. J Am Psychoanal Assoc 21:772–787

Lichtenberg J, Slap J (1977) Comments on the general functioning of the analyst in the psychoanalytic situation. Annu Psychoanal 5:295–312

Loewald H (1971) On motivation and instinct theory. Psychoanal Study Child 26:91–128

Loewald H (1978) Instinct theory, object relations and psychic-structure information. J Am Psychoanal Assoc 26:493–506

London N (1981) The play element of regression in the psychoanalytic process. Psychoanal Inquiry 1:7–28

Lustman S (1957) Psychic energy and the mechanism of defense. Psychoanal Study Child 12:157–165 (dt. 1969: Psychische Energie und Abwehrmechanismen. Psyche 23:170–183)

MacFarlane J (1975) Olfaction in the development of social preferences in the human neonate. In: Parent-Infant Interaction. Ciba Found Symp 33:103–118

Mahler MS (1967) On human symbiosis and vicissitudes of individuation. J Am Psychoanal Assoc 15:740–763

Mahler MS (1968) On human symbiosis and the vicissitudes of individuation. Int Univ Press, New York (dt. [3]1983: Symbiose und Individuation. Band 1: Psychosen im frühen Kindesalter. Klett-Cotta, Stuttgart)

Mahler MS, Pine F, Berman A (1975) The psychological birth of the human infant. Basic Books, New York (dt. 1980: Die psychische Geburt des Menschen. Fischer, Stuttgart)

Major R, Miller P (1981) Empathy, antipathy, and telepathy in the analytic process. Psychoanal inquiry 1:449–470

Malcolm J (1981) The impossible profession. Knopf, New York (dt. 1983: Fragen an einen Psychoanalytiker: zur Situation eines unmöglichen Berufs. Klett-Cotta, Stuttgart)

Massie H (1978) The early natural history of childchood psychosis. Ten cases studied by analysis of family home movies of the infancies of the children. J Am Acad Child Psychiatry 17:29–45

McKinnon J (1979) Two semantic forms: Neuropsychological and psychoanalytic descriptions. Psychoanal Contemp Thought 2:25–76

McLaughlin J (1982) Issues stimulated by the 32nd Congress. Int J Psychoanal 63:229–240

Meltzoff A, Borton R (1979) Intermodal matching by human neonates. Nature 282:403–404

Meltzoff A, Moore M (1977) Imitation of facial and manual gestures by human neonates. Science 198:75–78

Messer S, Lewis M ([1]1970, 1973) Social class and sex differences in the attachment and play behavior of the year-old infant. In: Fisher S (ed) The female orgasm. Lane, London, pp 71–72

Modarressi T (1980) An experimental study of "double" (amphiscious) imagery during infancy and childhood. (Paper presented at meeting of American Psychoanalytic Association, New York, December)

Modarressi T (1981) An experimental study of mirror imagery during infancy and childhood: The evolution of the self and its developmental vicissitudes (unpublished)

Modarressi T, Kenny T (1977) Children's response to their true and distorted mirror images. Child Psychiatry Hum Dev 8/2:94–101

Moore B, Fine B (1967) A glossary of psychoanalytic terms and concepts. American Psychoanalytic Association, New York

Moss H, Robson K (1968) The role of protest behavior in the development of mother-infant attachment. (Paper presented at meeting of American Psychological Association, San Francisco)

Murphy L (1973) Some mutual contributions of psychoanalysis and child development. In: Psychoanalysis and contemporary science, vol 2. Int Univ Press, New Yor, pp 99–123

Nemiah J (1975) Denial revisited: Reflections on psychosomatic theory. Psychother Psychosom 26:140–147

Nicolich L (1977) Beyond sensorimotor intelligence: Assessment of symbolic maturity through analysis of pretend play. Merrill Palmer Q 28:89–99

Noy P (1979) The psychoanalytic theory of cognitive development. Psychoanal Study Child 34:169–216

Papousek H, Papousek M (1975) Cognitive aspects of preverbal social interaction between human infant and adults. Ciba Found Symp 33

Parens H (1979a) The development of aggression in early childhood. Aronson, New York

Parens H (1979b) Developmental considerations of ambivalence: An exploration of the relations of instinctual drives and the symbiosis-separation-individuation process. Psychoanal Study Child 34:385–420

Peterfreund E (1978) Some critical comments on psychoanalytic conceptualizations of infancy. Int J Psychoanal 59:427–441

Peterson G, Mehl L (1978) Some determinants of maternal attachment. Am J Psychiatry 135:1168–1173

Piaget J ([1]1936, 1952) The origins of intelligence. Int Univ Press, New York (dt. 1973: Das Erwachen der Intelligenz beim Kinde. Klett-Cotta, Stuttgart)

Piaget J ([1]1937, 1954) The construction of reality in the child. Basic Books, New York (dt. 1974: Der Aufbau der Wirklichkeit beim Kinde. Klett-Cotta, Stuttgart)

Piaget J ([1]1945, 1951) Play, dreams and imitation in childhood. Norton, New York (dt. 1975: Nachahmung, Spiel und Traum. Klett-Cotta, Stuttgart)

Piaget J, Inhelder B ([1]1966, 1969) The psychology of the child. Basic Books, New York (dt. 1972: Die Psychologie des Kindes. Walter, Olten)

Pine F (1981) In the beginning: Contributions to a psychoanalytic developmental psychology. Int Rev Psychoanal 8:15–34

Prechtl HF (1963) The mother-child interaction in babies with minimal brain damage. In: Foss BM (ed) Determinants of infant behavior, vol 2. Wiley, New York, pp 53–66

Rapaport D (1959) A historical survey of psychoanalytic ego psychology. Psychol Issues 1:5–7

Rapaport D (1960) The structure of psychoanalytic theory. Psychol Issues 6 (dt. 1970: Die Struktur der psychoanalytischen Theorie. Klett-Cotta, Stuttgart)

Reinisch J (1981) Prenatal exposure to synthetic progestin increases potential for aggression in humans. Science 211:1171–1173

Renik O, Spielman P, Afterman J (1978) Bamboo phobia in an eighteen-month-old boy. J Am Psychoanal Assoc 26:255–282

Roffwarg HP, Muzio JN, Dement WC (1966) Ontogenetic development of the human sleep-dream cycle. Science 152:604–619

Roiphe H (1968) On an early genital phase. Psychoanal Study Child 23:349–365

Rovee-Collier C, Sullivan M, Enright M, Lucas D, Fagen J (1980) Reactivation of infant memory. Science, 208:1159–1161

Rubinfine D (1961) Perception, reality testing, and symbolism. Psychoanal Study Child 16:73–89

Rubinstein B (1976) Hope, fear, wish, expectation and fantasy. In: Shapiro T (ed) Psychoanalysis and contemporary science, vol 5. Int Univ Press, New York, pp 3–60

Sander L (1975) Infant and caretaking environment: Investigation and conceptualization of adaptive behavior in a system of increasing complexity. In: Anthony EJ (ed) Explorations in child psychiatry. Plenum Press, New York, pp 129–166

Sander L (1980a) Investigation of the infant and its caregiving environment as a biological system. In: Greenspan SI, Pollock GH (eds) The course of life: Psychoanalytic contributions toward understanding personality development, vol 1: Infancy and early childhood. NIMH, Rockville/MD, pp 177–202

Sander L (1980b) Panel: New knowledge about the infant from current research: Implications for psychoanalysis. J Am Psychoanal Assoc 28:181–198

Sander L (1980c) Polarity, paradox, and the organizing process in development. (Paper presented at First World Congress of Infant Psychiatry, Portugal, March 30–April 3)

Sander L (1983) To begin with-reflections on ontogeny. In: Lichtenberg J, Kaplan S (eds) Reflections on self psychology. Analytic Press, Hillsdale/NJ

Sander L, Stechler G, Julia H, Burns P (1976) Primary prevention and some aspects of temporal organization in early infant-caretaker interaction. In: Rexford E, Sander L, Shapiro T (eds) Infant psychiatry. Yale Univ Press, New Haven, pp 187–204

Sandler J (1960) The background of safety. Int J Psychoanal 41:352–356 (dt. 1961: Sicherheitsgefühl und Wahrnehmungsvorgang. Psyche 15:124–131)

Sandler J, Joffe (1969) Towards a basic psychoanalytic model. Int J Psychoanal 50:79–90 (dt. 1969: Auf dem Weg zu einem Grundmodell der Psychoanalyse. Psyche 23:461–480)

Sandler J, Rosenblatt B (1962) The concept of the representational world. Psychoanal Study Child 17:128–145 (dt. 1984: Der Begriff der Vorstellungswelt. Psyche 38:235–353)

Schaffer HR, Emerson P (1964) Patterns of responses to physical contact in early human development. J Child Psychol Psychiatry 5:1–13

Schur M (1966) The id and the regulatory principles of mental functioning. Int Univ Press, New York (dt. 1973: Das Es und die Regulationsprinzipien des psychischen Geschehens. Fischer, Frankfurt am Main)

Schur M (1969) Affects and cognition. Int J Psychoanal 50:647–653

Schwaber E (1981) Empathy: A mode of analytic listening. Psychoanal Inquiry 1:357–392

Shapiro T (1979) Clinical psycholinguistics. Plenum, New York

Sharpe E (1940, 1950) Psycho-physical problems revealed in language: An examination of metaphor. In: Collected papers on psychoanalysis. Hogarth, London

Shevrin H, Tousseing P (1965) Vicissitudes of the need for tactile stimulation in instinctual development. Psychoanal Study Child 20:310–339

Shopper M (1978) The role of audition in early psychic development with special reference to the use of the pull-toy in the separation-individuation phase. J Am Psychoanal Assoc 26:283–310

Silver D (1981) Ed. Commentaries on John Gedo's Beyond interpretation. Psychoanal Inquiry 1:163–319

Siqueland, de Lucia C (1969) Visual reinforcement of non-nutrivite sucking in human infants. Science 165:1144–1146

Spiegel L (1959) The self, the sense of self, and perception. Psychoanal Study Child 14:81–109

Spitz RA (1957) No and yes: On the genesis of human communication. Int Univ Press, New York (dt. [3]1978: Nein und Ja. Die Ursprünge der menschlichen Kommunikation. Klett-Cotta, Stuttgart)

Spitz RA (1959) A genetic field theory of ego formation. Int Univ Press, New York (dt. 1972: Eine genetische Feldtheorie der Ichbildung. Fischer, Frankfurt am Main)

Spitz RA (1965) The first year of life. Int Univ Press, New York (dt. [5]1976: Vom Säugling zum Kleinkind. Klett-Cotta, Stuttgart)

Sroufe LA (1979) The coherence of individual development: Early care, attachment, and subsequent developmental issues. Am Psychol 34:834–841

Sroufe LA (1982) The organization of emotional development. Psychoanal Inquiry 1:575–600

Stechler G (1982) The dawn of awareness. Psychoanal Inquiry 1:503–532

Stechler G, Carpenter G (1967) A viewpoint on early affective development. In: Hellmuth J (ed) The exceptional infant, vol 1. Brunner/Mazel, New York, pp 165–189

Stechler G, Kaplan S (1980) The development of the self: A psychoanalytic perspective. Psychoanal Study Child 35:85–106

Stern D (1977) The first relationship. Harvard Univ Press, Cambridge/MA (dt. 1979: Mutter und Kind. Die erste Beziehung. Klett-Cotta, Stuttgart)

Stern D (1982) Implications of infancy research for clinical theory and practice. (Paper presented to meeting of the American Psychoanalytic Association, November)

Stern D (1983) The early development of schemas of self, of other, and of various experiences of „self with other". In: Lichtenberg J, Kaplan S (eds) Reflections on self psychology. Analytic Press, Hillsdale/NJ

Stoller R (1968) Sex and gender: On the development of masculinity and femininity. Science House, New York

Stone L (1961) The psychoanalytic situation. Int Univ Press, New York (dt. 1973: Die psychoanalytische Situation. Fischer, Frankfurt am Main)

Terhune C (1979) The role of hearing in early ego organization. Psychoanal Study Child 34:349–370

Tolpin M (1971) On the beginnings of the cohesive self. Psychoanal Study Child 26:316–352

Tolpin M (1980) Discussion of "Psychoanalytic theories of the self: An integration", by Morton Shane and Estelle Shane. In: Goldberg A (ed) Advances in self psychology. Int Univ Press, New York, pp 47–68

Tomkins S (1962) Affect, imagery, consciousness, vol 1: The positive affects. Springer, New York

Tomkins S (1963) Affect, imagery, consciousness, vol 2: The negative affects. Springer, New York

Tomkins S (1981) The quest for primary motives: Biography and autobiography of an idea. J Pers Soc Psychol 41:306–329

Trevarthen C (1974) Conversations with a two-month-old. New Sci 62:230

Trevarthen C (1977) Descriptive analyses of infant communicative behavior. In: Schaffer H (ed) Studies in mother-infant interaction. Academic Press, London, pp 227–270

Tyson P (1982) A developmental line of gender identity, gender role, and choice of love object. J Am Psychoanal Assoc 30:61–68

Weil AP (1970) The basic core. Psychoanal Study Child 25:442–460 (dt. 1976: Der psychische Urkern. Psyche 30:385–404)

Weil AP (1976) The first year: Metapsychological inferences of infant observation. Process Child Dev

Weil AP (1977) Learning disturbances with special consideration of dyslexia. Issues Child Ment Health 5:52–66

Weil AP (1978) Maturational variations and genetic-dynamic issues. J Am Psychoanal Assoc 26:461–491

Werner H, Kaplan B (1963) Symbol formation. Wiley, New York

Wilson R (1978) Synchronies in mental development: an epigenetic perspective. Science 202:939–948

Winnicott D ([1]1953, 1958) Transitional objects and transitional phenomena. In: Collected papers. Travistock, London, pp 229–242 (dt. 1969: Übergangsobjekte und Übergangsphänomene. Psyche 23:666–682)

Winnicott D ([1]1963, 1965) Communicating and not communicating leading to a study of certain opposites. In: The maturational processes and the facilitating environment. Int Univ Press, New York, pp 179–192 (dt. 1974: Die Frage des Mitteilens und Nicht-Mitteilens führt zu einer Untersuchung gewisser Gegensätze. In: Winnicott D, Reifungsprozesse und fördernde Umwelt, S 234–253. Kindler, München)

Wolff PH (1966) The causes, controls, and organization of behavior in the neonate. Psychol Issues 17

Wolff PH (1969) What we must and must not teach our young children from what we know about early cognitive development. In: Wolff P,

MacKeith M (eds) Planning for better learning. Heinemann, London, pp 7–19
Woolf V (1927, 1955) To the lighthouse. Harcourt, Brace, New York (dt. 1979: Die Fahrt zum Leuchtturm. Fischer, Stuttgart)
Wurmser L (1981) The mask of shame. Johns Hopkins Univ Press, Baltimore (dt. 1990: Die Maske der Scham. Springer, Berlin Heidelberg New York Tokyo)

Quellennachweise für „Psychoanalyse und Säuglingsforschung"

Kap. 1 und 2 gehen zurück auf: Implications for psychoanalytic theory of research on the neonate. Int Rev Psychoanal 8:35–52

Kap. 3–6 gehen zurück auf: Reflections on the first year of life. Psychoanal Inquiry 1:695–730

Kap. 7–10 gehen zurück auf: Reflections on the second year of Life (Paper presented at meeting of American Psychoanalytic Association, Boston, May 1982)

Kap. 12 geht zurück auf: Infancy and the psychoanalytic situation (Paper presented at fifty years psychoanalysis in Chicago: The vital issues, November 1981). Inzwischen veröffentlicht in: Gedo J, Pollock G (eds) (1984) Psychoanalysis: The vital issues, vol 1. Int Univ Press, New York, pp 56–86

Kap. 13 geht zurück auf: An experiential conception of what is curative in psychoanalysis (Paper presented at meeting of American Psychoanalytic Association, New York, December 1982)

Namenverzeichnis

G

H

I

J

K

L

M

N

P

R

S

T

W

Sachverzeichnis

F

G

H

I

K

L

R

S

T

U

V

Druck: COLOR-DRUCK DORFI GmbH, Berlin
Verarbeitung: Buchbinderei Lüderitz & Bauer, Berlin